文字学术语规范研究

沙宗元 著

安徽大学出版社

图书在版编目(CIP)数据

文字学术语规范研究/沙宗元著．—合肥：安徽大学出版社，2008.10

ISBN 978-7-81110-393-9

Ⅰ.文… Ⅱ.沙… Ⅲ.汉字—文字学—名词术语—研究 Ⅳ.H12

中国版本图书馆CIP数据核字(2008)第156550号

文字学术语规范研究 沙宗元 著

出版发行	安徽大学出版社 (合肥市肥西路3号 邮编 230039)	**印　刷**	合肥创新印务有限公司
		开　本	880×1230　1/32
联系电话	总编室 0551-5108241 发行部 0551-5107784	**印　张**	14.5
		字　数	326千
电子信箱	ahdxchps@mail.hf.ah.cn	**版　次**	2008年10月第1版
责任编辑	南　亩	**印　次**	2008年10月第1次印刷
封面设计	孟献辉		

ISBN 978-7-81110-393-9　　**定价 29.60元**

目　次

下　篇　文字学基本术语简释

小序

董琨

沙宗元同志的大著《文字学术语规范研究》即将出版，嘱我写几句开头的话。对这个嘱托，我是义不容辞的，因为这尽管算是他的博士论文，却并非一本一般意义上的个人著作，而是与国家社科基金重大课题《语言学名词审定》的子课题之一“文字学”紧密结合的成果。这项子课题是由安徽大学黄德宽校长负责的，宗元当时作为黄校长的博士生，将他的学位论文的选题及写作，定位于这个课题的开展，不但促进了课题的完成，而且成就了一部有分量的、具有创新性的学术专著。这是令人欣慰、可喜可贺的一件事情。

术语是传播知识、技能，进行社会文化、经济交流所不可缺少的重要工具。术语是人类创造的物质文明和精神文明在各个学科领域通过语言表现出来的物化形式，也可以说是人类科学技术知识的结晶。对于现代社会的自然科学、技术科学、社会科学、人文科学的各门学科而言，术语体系既是学科现状和水准的体现，又是促进学科发展的催化剂。同时,术语还可以成为不同学科之间相互理解、沟通乃至于跨越、融合的最佳切入点。科学而完善的术语体系,对于社会进步、国计民生的意义和价值,也是不言而喻的。

一个民族的理论思维要向前迈进,就必须刻苦锻造自己运思所需的术语工具。这项工作对民族学术的独立成长具有重要意义。一套完备的术语,不但有民族学术的价值,也还有国际文化交流的意义。这是现代社会的学术界对于学科术语重要性应有的认识。

恩格斯说过:"一门科学提出的每一种新见解,都包含着这门科学的术语的革命。"(《〈资本论〉英文版序言》,《马克思恩格斯全集》中译本第45卷第32页,人民出版社2001年6月第2版)易言之,学科的创新首先体现为新术语的创建和确立;可见学科术语对于学科发展的重大作用。

术语随科学的发展而发展,随知识的传播与交流而出现了规范统一的需求。术语是科学的基础,而科学技术的发展、社会的进步必定要求术语规范的支持。审定和统一科学技术术语,实现科学技术术语的规范化,对于我国社会的繁荣和富强,特别是对于科学技术的现代化,具有重要的意义。

我国历来重视学科名词术语的建设工作,20世纪50年代即已开始启动;1985年,国务院专门发文,成立"全国科学名词审定委员会"(后改称"全国科学技术名词审定委员会",简称"全国名词委"),其后这一事业蓬勃发展,陆续有近七十个自然科学、技术科学的学科得以建立术语体系。进入新世纪以来，这一工作又延伸到了社会科学、人文科学领域，语言学则是其中开展术语审定工作的第一个学科。

这项工作是在全国名词委和中国社会科学院双重领导下开展的，并立项为国家社会科学基金重点课题，由语言研究所牵头，组织全国语言学界的专家学者投入其中，根据学科的特点和人才的资源，分为十三个分支即十三个子课题，计有：理论语言学、文字学、语音学、语法学、语义词汇学、辞书学、方言学、修辞学、音韵学、训诂学、计算语言学、社会语言学、民族语言学。

每个分支均由知名的资深学者担任首席专家，首席专家再组织同行专家包括一些博士生以上资历的年轻学者具体运作。各个分支完成的术语审定初稿，还都经过不同范围的复审，再由专门成立的“语言学名词审定委员会”协调统稿、组织终审，最后上报国家社科基金办公室结项，并由全国名词委正式发布。

每个术语均给出中文名称、英文名称以及力求简明的定义。三项内容，说起来似乎简单，也不乏可资参考的有关著作，但要对学科术语进行全面整理并得到学术界的广泛认同，却是工作量极大、难度极高的事情。这一工作的重要性和必要性可以说是整个学界的共识，凡是接受委托任务（包括整理、编撰和审稿）的专家，无一不是知难而上、全力以赴的。

文字学可以说是我国最古老而又最具现代应用价值

的一门学科，从汉字的起源，历经甲骨文、金文等古文字阶段直至现代汉字阶段的文字信息处理、文字改革，无疑使得这门学科的术语系统数量庞杂，理解殊异；其难以从事，可想而知。

但是负责这一工作的黄德宽校长举重若轻，调度有方，他亲自挂帅，并且责成其助手与博士生沙宗元等同志努力做到学习与研究结合、个人与集体结合、写论文与出课题成果结合。宗元则不负所望，除了在集体课题的进行中积极贡献个人心力之外，还将文字学主要术语的来历、名称的确定、涵义的认知，一一考释，论述分明，这就大大增强了文字学术语工作的科学性，提升了这一成果的学术含量。

文字学术语工作由于具有专门研究的支撑，成为总体水平和成熟度均比较高的分支之一，得到了国家语委有关领导的赞赏和表扬。

我个人出于语言所的工作需要，承接了主持"语言学名词审定"的重大任务，但是深知自己才疏学浅，难以胜任，只有依靠学界，黾勉从事，可以说，成绩是大家的，失误则应归咎于自己。因此，我衷心感铭对这项工作鼎力支持的各位领导和具体投入的全体专家，包括像沙宗元同志这样的年轻学者。

由于课题的整体进度的限制，在某种程度上延误了宗元这部著作的出版，使我不无愧疚，这是需要表示歉意的。

2009 年 9 月于北京潘家园

上　篇

文字学术语规范综论

一 绪 论

(一)研究的缘起

术语是各门学科中的专门用语,它“指的是人类语言中用来标记科学、技术、社会生活等各种专门领域中的事物、现象、特征、关系和过程的词或词组”[①]。

一般来说,术语具有如下一些基本特征[②]:

(1)专业性。术语是表达各个专业的特殊概念的,所以通行范围有限,使用的人较少。

(2)科学性。术语的语义范围准确,它不仅标记一个概念,而且使其精确,与相似的概念相区别。

(3)单义性。术语与一般词汇的最大不同点在于它的单义性,即在某一特定专业范围内是单义的。有少数术语属于两个或更多专业,如汉语中“运动”这个术语,分属于政治、哲学、物理和体育 4 个领域。

---

① 冯志伟:《现代术语学引论》,1 页。

② 《中国大百科全书·语言文字》,363 页。

(4)系统性。在一门科学或技术中,每个术语的地位只有在这一专业的整个概念系统中才能加以确定。

科学技术的名词术语,是语言的词汇领域中的特定现象。由于语言文字使用的多样性和随意性,人们对语言文字的运用不可能自然地趋向整齐划一。然而社会交际的效率原则又要求人们对语言文字的选择和使用遵守一定的规范和标准。这种规范和标准当然不能由个人制定,而只能在对语言文字的历史、现状、发生和发展规律作充分调查研究之后,汇集众多专家学者的意见,由国家职能部门组成专门委员会草拟出方案,然后通过一定的渠道下达实施和推广普及,逐步成为一种全社会的约定,这一过程就是普遍意义上的语言文字规范化。科学技术名词术语的规范化是语言文字规范化中尤为重要的一环。①

术语规范化在促进科学技术进步、繁荣社会文化方面发挥着重要作用。它既是一种文化创造活动,也是一种文化传播活动。它以研究术语模型构建规律和制定术语规范的方式参与文化创造,同时又以审定公布等方式形成社会定约,使术语成为人类共有的知识财富。科学术语规范化是社会文化活动的基础建设和重要内容。许嘉璐指出:"对于我国来说,由于汉语汉字的特点,术语的规范和统一有着比其他国家更为特殊的重要性和紧迫性。"②

我国的术语研究和规范工作始于20世纪50年代。1950年国家就成立了学术名词统一工作委员会,下设自然科学、社会

---

① 刘青:《简述科技术语规范化的基本环节》,《科技术语研究》2001年第1期。

② 《语言文字学及其应用研究》,174页。

科学、医药卫生、文学、艺术五个组，共有150多位科学家担任委员。1956年中国科学院设立了名词研究室。1985年国务院批准成立了全国自然科学名词审订委员会(1996年该委员会改名为全国科学技术名词审订委员会，简称全国名词委)，并被授权作为代表国家进行科技名词审订和公布的权威性机构，负责确定名词术语工作的方针、拟订全国术语统一工作的计划和实施方案、审定科学技术各学科的统一名词术语并公布实施。

20世纪80年代以来，我国科学技术名词术语的审定工作主要是在自然科学领域内进行的，并且已经取得了显著的成绩①。

然而在社会科学研究领域，名词术语规范化工作却迟迟没有开展起来。目前，在社科研究领域，学术名词使用不统一、不规范的现象比比皆是。比如，在外来词的翻译方面，不用“因纽特人”而用“爱斯基摩人”，不用“原居人”而用“土著人”，“因特网”、“国际互联网”、“互联网”的并用等等。专家认为，由于学者的认识角度和学术观点不同，导致对同一外来词有不同的翻译，或者对同一术语在不同语境下的不同阐释，都是社会科学研究中的正常现象。但是，面对急剧增长和高速传播的术语发展态势，积极推进社科名词术语的规范化，特别是容易引起混乱的名词使用的统一、规范，是开展学术探讨和交流的重要前提。

社会科学名词术语的不统一、不规范，不利于人们的交际，

---

① 到2005年为止，我国现有61个学科名词审定分委员会专门开展名词审定工作，涵盖基础科学、工程与技术科学、农业科学、医学及交叉学科等各个领域，向全社会公布了60多个学科的20多万条科技名词。参“中国语言生活状况报告”课题组编《中国语言生活状况报告(2005)》，商务印书馆，2006年，197～198页。

不利于本学科及学科之间的交流和沟通，也不利于自然科学和社会科学之间的沟通和联系，这是一方面。另一方面，规范社会科学的名词术语不仅有着交际上的意义及学术研究方面的意义，同时，有时候还有一些政策和政治上的意义。由于术语不统一，概念不清，发生误解的情况也是经常发生的。“如果说统一科技名词术语是一个国家发展科学技术，实现现代化所必须具备的基础条件的话，那么同样，统一社会科学名词术语对一个国家社会科学事业的发展，推进现代化，也是必须要做的事情”①。许多社会人士就此呼吁：“应尽快规范社科术语，以免妨碍正常的学术交流与发展。”②

2000 年 6 月，全国名词委第四届委员会工作计划明确提出：“根据当代科学领域文理渗透和紧密融合的发展趋势，探讨三院（中国科学院、中国工程院和中国社会科学院）合作研究和开展名词工作的可行性，在一部分需要规范术语的社科领域开展工作，使名词规范化事业向更广的科学领域拓展，以适应当代社会的发展。”并要求，在条件成熟的情况下，适时启动若干社会科学学科的名词审定工作③。在这次会议上，中国社会科学院江蓝生副院长提出建议：“在现有科技名词审定委员会之内，设立一个社会科学分委员会，在分委员会之下，设立若干学科专业组，本着先易后难、分别轻重缓急的原则，逐步开展工作。”“希望

① 江蓝生：《在全国名词委第四届委员会全体会议上的讲话》，《科技术语研究》2000 年第 3 期。

② 丁肇文：《社科术语亟待规范》，《北京晚报》2003 年 8 月 11 日。

③ 潘书祥：《全国名词委第三届委员会工作总结和第四届委员会工作计划》，《科技术语研究》2000 年第 3 期。

通过这样的工作，能够为规范我国社会科学名词术语工作承担一份义务，作出自己的贡献。"[①]

2001年，"语言学名词审定"作为国家社科基金"十五"规划重点项目正式立项(基金项目编号为01AYY001)。同年6月，语言学名词审定委员会在北京成立，成为1985年科学技术名词审定工作开展以来的第57个学科名词审定委员会，也是中国社会科学领域的第一个名词审定委员会。

语言学名词审定委员会根据语言学内部学科门类的不同，分语法学、修辞学、文字学、训诂学等10多个子学科，分头开展名词术语的审定工作。文字学术语的规范研究正是"语言学名词审定"这个大项目中的一个子项目研究课题。

根据全国名词委和语言学名词审定委员会的有关要求，本研究的任务主要包括这样几个方面：在全面搜集整理本学科名词术语的基础上，确定用以指称本学科基本概念的基本术语的大致范围，理清其使用的各种现状，进而确定有多种异称的基本术语的规范称名(正名)，尝试对这些基本术语进行科学合理的解释或定义，对正名的英文名称进行一次较为全面的规范整理。

以上几个方面的具体研究侧重于术语个案的分析整理，在这些个案的分析整理过程中，我们对文字学名词术语使用的现状和其中的种种问题有一些更深的了解和更清晰的认识。我们把这些关于本学科术语使用及其规范研究的认识提炼出来，作为本书的上篇，希望以此为我们的全部研究工作做一个较为全面的总结和汇报。

---

① 江蓝生:《在全国名词委第四届委员会全体会议上的讲话》,《科技术语研究》2000年第3期。

(二)研究的意义

文字学术语是文字学理论的重要载体,文字学的研究、学习与传播,都必须通过名词术语来进行。因此,对文字学名词术语进行系统化的整理和科学研究,对使用中的一些混乱现象加以分析和辨别,从而提出规范整理的意见,这些对于文字学名词术语本身的规范使用,对于文字学理论研究和文字学史研究,以及对于文字学教学和其他应用性工作,都有着十分重要的意义。

1. 对文字学术语规范使用的意义。

长期以来,由于种种原因,名词术语的异名同实、同名异实、概念交叉重叠等混乱现象时常出现。这些现象的存在,影响了人们正常的交际交流,对本学科的健康发展也极为不利。本研究对文字学基本术语及其指称的概念,进行了较为全面的梳理;在此基础之上,提出我们的规范整理意见。这对于文字学名词术语的规范使用将是十分必要的。此外,包括文字学名词术语在内的科学技术术语的规范整理工作,是国家整个语文规范工作的重要组成部分。作为一门语言学分支学科,其名词术语的规范整理,不仅对本学科发展有利,而且对学科之间的交流及语文规范化工作,都有一定的积极意义。

2. 对文字学理论研究的意义。

从宏观上来说,本研究对文字学理论体系进行了探索,通过对文字学名词术语及其代表的概念进行归纳整理,将文字学理论体系分为六大组成部分:基本理论、汉字起源和发展演变、汉字的结构、汉字的形体、汉字系统内部关系、汉字应用和研究。

从微观上来说，通过细致的分析考证，对诸如“分化”、“分化字”、“汉字结构”、“古今字”等许多原来认识上较为混乱模糊的理论问题，进行较为详细的探讨，并提出自己的意见。这些探讨和意见，将对文字学理论研究有所帮助。

3. 对文字学史研究的意义。

在对文字学名词术语进行整理的过程中，我们尽量对名词术语在历史上的使用情况进行溯源，考察术语及其指称的概念的发展演变过程。这些术语个案的分析和整理给汉语文字学史研究提供了一些重要的参考资料。

4. 对文字学教学及其他应用性工作的意义。

在文字学教科书中，若采用不统一、不规范的名词术语，往往会使得术语使用的混乱状况愈加严重。这样既不利于理论的发展传承，也不利于学习效率的提高。另外，目前出版的语言学辞书，所收录的文字学术语条目都不够全面，均有不同程度的遗漏。有时对相同的术语，各书的解释也不尽一致，容易造成理解和使用上的混乱。本研究在细致分析的基础上，对文字学名词术语的规范使用、对相关概念的理解与阐释，提出了我们的意见。希望这些意见能够对文字学教学、语言学辞书编纂、对外学术交流等应用性工作有一定的帮助。

（三）文字学术语规范的主要内容

根据语言学名词审定委员会的要求，本规范研究只针对学科中的基本术语进行整理和审定。所谓基本术语，就是用以表示本学科理论体系中最重要、最基本的概念的名词术语。因此，我们的研究范围也主要以文字学基本名词术语的规范整理研究为限。

文字学名词术语规范研究主要包含以下几个方面的内容：

1. 术语的收集。

根据全国科学技术名词审定委员会制定的《科学技术名词审定的原则和方法》，系统收集本学科的名词术语。术语的收集是整个研究工作的基础，同时也是一项十分庞大而又艰难细致的工作。为此，我们尽可能全面地收集了有影响的、权威性的文字学理论著作，将这些著作中的名词术语逐一找出，每条术语均标记出相关信息：名词术语的名称、所表示的概念、引征原文、原文出处以及对该术语的简要评述。通过半年时间的收集，我们收集到1200余条术语及相关信息，建立了一个术语信息的数据库。

2. 术语的分类和选择。

为方便名词术语的整理归类，拟定了文字学概念体系的框架，该框架由六大部分组成——“基本理论”、“汉字的起源和发展演变”、“汉字的结构”、“汉字的形体”、“汉字系统的内部关系”及“汉字的应用和研究”。本着“先宽后严，先分大类，再分层级”的原则，将收集的名词术语，按照拟定的文字学概念体系框架进行整理归类，形成初步的“文字学名词术语词目表”。在这个“词目表”的基础之上，再进一步加以筛选、淘汰。一方面剔除了一部分不符合基本术语要求的名词术语，如“结绳”、“叙辞”、“命辞”、“贞人”、“标准器断代法”、“拓本”、“摹本”、“偏旁学”等；另一方面，把一部分表示下位概念的术语归并到上一层级，以进一步精简基本术语的数量。例如把“号码法”、“部首检字法”、“音序法”等并入上位概念“汉字检字法”中；把“基础部件”、“合成部件”、“成字部件”、“非字部件”并入上位概念“部件”中等等。通过以上的整理工作，我们最终获得了基本术语总共近500条。它们分属于本学科概念体系的六大类别，分别用来表示本学科的200多个基本概念。

3. 定名。

在表示同一概念的几个名词术语中，选定一个名词作为正名。例如，表示“形声字中对字的意义范围和类属起标示和区分作用的偏旁”这个概念的名词，有“形旁”、“形符”、“义符”等名词，本次研究我们采用“形旁”作为正名。

4. 定义。

给每条基本术语确定一个符合科学性、简明性要求的定义。例如，【字形】汉字在空间上展示出来的形状和体态。【汉字结构】汉字字形的结体构造，即汉字的线条、笔画、部件、偏旁等构形要素，依据一定的理据和规律在空间排列展开的组合和构造。

5. 确定译名。

给每条正名确定对应的、规范的英文名称。例如，我们将“异体字”译为 allograph; variant character; 将“错别字”译为 wrong and inappropriate characters，等等。

关于这几项内容的具体情况，我们在后面再作详细介绍。

（四）文字学术语规范的原则

遵照全国名词委颁布的《科学技术名词审定的原则及方法》和中华人民共和国国家标准《术语工作原则与方法》（GB/T10112-959），综合考虑文字学名词术语使用的实际情况，我们将文字学名词术语规范的总原则概括为如下几条：

1. 科学性原则。

定名和定义力求准确地表达一个概念的科学内涵和本质属性。名称的确定力求注重其学术意义，尽量避免借用生活用语。注意纠正不科学的、容易引起概念混乱的称谓。

2. 约定俗成原则。

《荀子·正名篇》曰："名无固宜，约之以命，约定俗成谓之宜，异于约则谓之不宜。名无固实，约之以实，约定俗成谓之实名。"《正名篇》阐明了名称与其代表的事物二者合适与否并没有必然联系的道理，其关系是由社会的约定俗成决定的。但是约定俗成并不等于一味趋俗、从俗和媚俗，不是听任社会使用语言文字各行其是，而是包含了审慎的抉择和积极的评判。在规范整理过程中，对于应用面较广、使用已久、已为大家普遍接受的名词，一般均作保留，不轻易改动。据我们考察，符合约定俗成原则的名词大部分与科学性等原则是一致的。即使少数使用频率较高的术语与理据不完全一致，但一旦约定俗成，也应尊重社会的选择。如"音素文字"和"音位文字"这两个术语所指称的概念是相同的，但是从20世纪50年代开始，"音素文字"这个名称一直为学界所习用，如梁东汉、吕叔湘、姚孝遂、王伯熙、王元鹿等先生都曾使用过①。尽管使用"音位文字"一词可能更为合理，更具有理据性，但是从目前使用的频率看，"音素文字"通用性更强，因此，我们仍以"音素文字"作为正名。

---

① 梁东汉：《汉字的结构及其流变》，60页；吕叔湘：《语文近著》，142页；姚孝遂：《古汉字的形体结构及其发展阶段》，《古文字研究》第4辑；王伯熙：《文字的分类和汉字的性质》，《中国语文》1984年第2期；王元鹿：《普通文字学概论》。

3. 理据性原则。

某些表示同一概念的术语,其使用频率无明显差异,很难依据约定俗成的原则确定术语的取舍。在这样的情况下,我们就从术语发展的理据性角度出发,选定一个较为合理的名词作为表示这个概念的正名,以便于人们正确理解概念的内涵。例如,近年来,"古文字"、"古汉字"这两个术语的使用仍然不够统一,在指称"中国古代的汉字书写符号系统,包括原始古汉字、甲骨文、金文、战国文字、秦系文字及秦至汉代早期处于隶变过程中的古隶书等"这个概念时,很多人已接受了"古汉字"一词,但沿用"古文字"这种传统叫法的人也还不少。依据术语规范的理据性原则,我们认为,宜选用"古汉字"一词作为正名。

4. 系统性原则。

术语内部有着较强的系统性,对于同一系列概念的名词,其命名力求体现出逻辑相关性。在基础性名词确定后,其派生词、复合词的命名力求与之相对应。例如,"甲骨文"的异名有很多,如:"殷墟文字"、"殷契刻辞"、"契文"、"甲骨刻辞"、"殷墟卜辞"、"殷商文字"、"甲文"等等。我们认为,以"甲骨文"作为正名,不仅符合现在人们的通行习惯,而且更为重要的是,这种称名与我国其他出土文献文字的称名很好地保持了系统一致性:凡出土文献文字,多以质料称名,如陶质的称"陶文",龟甲兽骨质的称"甲骨文",青铜质料的称"金文",等等。

5. 简明性原则。

对术语的定名,力求易懂、易记、易读、简洁,使用方便,避免生僻字。对术语的定义,力求言简意赅,一般只描述事物的本质特征或概念的内涵(或者外延),而不给出更多的其他说明性、知识性的解说。

二　文字学术语规范整理及研究概述

在这一章里，我们对语言学工具书收录文字学名词术语的情况进行简要的介绍；对古代和现代文字学著作中关于名词术语使用和整理的情况加以评述；对学术界关于文字学名词术语的零星研究情况进行举例性的说明。通过这几个方面的介绍和说明，我们可以对文字学名词术语的使用和研究概况有一个总体认识。

（一）语言学工具书对文字学术语的整理

语言学工具书是汇集包括文字学在内的语言学各分支学科名词术语及其他词汇，并对它们进行解释说明的专门性辞书。就编纂目的来说，语言学工具书当然是为了对词目加以解释说明，有些还给予必要的背景知识的介绍，有些还进行了适当的评述。毫无疑问，工具书在对学科词目进行汇集、整理和释义的同时，也为名词术语的规范整理做出了贡献。因此，语言学工具书对文字学名词术语加以规范的价值和意义是应该充分肯定的。这种价值和意义主要体现在两个方面：其一，编纂者为了使辞书收集齐备，必然广泛搜罗，并在此基础之上，加以必要的选择和整理，使之系统化、条理化；对条目的解释，编者自然也要广采众长，采用较为通行、合理的说法。凡此，实际上都已包含了一定意义上的规范整理的因素。其二，由著名学者、学术机构编著的工具书，由于其自身具有相当的权威性，自然成为人们学习和使用的重要依据和参考。这些无疑都有利于规范化名词术语的使用和推广普及。

目前，国内尚无专门汇集文字学名词术语的工具书①，但收有文字学词目的语言学工具书已出版过多部，主要有《文字学名词诠释》、《中国大百科全书·语言文字》、《中国语言学大辞典》、《辞海·语言学分册》、《实用中国语言学词典》、《语言文字词典》、《语言学百科词典》，等等。

综览这些语言学工具书，其对文字学名词术语的收录整理具有如下几个特点：

第一，各书收录的文字学名词术语数量多寡不一。数量较多的，如《中国语言学大辞典》，收文字学名词条目 466 条（不包括中国少数民族文字研究的有关术语条目）；数量较少的，如《中国大百科全书·语言文字》，仅收文字学名词条目 60 条左右，《辞海·语言学分册》也仅收文字学条目 105 条。另外，各书中“同实而异名”的名词术语均重出，如将指称相同概念的“金文”

---

① 20 世纪 20 年代，叶长青曾编著《文字学名词诠释》，该书虽名为“文字学名词”，但实际上包含了音韵学、训诂学等学科的名词术语。全书“以笔画繁简为序，始一终三十，都五百条有奇”（该书《凡例》语）。据笔者统计，在这 500 余条名词当中，可以真正算为文字学名词的不过 150 条左右。

与“钟鼎文”分列为两条①，将含义相同的“指事”、“处事”、“象事”分列为三条②。此外，需要注意的是，有些工具书中收录的部分词条，并不是真正的术语，充其量只能算是关于这一学科的常用名词。如《中国语言学大辞典》把“大盂鼎”、“小盂鼎”、“散氏盘”这些表示具体青铜器器物名称的名词都收列在内。

第二，各书收录的文字学名词术语条目都不够完备，均有不同程度的遗漏，连收录文字学词条数量最多的《中国语言学大辞典》也不例外。一些较为重要且常用的名词术语，如“甲骨学”、“比较文字学”、“隶楷文字”、“刻划符号”、“分化”、“声化”、“隶变”、“字源”、“同形字”、“形借”、“传承字”等，各书大都没有收录。

第三，对相同的名词术语，各书的解释往往不尽一致。例如，对于“通用字”这个术语，有的把它解释为“我国普遍通行使用的汉字”③；而有的则解释为“在使用中可相通换用的汉字，包括同音通用、同义通用和古今通用”④。对于“陶文”一词，有的把它解释为“战国时代陶器上的文字”⑤；而有的则解释为“刻写、钤印在陶器上的古文字”⑥；还有的解释为“中国古代刻写或模印在陶土制品上的文字符号”⑦。

总之，我们一方面应看到，这些语言学工具书对于文字学名

---

① 《辞海·语言学分册》，72 页。
② 《中国语言学大辞典》，30 页。
③ 《实用中国语言学词典》，194 页。
④ 《中国大百科全书·语言文字》，383 页。
⑤ 《辞海·语言学分册》，72 页。
⑥ 《中国语言学大辞典》，27 页。
⑦ 《语言文字词典》，157 页。

词术语的规范整理确实起到了十分积极的作用,但另一方面也应注意到,这些规范整理还存在着许多问题和不足。

(二)文字学理论著作对术语的规范整理

自古至今的各种文字学理论著作历来都是文字学名词术语的重要载体和创造来源,是文字学名词术语得以流传和继承的重要渠道。虽然这些著作既不以术语的规范整理作为目的,也缺乏对术语的使用情况进行系统化的研究,但是在这些著作当中,尤其是在著名学者撰写的著作当中,由于作者对相关理论问题论述深刻全面,对名词术语及其指称的概念进行了较为科学细致的辨析,对一部分术语的含义进行了界定,再加上学者的提倡或在著作中的示范性影响,因此,文字学理论著作在客观上为术语的正确使用和规范术语的传播继承作出了贡献。

1. 古代学者著作对术语规范使用的影响。

中国古代学者撰写的文字学著作数量很多,下面仅以较为重要的几部著作为例,略作介绍。

东汉许慎所著《说文解字》在汉语文字学理论的研究中,历来被奉为经典。许慎对文字学理论的阐发,集中于《叙》文,贯穿于全书,涉及文字学的许多重要名词术语及概念。例如,许慎进一步发展了"六书"理论,第一次比较系统地分别对"指事"、"象形"、"形声"、"会意"、"转注"、"假借"等术语作出了明确的界定。此外,书中使用或创造的其他一些重要术语,如"结绳"、"书契"、"文"、"字"、"孳乳"、"大篆"、"籀文"、"古文"、"小篆"、"隶书"、"秦书八体"、"草书"、"壁中书"、"篆书"、"鸟虫书"、"亦声"、"省声”等等,都对后世文字学名词术语的规范使用起到了相当积极的作用,许多术语至今仍为人们所常用。

清代段玉裁所著《说文解字注》是一部体大思精的说文学著作。段氏在该书中,对包括《说文》所用术语在内的许多文字学名词都一一作了阐发。例如,《说文解字注》对“亦声”的解释是:“凡言亦声者,会意兼形声也。凡字有用六书之一者,有用六书之二者。”[①]对“小篆”、“大篆”、“籀文”等名词作了这样的辨析:“篆者,引书之谓。太史籀作者大篆,则谓李斯等作者小篆以别之。小篆,《艺文志》作秦篆。凡许书中云篆书者,小篆也,云籀文者,大篆也。”[②]书中类似这样的细致分析和总结还有很多。

关于“古今字”,段氏之前已有人论及,但都没有明确指出过文字学上古今字的定义。段玉裁指出:“凡读经传者,不可不知古今字。古今无定时,周为古则汉为今,汉为古则晋宋为今。随时异用者,谓之古今字。非如今人所言古文籀文为古字,小篆隶书为今字也。”[③]又说:“古今人用字不同,谓之古今字。”[④]段氏对“古今字”概念的阐发,对于我们认识和把握文字发展和使用上的古今形体关系具有极大的指导意义,是对汉语文字学理论的重要贡献之一。

清代王筠所著《说文释例》,在前人研究的基础之上,独辟蹊径,成一家之言,对《说文》条例及许多文字学名词术语都有深入独到的阐释。例如,王氏在“省声”一节中云:“指事、象形、会意

---

① 《说文解字注》,1页。
② 《说文解字注》,758页。
③ 《说文解字注》,94页。
④ 《说文解字注》,223页。

字可省，形声字不可省。形声字而省也，其例有四：一则声兼意也，一则所省之字即与本篆通借也，一则有古籀文之不省者可证也，一则所省之字，即以所从之字，贸处其所也。”王氏不仅发明许书条例，观其会通，还创造性地提出了许多新的概念，包括“两借”、“文饰”、“互从”、“同部重文”、“异部重文”、“专字”、“变体”、“后起专字”、“分别文”、“累增字”等等。

王筠在书中分析了增加偏旁而产生的“分化字”，提出了著名的“分别文”、“累增字”概念。他说：“字有不须偏旁而义已足者，则其偏旁为后人递加也。其加偏旁而义遂异者，是为分别文。其种有二：一则正义为借义所夺，因加偏旁以别之者也；一则本字义多，既加偏旁，则只分其一义也。其加偏旁而义仍不异者，是谓累增字。其种有三：一则古义深曲，加偏旁以表之者也；一则既加偏旁，即置古文不用者也；一则既加偏旁，而世仍不用，所行用者，反是古文也。”

王氏所提出的“分别文”、“累增字”、“文饰”等概念，直到今天，对于汉字学研究仍具有重要的实际意义。

总之，尽管古代学者在术语使用上，较为普遍地存在着不够自觉、缺乏系统性和全面性的特点，但毫无疑问，这些著作对于文字学理论的继承与发展、文字学名词术语的传承与创新，以及名词术语在社会领域的规范使用，都曾发挥过不可低估的重要作用。

2. 现代学者著作对文字学术语规范使用的贡献。

总体上说，现代学者所著通论性著作，在系统性和理论性上，较之古代要更加周密和详备，对理论问题的探讨辨析更加深入和自觉，对文字学名词术语的定名、定义及选择使用更加重视，这些著作对文字学名词术语规范使用所发挥的作用和影响也更大。

以下仅以唐兰所著《中国文字学》以及裘锡圭所著《文字学概要》为例略作评述。

唐兰所著《中国文字学》是近代以来最为重要的一部文字学理论著作。该书不仅体系严密，富于创新，而且在名词术语的使用和概念的阐述上，更为科学严密，屡见新意，开一代风气之先，"奠定了新的文字学的基础"[①]。主要表现在以下两个方面：

其一，提出了一些崭新的概念范畴，丰富了汉语文字学理论体系，直接对后来的术语使用产生了积极影响。例如，在该书"文字的构成"部分，唐氏首次对传统"六书"作了全面批判，认为：被历代奉为准则的"许氏六书说，在义例上已有很多的漏洞，在实用时，界限更难清晰"。他根据古汉字材料提出了他的汉字构造的"三书说"新系统。从此，"六书说"、"三书说"这样的新名词逐渐通行开来，至今仍为人们所常用。此外，书中所使用的其他术语，如"分化"、"字形学"、"俗文字学"、"声化"、"简化"、"增繁"、"记号文字"、"六国文字"、"秦系文字"、"殷商文字"、"现行汉字"、"合文"、"文字画"等等，都成为后来通行的常用名词术语。

其二，注重相关术语的比较分析，通过比较分析，使人们加深了对相关概念的认识和理解。例如，他在比较"演化"和"分化"两个概念时说："这种文字学史上常见的很细微的差别和改易的过程，我们把它叫做'演化'。'演化'和'分化'不同，'分化'是产生出新文字来的，'演化'的结果，有时也会变成'分化'，但它的本身是无目的的，只是不停地改易而已。'演化'是逐渐的，

① 《中国文字学》，8页。

在不知不觉间，推陈出新。”[①]此外，书中对“部首”、“字原”、“初文”等概念的比较[②]，对“图画文字”与“文字画”的比较[③]，等等，都可以见出作者对文字学名词术语及其指称的概念的准确把握。

裘锡圭所著《文字学概要》是一部代表当代文字学理论研究水平的著作。“作者利用了出土和历代典籍保存的大量文字资料，吸收了前人的研究成果，在汉字理论方面取得了许多重要进展，有关汉字形成、形体演变、基本结构类型等问题的讨论，也都大大超过了前人”[④]。一方面，作者在深入研究的基础上，创造性地提出了许多新的概念及术语，有些术语虽然不是首次提出，但却是作者较早明确倡导使用的，这其中包括“记号字”、“半记号字”、“表意字”、“变体字”、“母字”、“同形字”、“形借”、“字符”、“同义换读”、“新隶体”等等。现在这些名词术语大都已得到学界的公认，有些已经普遍使用。另一方面，作者理论素养深厚，特别重视对有关概念给予清晰界定，这对人们正确理解和规范使用术语帮助很大。例如，作者在论述“文字画”、“图画文字”、“字符”、“意符”、“音符”、“义符”、“形符”、“古今字”、“通用字”、“通行字”、“同形字”、“多义字”、“同义换读”等概念时，都体现出这一鲜明特色。

总之，自古以来的众多文字学理论著作作为文字学名词术语的重要载体，承担着学术传承、理论传播的历史责任。在历史

① 《中国文字学》，116 页。

② 《中国文字学》，79～80 页。

③ 《中国文字学》，82 页。

④ 黄德宽、陈秉新：《汉语文字学史》，330 页。

的进程中，包括文字学名词术语及其指称的概念在内的文字学理论思想，之所以能够代代相传，不断发展，并在发展中求得稳定，在变异中求得规范，这些理论著作功不可没。因此，我们对文字学名词术语进行研究和规范整理时，必须对各类著作中使用和收录的名词术语予以充分的重视。

（三）语言文字规范涉及的名词术语

新中国建立以来，国家对汉语汉字进行了大规模的规范整理，公布了一系列重要的文件和字表。在这些有关语言文字规范的文献当中，经常会涉及一些文字学名词术语的规范性定名和定义问题。下面略举几例。

例一，关于“通用汉字”。1956 年 8 月，中国文字改革委员会印发了《通用汉字表草案（初稿）》，向各方面征求意见。草案的《说明》中说：“通用汉字是指一般书籍报纸杂志上共同使用来写现代汉语普通话的汉字。”[①]

例二，关于“笔画”。《信息处理用 GB13000.1 字符集汉字部件规范》（GF3001——1997）[②]规定：笔画是“构成楷书汉字字形的最小连笔单位”。

例三，关于“结构理据”。《信息处理用 GB13000.1 字符集汉字部件规范》（GF3001——1997）在“主题内容”部分提出：“根

---

① 《〈标准现代汉字表〉的定量工作》，《语文现代化丛刊》第 5 辑，语文出版社，1981 年。

② 语文出版社，1998 年。

据字源或参考字源，从汉字的部件组合中分析出的造字意图，称结构理据。例如：‘旦’的理据是像太阳（日）从地平线（一）升起；‘架’的理据是从‘木’‘加’声。”

例四，关于“社会用字”。为加强社会用字的管理，国家语言文字工作委员会于 1994 年 6 月 26 日发布了《关于社会用字管理工作的意见》。其中对“社会用字”作出了这样的解释：“社会用字是指社会公众的示意性文字。其范围大致包括计算机用字、出版印刷用字、影视屏幕用字和城镇街头用字四个方面。”

例五，关于“规范汉字”。《中华人民共和国国家通用语言文字法》第二条称：“本法所称的国家通用语言文字是普通话和规范汉字。”第三条称：“国家推广普通话，推行规范汉字。”对于“规范汉字”一词，全国人大教科文卫委员会教育室和教育部语言文字应用管理司所作的解释是：“规范汉字是指经过整理简化的字和未整理简化的字。在规范汉字中，整体简化或利用简化偏旁类推出来的简化字只占少数，多数还是历史流传下来的，沿用至今，未经整理简化或不需要整理简化的传承字，如人、山、川、日、水、火等字。从以上定义我们可以这样理解：规范汉字适用于现代汉语，它包括经过整理简化和未整理简化的字两部分。经过整理简化的字由国务院或国家有关主管部门以字表形式公布。”[①]

类似这样的例子，还有很多。虽然有些术语在这些文献中没有给出明确的定义，但由于经常使用，其含义仍然是比较清晰的。如前举《信息处理用 GB13000.1 字符集汉字部件规范》的第五部分《〈汉字基础部件表〉使用规则》中，对“基础部件”、“合

---

① 《〈中华人民共和国通用语言文字法〉讲解》，语文出版社，2001 年。

成部件”、“成字部件”、“非成字部件”等术语的举例说明就是如此。

总之，各种语文政策和规范性文件的制定与推行，确立了汉语汉字规范的政府标准，为汉语汉字规范化工作奠定了基础。由于政府标准的权威性，有关文献中所涉及的对名词术语的称说及解释，为人们规范使用术语提供了重要的依据和参考。

（四）文字学术语的零星整理和研究

到目前为止，虽然对文字学名词术语的系统化整理规范工作还没有开展，但学者在他们的论文或论著中已经进行过一些零星的探讨。当然，这样的探讨范围有限，所涉及的对象通常是一组含义和用法相近相关的名词术语。下面仅作一些举例式介绍。

李传书在《试论通假字的畛域》一文中[①]，对“通假字”、“区别字”、“异体字”、“假借字”这几个术语进行了辨析。作者对这四类字的定义、特点分别提出了自己的看法，认为：“一个字有多种义项，后来为了区别义项，再加形旁造一个新字来表示其中某一个义项，这个新造的字就叫区别字”；异体字的含义是“一个字有几种不同结构，所表示的意义完全相通，在任何情况下可以互相代替”；假借字是“本无其字，依声托事”；通假字是“本有其字，依声托事”。尽管这些看法有些还值得商榷，但是，作者试图对这一组术语严格加以区分，“用下定义和划分等方法来明确四者

① 载《长沙水电师范学院学报》1995年第4期。

的内涵与外延”，主张“全国的古代汉语教材也应采用较为统一而准确的术语”，“从而使这门课程的专业术语更加严格、准确，使这门课的研究方法更加科学”，这些意见无疑都是正确的。

裘锡圭在《40 年来文字学研究的回顾》一文中[①]，对“正字法”和“正词法”两个术语进行了辨析。他说：“大约从 60 年代开始，有些人在讲到汉语拼音的拼写法的时候，把‘正字法’改称为‘正词法’。现在这种说法已经占了绝对统治地位。这也是不妥当的。汉语拼音的分词连写等问题当然跟汉语里的词的划分有关。但是在拼写汉语时，把表示一个双音节或多音节词的字母连写在一起，只不过是反映而不是创造了一个语言事实。如果不采取连写的办法，这个词并不会因此而丧失词的资格。方块汉字不用分词连写法，汉语里的双音节和多音节词照样存在。可见就拼写方法而言，我们要正的并不是语言中的词，而是词的书写形式，即文字。所以，‘正字法’这个旧名称恐怕还是应该恢复的。”

费锦昌在《汉字研究中的两个术语》一文中[②]，对“文字学/汉字学”、“现代汉语用字/现行汉字/现代汉字”这两组术语进行了辨析。作者指出了当前学术界在使用以上几个术语的时候，出现了种种不够规范统一的现象。在细致分析这些名词术语含义的基础上，费先生就如何规范使用它们，提出了自己的建议。值得一提的是，在这篇文章中，作者着重强调了名词术语规范化对于汉字研究的重要意义。他说：“术语的科学化是一门学科更加成熟、更加发达的一个标志。”

---

① 载《语文建设》1989 年第 3 期。

② 载《语文建设》1989 年第 5 期。

类似这样对文字学名词术语作零星整理和研究的还有很多，这里的介绍也只是举例性质的。尽管这些整理和研究工作是零碎的、不系统的，但对于我们的文字学术语规范工作无疑都具有重要的参考价值和借鉴意义。

总之，由于编写体例和写作目的的限制，无论是目前的语言学工具书对文字学名词术语的整理，还是学者著作中对有关问题的研究探讨，都还不够，也不可能做到全面、系统和深入。目前，许多文字学名词术语的使用，意见仍然不够统一，有些还存在着很大的分歧，不少新的名词术语未被有关工具书吸收，更没有得到必要的规范整理。因此，对文字学名词术语进行一次较为全面、系统的规范化研究是完全有必要的，这也正是本研究所努力想要达到的目标。

三　文字学名词术语的分类考察

文字学名词术语是文字学理论体系的重要组成部分，是承载本学科理论知识的重要载体，文字学的研究、学习与知识传承，都必须借助于名词术语来进行。毫无疑问，对于本学科名词术语使用的情况进行研究，了解和总结其使用的历史和现状，梳理其相关的理论问题，这些理应成为文字学研究，尤其是文字学理论研究的重要任务。为了便于对全部的文字学名词术语有一个整体的把握，我们借鉴术语学的分类理论，对文字学术语进行了初步的分类考察：从名词术语义项的多寡来看，可分为单义术语和多义术语；从术语产生及通行的时间早晚来看，可分为传统术语和现代术语；从术语在学科体系中的重要程度和使用程度来看，可分为基本术语和非基本术语；从术语使用范围的大小来看，可分为纯术语和一般术语①。此外，常见的同义术语、异形

---

① 刘涌泉根据术语的使用范围，把术语分为纯术语、一般术语和准术语，其中纯术语专业性最强，如“等离子体”；一般术语次之，如“压强”；而准术语，如“塑料”，已经渗透到人们的生活中，逐渐和一般词汇相融合。见《中国大百科全书·语言文字》363页。由于“准术语”这个名词容易引起误会，使人误以为尚不是术语，因此，我们这里把刘先生所说的“一般术语”和“准术语”合称为“一般术语”，而不用“准术语”这个名词。

术语和同音术语问题在此也一并加以探讨。通过分类考察，我们既可对文字学名词术语的面貌有一个更为清晰明确的认识，另一方面也可从中总结出文字学术语运用的有关规律。

（一）单义术语与多义术语

所谓单义术语，就是只代表一个概念的术语[①]。在某种语言中，如果一个术语只代表一个概念，而这一个概念反过来也只能用这一个术语来表示，那么这种单义术语就叫做绝对单义术语。

例如，“小篆”是单义术语，因为它只能代表“在春秋战国时期秦文字的基础上逐渐演进而来，秦统一后经过整理规范，其线条婉曲规整，粗细一致，笔画疏密匀称的一种汉字字体”这个概念。但它不是绝对单义术语，因为在汉语文字学中表示这一概念的还可以用“秦篆”、“篆文”、“篆书”[②]，等等。“三体石经”也是单义术语，因为它只表示一个概念：曹魏正始年间，由官方用古文、小篆、隶书三种字体对照刻写的《尚书》、《春秋》等儒家经书石碑。但它也不是绝对单义术语，因为这个概念还可以用“正始石经”、“魏石经”、“三字石经”等术语来表示。

---

① 冯志伟：《现代术语学引论》，5页。

② 唐代张怀瓘《书断》云：“案小篆者，秦始皇丞相李斯所作也，增损大篆，异同籀文，谓之小篆，亦曰秦篆。”《说文叙》云：“今叙篆文，合以古籀。”段玉裁《说文解字注》云：“小篆，《艺文志》作秦篆，凡许书中云篆书者，小篆也；云籀文者，大篆也。”

有些术语则属于绝对单义术语。例如,“笔顺”只表示“书写汉字时适应生理特点和结构类型的要求而约定俗成的笔画书写顺序”这个概念,而这个概念也只用“笔顺”这个术语来表示。此外,像“汉字简化方案”、“汉语拼音方案”、“汉字编码”、“汉字信息处理”等术语,也都是我们所说的绝对单义术语。总体来说,属于纯粹意义上的绝对单义术语数量并不是很多。

如果一个术语可以表示两个或两个以上的概念,那么这个术语就叫做多义术语。多义术语可以出现于同一概念系统之中,也可以出现于不同的概念系统之中。

例如,“今字”既可以指古今字中的后起字,也可以用来特指隶书(隶书是汉代通行的文字,当时称为“今文”或“今字”);又可以指从汉代一直到现在通行的文字。“文字改革”一词既可以指一般文字的体系或制度的改革,也可以特指“汉字改革”。“重文”一词既可以指古代字书中列于每字说解之后的与正篆写法不同的或体、俗体、古文、籀文、奇字等;也可以指甲骨文、金文中重出的字,有同体的,也有异体的;又可以指同字重复不重写,作一重文符号“=”于其下的文字符号;在训诂学上还可以指“重言”。

处于不同概念体系中的多义术语,可根据其概念体系或所属学科的不同来区分其意义的差异。例如,“声化”这个术语,在文字学上表示汉字演变的规律之一,即汉字发展过程中,一些字的结构功能由非表音转为表音的形体演变现象;在语音学上“声化”一词则表示的是声音的“浊化”。“事类”这个术语,在文字学上特指殷墟甲骨卜辞中所记的殷人占卜的事情的类别,如祭祀、天象、年成、征伐、田猎等等;在修辞学上表示援引别人的话或成语、谚语、格言、诗句等,以增强表达效果。总之,正是由于概念体系的不同，多义术语的含义才各不一样，这样才不至于造成学术交流的困难。

但是，存在于同一学科的同一术语系统中的多义术语，有时会造成人们交流和理解上的困难。例如，“意符”这个术语，有人用它来指称“汉字形声字的表意部分”，即传统所说的“形旁”[①]；也有学者用它来指称“跟文字所代表的词在意义上有联系的字符”[②]。类似这样处于同一术语系统中的多义术语，时常会使一些初学者感到迷茫和困惑。因此，在名词术语规范整理工作中，进行这种多义术语的分离是十分必要的。

单义术语和多义术语在实际运用中，有时可能会相互转化。一方面，某些命名时属于绝对单义性的术语，在其使用过程中，会得到一些附加的含义，而逐渐改变其单义性质，成为多义术语。如“隶书”一词，本是用来指称通行于两汉用方折的笔画改变篆书圆转的线条、字形逐渐变得方正平直而产生的一种汉字字体；但是从魏晋时期至唐代，人们也把后来所谓的楷书称作“隶书”，使得“隶书”一词成了多义术语。再如“通用字”，以前经常用它来表示古书中在某种或某些用法上可相互替代换用的字，现代以来很多人都用它来表示现代汉字中“社会一般交际领域普遍通行使用的汉字”。于是，“通用字”也变成了多义术语。另一方面，某些多义术语经过合理的分离后，也可能成为单义术语。例如，多义术语“文字学”一词，既被用来指称“研究汉字的学问”，又被经常用来表示“以不同民族文字为研究对象的科学”

① 《中国大百科全书·语言文字》“意符”条：“汉字形声字的表意部分。也称形旁。”

② 裘锡圭：《文字学概要》，11页。

这一概念，随着学术视野的逐渐拓展，人们认识到，用兼容世界一切文字的“文字学”来单指汉字研究这门学科，“无论从术语学的角度，还是从这门学科现今含有的实际内容来看，都已经不合适了”[①]。所以，根据其义项的不同，把多义术语“文字学”，分为“汉字学”和“文字学”这两个单义术语是很有必要的。

（二）传统术语与现代术语

这里所说的传统术语，是指从古代直到20世纪初所产生和使用的文字学名词术语；所谓现代术语，是指现代以来产生并通行起来的文字学名词术语。前者如：“书契”、“结绳”、“书”、“文”、“名”、“六书”、“古文”、“籀文”、“小篆”、“独体”、“合体”、“重文”、“分别文”、“累增字”、“象形”、“奇字”、“缪篆”、“隶书”、“章草”、“行款”、“异体”、“俗字”、“亦声”、“蝌蚪书”、“鸟虫书”、“款识”、“钟鼎文”、“孳乳”、“古今字”、“八分”、“隶变”、“通假”、“字样学”等等。后者有：“甲骨文”、“甲骨学”、“卜辞”、“文字画”、“简化”、“声化”、“繁化”、“类化”、“贞人”、“康宫说”、“同源字”、“三书说”、“六书说”、“分化字”、“部件”、“文字改革”、“汉字学”、“汉字文化学”、“规范汉字”、“简化字”、“拉丁化新文字”、“注音字母”、“汉字交换码”、“汉字信息处理”、“字形数”、“字种”、“字频”等等。

总的来说，传统术语具有这样几个方面的特点：

第一，传统术语在产生和通行之初，很多都没有进行过严格

---

① 费锦昌：《汉字研究中的两个术语》，《语文建设》1989年第5期。

的界定和说明，也就是说，其含义通常较含糊和不确定。拿古书中“读若”、“读如”、“读为”、“读曰”四个术语来说，“读若”也称“读如”，是多用于拟声注音的术语。《说文·口部》：“哙，咽也，从口，会声，或读若快。”《礼记·少仪》：“祭祀之美，齐齐皇皇。”郑玄注：“皇，读如归往之往。”因此，一般说来，“读若”、“读如”的功用是“拟其音”。而“读为”、“读曰”的功用是“易其字”（即破假借），但是，有时“读若”、“读如”的作用和“读为”、“读曰”相同，也是用本字来破假借字。如《礼记·儒行》：“起居竟信其志。”郑玄注：“信，读如屈伸之伸，假借字。”这就是古人由于使用术语不严密而产生的混乱情形。所以前人对“读若”的性质有三种不同的说法：一说“读若”是拟音（段玉裁）；一说“读若”是明假借（钱大昕）；一说“读若”既是拟音又是兼明假借（王筠）。

第二，传统术语的规范化程度较差。同一个概念常常使用了多个术语指称。如“异体字”这个概念，在传统术语中有“异体”、“或体”、“重文”、“别体”等叫法；对于“隶书”这个概念，则有“隶字”、“左书”、“佐书”、“史书”等异称；而“楷书”则有“正书”、“真书”、“章程书”等异称。

第三，传统术语在文字学概念体系中的分布不够均衡。传统术语中用来表示与“汉字的结构”、“汉字的字体”有关的概念者居多。比较而言，传统术语在文字学概念体系的其他方面则分布较少。属于汉字结构范畴的常用术语主要有：“独体”、“合体”、“偏旁”、“部首”、“六书”、“象形”、“指事”、“形声”、“会意”、“转注”、“假借”、“省形”、“省声”、“四体二用”、“六书三耦”等术语。属于汉字字体范畴的常用术语主要有：“钟鼎文”、“彝器款识”、“玉筯体”、“垂露篆”、“蚊脚书”、“科斗文”、“古文”、“籀文”、“壁中书”、“秦篆”、“隶书”、“古隶”、“隶古定”、“草书”、“行书”等等。在古代一些关于字体和书法的著作中,还常常给一些花体字命以专名,如"龙爪书"、"韭叶书"之类,动辄达到十几体甚至几十体。启功认为,这些"对于古字体名的推测,多不可靠"①。

现代以来产生和通行起来的术语大体由这样三个部分组成:

第一,用以指称在现代才出现的新概念。现代以来,随着文字学研究领域的不断拓展、相关问题研究的不断深入,提出了许多新的概念,新的名词术语也就开始出现。例如,20世纪初随着甲骨文的发现,"甲骨文字"及其相关的概念开始提出,出现了一大批新的名词术语,如"卜辞"、"前辞"、"命辞"、"占辞"、"验辞"、"甲骨断代"、"贞人"等等。20世纪80年代以来随着信息技术的发展,"汉字信息处理"、"中文字库"、"汉字编码"、"汉字标准交换码"等一系列新术语也应运而生了。

第二,用以指称以前没有术语指称的已有概念。例如,"形似字"这个概念在古代早已有之。明代叶秉敬撰有《字孪》四卷,辨析形似字形,共释形体相近的字形138组。然而古代并未出现"形似字"这个术语,"形似字"或"形近字"这样的名称是在现代才出现的。再如,"同音字"的概念古代早有。《隋书·经籍志》著录有《异字同音》一卷,不著撰人,今亡佚。明代焦竑撰《俗书刊误》十二卷,卷九专列"音同字义异"者。但"同音字"这个术语是在现代才产生和通行起来的。

第三,用以指称已有术语指称的概念。某些概念本来已有术语指称,但现代以来,由于种种原因,包括由于原来的术语指称不明、含义过于宽泛、渐被淘汰不用等等,人们又为之确立了

① 《古代字体论稿》,22页。

新的术语。例如，对于汉字发展过程中的滋生繁衍现象，古代学者以“孳乳”这个术语称之；由孳乳而产生的新字，古代以“孳乳字”或“分别文”、“分别字”称之。现代以来，人们可能觉得“孳乳字”的含义历来比较含糊，缺乏明确的界定。有的人理解得比较宽泛，用来泛指文字发展演化过程中滋生繁衍的新字[①]；也有人将它与“分别文”差不多等同看待[②]。因此，为了不致引起混乱，许多人现在更愿意使用“分化”、“分化字”这样的术语。

（三）基本术语与非基本术语

所谓基本术语，是指文字学中较为常用和不太重要的、已经比较成熟稳定的术语；所谓非基本术语，是指除基本术语之外的术语，即不太常用和不太重要、尚不够成熟稳定的名词术语。基本术语是文字学名词术语系统的主要组成部分，也是我们进行学习和交流时所经常要使用的。作为文字学术语规范整理的主要对象，我们会在本书的下篇中逐一进行分析讨论。这里主要谈一谈非基本术语。

非基本术语大体可以分为两类：

第一，较为罕用或不太重要的名词术语。例如，在研究汉字

① 蒋善国：《汉字的组成和性质》，215 页。

② 《中国语言学大辞典》，34 页；赵诚：《古文字发展过程中的内部调整》，《古文字研究》第 10 辑。

的排序问题时，有学者曾提出过“类笔形”、“种笔形”这样的术语[①]。在探讨汉字部件的分类问题时，还有人曾提出了“通用部件”、“特殊部件”这样的术语[②]。总之，类似这样的术语由于使用的人较少，因此暂时属于非基本术语。

第二，尚不够成熟稳定的术语。某些名词术语，虽然在一定范围内常被使用，但其含义却不十分固定和明确，或目前还没有取得较为广泛的共识。因此，这样的术语暂时也属于非基本术语。一旦这样的术语在使用过程中，经过约定俗成，从形式到内容都逐渐明确化、固定化之后，便可取得基本术语的资格。例如，“原始文字”一词经常可见有人使用，但其含义从目前来看，却并不十分确定，一般的语言学辞书也未收入该词条。“字素”这个术语，有人用它来指称“构成汉字的形与音义相统一的最小的结构要素”[③]。也有人用它来指称包括线条、笔画在内的构成汉字的最基本的材料[④]。可见，学者的意见还很不一致。

当然，基本术语和非基本术语二者之间的界线并不十分绝对。随着文字学研究的不断发展和深入，某些非基本术语会逐渐成熟，其含义会逐渐固定和明确，使用也越来越普遍，那么，它们就会由非基本术语演变为基本术语了。同样，相反的情况也

---

① 所谓类笔形，就是横、竖、撇、点、折这五类笔形。所谓种笔形，就是汉字的实际笔形。参谢泽荣：《“三同字”排序方法的探讨》，《语文建设》1996 年第 4 期。

② 晓东：《部件定义杂谈》，《语文论丛》第 5 辑，上海教育出版社，1997 年。

③ 李圃：《字素理论与汉字分析问题》，《中国文字研究》第 2 辑，广西教育出版社，2001 年。

④ 张玉金、夏中华：《汉字学概论》，180 页。

有可能出现。

(四)纯术语与一般术语

所谓纯术语,就是使用范围相对较窄、专业性较强的名词术语;所谓一般术语,就是使用范围较广、专业性较弱的名词术语。当然,这二者之间也不存在绝对的界线。

文字学的纯术语用以指称文字学学科特有的概念,在专业研究的范围之外,其"知名度"通常很低,使用有限。例如,"甲骨学"、"音素文字"、"意音文字"、"隶楷文字"、"刻划符号"、"合文"、"借笔"、"饰笔"、"变形声化"、"三书说"、"六书说"、"省形"、"省声"、"表音字"、"合音字"、"鸟虫书"、"隶变"、"碑别字"、"简帛文字"、"籀文"、"奇字"、"隶定古文"、"传抄古文"、"重文符号"、"形借"、"同形字"、"同义换读"、"右文说"、"字形数"、"字种"、"汉字自动识别"、"汉字交换码"、"汉字使用度"等,都应当属于纯术语。

文字学的一般术语,用以指称文字学学科中常常用到的、一般人比较熟悉的概念,即使在专业研究的范围之外,其"知名度"也往往较高,使用的人相对较多。例如,"文字学"、"汉字学"、"现代汉字"、"文字"、"汉字"、"字形"、"字音"、"字义"、"象形文字"、"原始文字"、"简化"、"类化"、"分化"、"独体字"、"合体字"、"结构"、"偏旁"、"部首"、"笔画"、"部件"、"形声字"、"形旁"、"声旁"、"通假"、"读若"、"古文"、"小篆"、"隶书"、"行书"、"草书"、"行款"、"同音字"、"多音字"、"错别字"、"异体字"、"文字改革"、"简化字"、"繁体字"、"字典"、"常用字"等,都应当属于一般术语。

总体说来，纯术语的含义一般比较纯粹，多属于单义术语。而一般术语由于使用的范围较广，发生意义分歧的可能性较大。像“简化”、“类化”、“分化”、“声化”、“结构”这样的一般术语，在不同的学科体系中有着不同的具体含义。例如，作为一般的词汇，“结构”表示“各个组成部分的搭配和排列”。如文章的结构、语言的结构、原子的结构等等。而作为文字学术语的“结构”一词，则专门表示“汉字字形的结体构造，即指汉字的线条、笔画、部件、偏旁等构形要素依据一定的理据和规律在空间排列展开的组合和构造”。再如，作为一般词汇的“分化”，《现代汉语词典》解释为：“性质相同的事物变成性质不同的事物；统一的事物变成分裂的事物。”在文字学领域中，“分化”则表示“将原来由一个字所承担的多项职能，改由两个或两个以上的字来分别承担的汉字演变现象”。作为一般词汇的“简化”，其含义是“把繁杂的变成简单的”。而在文字学研究中，“简化”这个术语表示的是“汉字形体演变的一种现象，汉字在音义不变的情况下，通过省去某些构形要素等方式，使字形由繁复趋向简省”。

因此，在文字学术语规范研究工作中，应当特别注意对这部分一般术语进行科学的界定，以便于人们将其“一般用法”与文字学领域内的“特定用法”明确地区分开来。

（五）其他特殊的类别

文字学术语中还有一些其他的特殊类别，主要有同义术语、异形术语和同音术语。

如果两个或两个以上的术语表示同一个概念，那么这些术语就叫做同义术语。例如，“钟鼎文”、“彝器款识”、“金文”、“吉金文字”等，都表示铸或刻在古代青铜器上的文字，是一组同义术语；“异体字”、“异体”、“多形字”、“或体字”都表示意义相同而形体不同的字，也是一组同义术语。此外，像“正书”、“真书”与“楷书”；“字体”与“书体”；“形似字”与“形近字”；“罕用字”与“生僻字”；“音素文字”与“音位文字”；“合文”与“合书”、“音符”与“声符”、“繁化”与“增繁”、“声化”与“音化”等等，都属于同义术语。

同义术语过多，通常会导致术语使用的混乱。因此，文字学术语规范整理要认真研究同义术语，在表示同一概念的各个同义术语之间进行比较，选取最为合适的一个作为规范术语（正名）。对于其他术语，则根据使用情况分别进行适当的处理。

同义术语中有一类特殊的术语——并存并用的同音、同义而书写形式不同的术语。术语学学者称之为“异形术语”[①]。异形术语是汉语中特有的一种同义术语，它与一般的同义术语的区别在于：同义术语是两个或两个以上的不同术语，而异形术语则是书写形式不同的一个术语。对于一组异形术语来说，我们在文字学术语规范整理中，应当合理地选取其中的一个作为规范的正名。例如，“笔画”和“笔划”两个术语，读音相同，含义都是表示构成汉字形体的各种点和线。《现代汉语异形词规范词典》对二者在词频统计和源流考辨两方面进行了分析，认为：“‘画’字承袭古义，一些有影响的辞书，都倾向于用‘笔画’。《第一批异形词整理表》已确定‘笔画’为推荐词形。”再如，“指示符

① 冯志伟：《现代术语学引论》，11页。

号”和“指事符号”这两个术语，读音相同，都是表示指事（指示）字中用以标指字义的抽象性点画符号，因此也是异形术语。由于“指事符号”一词不仅使用者多，而且可与传统术语“指事”、“指事字”形成整齐的术语系列，同时又不另外增加新的名词，所以，把“指事符号”确立为正名是比较合适的。

同音术语是指读音相同的一组术语，可分为两类：一类是音同义也同的同形术语，除了上面提到的“笔画—笔划”、“指事符号—指示符号”，还有“刻划符号—刻画符号”等。

总之，以上类别的划分是从不同的角度进行的，其目的是为了对文字学名词术语的历史和现状有一个较为清晰和全面的认识。通过术语的分类考察，我们可总结出以下一些规律性的认识：

1. 从传统术语和现代术语的比较来看，文字学名词术语系统内容丰富、形式多样，这说明本学科不仅有着悠久辉煌的历史，同时也在不断地向前发展，新的理论和方法被引进，新的概念不断涌现，自身的理论体系在不断完善。

2. 多义术语、同义术语是导致术语使用混乱的两个主要原因，一词多义造成同名异实，多词一义造成异名同实。而传统术语中有很多名词的含义历来就比较模糊，缺乏规范性。因此，这几类术语是进行名词规范和整理的重点。

3. 从使用的角度来说，对于那些已经比较成熟、已有广泛认同度的名词术语，我们应当尊重约定俗成的选择和既有规范，而不要随意另造新的名词，人为地增加术语使用的混乱。

4. 从理想的状况看，完善的术语系统当然应当消除异名同实、同名异实等不统一、不规范现象。但是，由于术语的使用中经常存在着跨学科的借用和引进现象，存在着两类术语间的转化现象(如单义转化为多义、一般术语借用为纯术语等),这就决定了术语的不规范难以被彻底消除。因此,术语的规范统一工作将是长期的。

四　文字学名词术语使用的混乱现象剖析

（一）文字学术语使用中的混乱现象

文字学术语使用中的混乱现象主要可概括为两个方面：异名同实和同名异实。下面结合具体词例，对这两个方面进行分析。

异名同实

所谓异名同实，即用两个或两个以上的名称表示同一个概念。长期以来，由于种种原因，包括文字学理论建设的不够完善，人们对于术语规范使用的意识淡薄，以及研究者在学派、师承等方面的分别，文字学名词术语中异名同实的现象大量地存在着，这种不规范现象正是我们规范整理工作所要解决的主要问题之一。国家科学技术名词审定委员会颁布的《科学技术名词审定的原则和方法》明确要求"一个概念有多个名称时，确定一个规范名作为正名，规范名的异名分别冠以'简称'、'全称'、'又称'、'俗称'、'曾称'"。该《原则和方法》还对"正名"、"又称"

等名词的含义分别作了如下的解释：

正名——公布的规范名；

简称、全称——与正名等效使用的名称；

又称——目前允许使用的非规范名；

俗称——非学术用语；

曾称——已淘汰的旧名。

依据以上的要求以及我们所制定的规范整理工作的总原则，我们对文字学名词术语中的所有异名同实现象进行了梳理，并逐一为之分别确立了“正名”、“又称”、“曾称”等。下面略举几例加以说明。

刻划符号 成熟文字体系出现之前及其早期阶段，古人刻划在陶器、玉石等器物或山崖石壁上的几何形符号或象形符号，我们现在一般称之为“刻划符号”。除了“刻划符号”这个名称之外，它还有另外两个异称：“刻划记号”和“刻画符号”。“刻划记号”这个名词是郭沫若首先使用的。他说：“彩陶上的那些刻划记号，可以肯定地说就是中国文字的起源，或者中国原始文字的孑遗。”[①]直到近年来，这个名词还有人在使用。如有人说：“这些原始社会末期出现的象形符号和刻划记号，就是汉文字的‘源头’。”[②]但总的来说，这样使用的人不多。比起“刻划记号”一词，使用“刻画符号”这个名称的人更多一些[③]。在以上三个名词中，“刻划符号”一词使用得最为普遍，目前这一术语已为多数

① 《古代文字之辩证的发展》，《考古学报》1972年第1期。

② 李诗锷、张作富：《汉字的演变和构造》，四川科技出版社，1995年。

③ 张玉金、夏中华：《汉字学概论》；顾正：《文字学》；陈涛：《文字学浅谈》。

研究者所认同，使用的情况很多，这里不一一举例。

通过以上的比较和分析，我们确定“刻划符号”为正名，以“刻画符号”和“刻划记号”作为曾称。

形旁、声旁　形声字中表示字的意义范围和类属的部分，有多种异称，主要有“形旁”、“形符”、“意符”、“义符”、“义旁”这样几种。目前来看，使用比较混乱，不够统一。其中“形旁”是个传统称谓，使用的人较多。使用“形符”一词的情况也比较多见。也有使用“意符”、“义符”、“义旁”的，但是并不多见。“形旁”作为一个传统名称，影响较大，使用者较多，因此，我们认为用“形旁”来作为正名较为合适。

形声字中的表音部分有这样几种不同的名称：“声旁”、“声符”、“音符”和“音旁”。其中“声旁”是个传统术语，使用者较多。“声符”一词的使用虽不及“声旁”普遍，但使用者也有不少。使用“音符”、“音旁”者总体说来不算太多。比较这几个名词，“声旁”一词显然使用者最多，作为一个传统名称也容易被人接受，且可与“形声字”、“形旁”形成整齐的术语系列，符合术语命名的系统性原则。“声符”虽然使用者不少，但在通行程度和命名要求的系统性方面均逊于“声旁”。“音符”一词，很多学者同意用它来指称普通文字学范畴的另外一个概念——与文字所代表的词的语音有联系的字符，因此，我们建议不再使用它来指称形声字中表示读音的偏旁这个概念。“音旁”的使用者很少，可废止不用。总之，我们认为以“声旁”作为正名比较恰当，以“形符”和“声符”作为又称，其他名词则作为曾称。

此外，如“结构类型”有多种异称：“结构规律”、“结构类别”、“结构模式”、“构造法则”、“创造类型”、“构成类型”等，本研究中我们建议以“结构类型”作为正名。“分化字”，又称作“分别字”、

“分别文”、“区别字”、“孳乳字”等，现建议统以“分化字”为正名。“异体字”，又称作“异构字”、“异体”、“或体”、“别体”、“多形字”等，现建议统以“异体字”作为正名。“族名金文”，又称作“族氏文字”、“族徽金文”、“族徽文字”等，我们认为以“族名金文”为正名较为妥当。

类似这样的例子还可以举出很多。这种术语的异名同实现象不仅徒然增加了人们记忆的负担，同时又是造成术语使用混乱的重要原因。因此，在实现文字学术语规范化的过程中，解决这些术语的异名同实问题，无疑是我们首先应当考虑的。

同名异实

所谓同名异实，即一个名称表示多种概念，包括一些常用的、重要的术语也存在这种混乱现象。这种混乱现象的存在，导致了长期以来对于某些术语概念的纠缠不清。《科学技术名词审定的原则及方法》明确要求：“多个概念使用一个名词时，应当根据不同概念分别确定为不同的名词，以客观、准确地表达概念。”因此，这一问题也是我们本次规范整理所应着力解决的。名词术语的同名异实问题大体上可以分为以下两种情况：

其一，同一个名词可以表示多个概念，但其中有一个概念是这个名词经常表示的。在这样的情况下，我们就把该名词与这个经常表示的概念明确对应起来，并为之确定一个明晰的定义。

例如，“陶文”这个名词有两个含义：(1)多数学者使用“陶文”这个名词时，是用来指称“陶器上刻写的文字”的[①]。(2)在

① 裘锡圭：《文字学概要》，53页；何琳仪：《战国文字通论》，23～24页；袁仲一：《秦代陶文》，等等，其例至多。

实际使用中，也有人用“陶文”这个名词来指称“陶符”——“陶器上刻划的符号”，这样就造成了术语使用上的混乱[①]。

高明曾针对“陶文”一词使用中的这种混乱现象提出了批评。他说：“这样势必把陶符与陶文两种不同类的资料混合在一起，所介绍的资料，究竟何者为陶符，何者为陶文，它们有什么区别？时代有什么不同？皆难以分别清楚，不便讨论。”他较为详细地辨析了“陶符”、“陶文”二者的不同，认为：“陶符与陶文各自产生的时代不同，社会条件也不同，不是同范畴的事物，彼此走的也不是同一条道路。……陶符只能起到一种标记的作用，不能代替文字，陶文才是真正的汉字。”[②]这个意见无疑是正确的。因此，我们认为较为妥当的办法是以“陶文”专指“陶器上刻写的文字”，而明确地将“陶器上刻划的符号”这一概念从“陶文”中剥离开来，用“陶符”一词来专门指称它。

其二，同一个名词可以表示几个概念，但几个概念之间并不存在明显的孰重孰轻、孰主孰次的差异。在这样的情况下，我们就要综合考察名词术语与概念之间联系的理据性、名词术语内部的系统性程度，以及理论研究发展的新取向和新成果等各方面因素，从而为该名词选择一个最为恰当、准确的定义。

例如，“形符”、“义符”这两个术语在文字学著作中分别都有两种含义：(1)裘锡圭在《文字学概要》中于“意符”之下，又分出了两个下位概念：形符和义符。他说：“意符内部还可以分类。

① 张光裕：《从新出土材料重新探索中国文字的起源及相关问题》，香港中文大学《中国文化研究所学报》第12卷，1981年；姜宝昌：《文字学教程》；林庆勋等：《文字学》。

② 《论陶符兼谈汉字的起源》，《北京大学学报》1984年第6期。

有的意符是作为象形符号使用的，它们通过自己的形象来起表意作用……有的意符不是依靠自己的形象来起作用的。这种意符通常都是由已有的字充当的表意偏旁，它们依靠本身的字义来表意。”“在有必要区分上述两种意符的时候，可以把前一种称为形符，后一种称为义符。在汉字变得不象形之后，形符基本上就不使用了。”[①]近年来，这种“形符”、“义符”概念已被越来越多的学者所认同，有些研究者还将它们运用于汉字结构的研究实践中[②]。(2)在实际应用中，“形符”和“义符”有时候被用来表示形声字的“形旁”[③]。

我们认为，裘先生根据字符表意方式的不同，提出的“形符”、“义符”的概念对于普通文字学研究很有价值，对于我们认识汉字的结构和构形规律也很有启发。近年来，这种“形符”、

① 《文字学概要》，11～12页。

② 钱乃荣主编《现代汉语》将汉字字符分为四类：形符、义符、音符和记号。认为“形符是古汉字特有的，记号的绝大多数是汉字隶变后产生的，义符、音符则是古汉字、现代汉字都有的”。他按字符组合方式的不同，把合体字分为了五种类型。郝恩美著《现代汉字教学法探讨》也采取了类似的字符组合方法，划分了现代汉字合体字的五种类型，参《语言文字应用》1994年第3期。

③ 《实用中国语言学词典》“形符”条：“又称‘形旁’，亦作‘义符’或‘义旁’，‘意符’或‘意旁’。形声字结构中表示意义的部分，与‘声符’相对。”蒋维崧著《汉字改革和汉语规范化》(《文史哲》1956年7月号)、蒋善国著《汉字的组成和性质》、李国英著《论形声字的义符系统》(《中国社会科学》1996年第3期)等著作中使用“义符”指称形声字的形旁；李燕等著《现代汉语形声字研究》(《语言文字应用》1992年第1期)、康加深著《现代汉语形声字形符研究》(陈原主编《现代汉语用字信息分析》)等著作中使用“形符”指称形声字的形旁。

“义符”概念已被越来越多的学者所认同。为保持术语规范，避免引起不必要的混乱，我们建议，表示“形旁”时最好不用“形符”、“义符”这样的名称，而专门用它们来分别指称普通文字学研究中的两个概念：“通过自身的形象来起表意作用的意符”和“依靠自身的字义来起表意作用的意符”。

（二）造成文字学术语使用混乱的原因

造成文字学术语使用混乱的原因，当然首先应当归结为自觉的术语规范工作的迟滞。

有学者指出，语言规范大体上有两种情况：一种是自发的规范。由于语言是一种交际的工具，为满足交际的需要，使用同一语言的社会集团中的每一个体不得不与周围其他人保持一致，否则就难以完成交际的目的。这种零碎的、局部的，或为一时一事而习得用语的现象带有较大的自发性，因此可称之为自发的规范。另一种与自发规范相对应的是自觉的规范。这种自觉的规范，是由国家机关、语言决策机构、语言研究机构和语言专家所发起和从事的宏观的、全局的、大规模的规范活动。它以国家民族的总体利益和长远发展为目标，是在研究语言文字构成、发展和演变规律的基础上进行的，目的是要推行一种本语言应用区域中所有人共同使用的标准，从而消除语言差异所形成的障碍，以促进经济、文化、科学技术的发展①。我们进行的文字学

① 刘青：《简述科技术语规范化的基本环节》，《科技术语研究》2001年第1期。

名词术语规范就是后一种性质的工作。长期以来，由于这种自觉的规范工作迟迟没有开展起来，导致术语使用中许多问题未能得到及时处理，从而使得生造术语、误用术语、异名同实、同名异实等等不规范现象屡见不鲜。学者们零打碎敲式的“匡谬正俗”，虽然对术语规范起到了一定作用，但终难形成气候，难以从根本上改变名词术语使用的混乱局面。因此，我们说自觉规范工作的迟滞是造成术语使用混乱的最根本原因。

除此之外，导致术语使用混乱的其他因素主要还有：

1. 使用规范术语意识的淡薄。长期以来，可能由于受到中国传统研究“重实用、重事实”[①]和“重实践而轻理论”[②]等习惯的影响，人们对于术语的规范使用并不十分重视。个人的标新立异、随意乱造乱用术语等行为，都可能使得同一概念用不同的术语来称说，同一名词术语又指称了不同的概念。例如，称“构成汉字形体的各种点和线”，有人用“笔画”，也有人用“笔划”。称“成熟文字体系出现之前刻划在陶器或玉石器物上几何形符号和象形符号”，有人用“刻划符号”，也有人用“刻划记号”、“刻画符号”。“陶文”既被用来指“陶器上刻写的文字”，又被用来指“成熟文字体系出现以前及其早期阶段，刻划在陶器等器物上的符号”。

2. 理论研究的不够深入充分。由于理论研究的不足，一方面使得某些相关的概念长期纠缠不清，如“孳乳”与“分化”，“大篆”与“籀文”，“结构类型”与“偏旁部位”，“异文”与“异体字”、“古今字”，“通假字”与“分化字”等等。另一方面，本学科使用的

① 许嘉璐：《语言文字学及其应用研究》，28 页。

② 李建国：《汉语规范史略》，8 页。

某些概念长期没有得到明确的界定。例如，多年来，先后有许多学者对汉字的部件问题进行过研究，提出了十多个关于部件的定义[①]。这些看起来颇为纷乱的意见，主要是由于在以下几个方面存在分歧而造成的：(1)单笔画是否属于部件；(2)部件是否有层次性；(3)部件是否一定成字。显然，要想对"部件"这个概念有一个清晰完整的认识，就必须对以上三个问题做出明确的回答。

3. 古今词义的变化。由于古今词义发生了变化，常使人们对概念的理解产生分歧。例如，"古文"一词的含义自古以来就经历了不小的变化。

许慎《说文叙》云："及宣王太史籀著大篆十五篇，与古文或异。至孔子书六经，左丘明述《春秋传》，皆以古文，厥意可得而说。"显然，许慎是以"古文"来指称早于籀文的古字体的。许慎等汉代学者对"古文"的看法对后世产生了很大的影响，直到现代，仍有不少学者持此种观点[②]。

近代古文字学兴起之后，古文早于籀文的说法遭到了怀疑。吴大澂在《说文古籀补》的自序中，根据《说文》古文与周代金文不合的现象，提出了许慎所谓古文实际上是周末文字的看法。他说："窃谓许氏以壁中书，疑皆周末七国时所作，言语异声，文字异形，非复孔子六经之旧简。"后来，王国维根据大量资料断定所谓古文应是战国时代东方国家的文字[③]。近几十年来出土的

① 苏培成：《二十世纪的现代汉字研究》，310～315页。

② 参看马宗霍：《文字学发凡》，11页；叶长青：《文字学名词诠释》，34页。

③ 其说见《桐乡徐氏印谱序》(《观堂集林》卷六)、《战国时秦用籀文六国用古文说》(《观堂集林》卷七)等文。

大量六国文字资料,印证了王国维对古文的看法[①]。

从目前来看,学者对"古文"这个概念的理解仍然存在分歧。总的来说,主要有以下两种观点:

(1)从广义的角度理解"古文"。或指战国以前的古文字[②];或指秦统一文字以前所有的文字[③];或指与隶书相对而言的先秦古文字[④]。

(2)从狭义的角度理解"古文"。或指秦以前写本的书籍中的文字[⑤];或指战国时的六国文字[⑥];或用来指称以《说文》古文为主,包括诸如石经古文、《汗简》古文等转抄于战国文字的字体[⑦];或指流传到汉的战国时人用通行于当时的字体写在简册上的文字[⑧]。

4. 命名方法的多样。使用者从不同的角度对一个概念进行命名,造成了一个概念使用多个不同术语的现象。例如,在甲骨文发现之初及其后的相当一段时间内,学者们从出土地点、刻写方式、记录的内容等方面,分别给予不同的称名,命名很不统一,大体有这样十几种不同的称法:"贞卜文字"、"殷墟文字"、

① 裘锡圭:《文字学概要》,54～55 页。

② 蒋善国:《汉字形体学》,127 页。

③ 《中国大百科全书·语言文字》,102 页;高明:《中国古文字学通论》,3 页;启功:《古代字体论稿》,16 页。

④ 何琳仪:《战国文字通论》,40 页;姚孝遂主编:《中国文字学史》,212～213 页。

⑤ 启功:《古代字体论稿》,16 页。

⑥ 《中国语言学大辞典》,24 页;王凤阳:《汉字学》。

⑦ 何琳仪:《战国文字通论》,40 页;裘锡圭:《文字学概要》,54 页;《中国大百科全书·语言文字》,102 页。

⑧ 姚孝遂主编:《中国文字学史》,213 页。

“殷契刻辞”、“龟卜文”、“契文”、“甲骨刻辞”、“殷墟卜辞”、“贞卜文”、“殷契”、“殷墟书契”、“殷商文字”、“甲文”、“龟甲文”、“甲骨文”等等[①]。有人根据“多音字”、“多义字”的命名方法，把“异体字”又称作“多形字”[②]。

5. 传统使用习惯的影响。例如，把“研究汉字的学问”称作“汉字学”或“汉语文字学”，无论从术语科学规范的角度，还是从这门学科现今含有的实际内容来看，都是合适的。但是，直到今天，仍然存在着将“文字学”、“中国文字学”、“汉字学”、“汉语文字学”这几个术语并行共用的情况，这其中的原因主要是由于传统使用习惯的影响。

---

① 赵诚：《甲骨文字学纲要》，7页；蒋善国：《汉字形体学》，18页。

② 蒋善国：《汉字学》。

五　文字学术语的规范整理

本章介绍文字学术语规范整理的几个具体环节。文字学术语的规范整理，主要包括选词、定名、定义及术语英译这四个方面的工作。

（一）选　词

规范整理的第一步当然就是要确定规范整理的对象——文字学名词术语。此项工作又包括搜集术语、整理归类、确定基本术语等具体步骤。

搜集术语

搜集术语首先要确定搜集的范围。除了有一部分名词术语收录在语言学工具书中之外，大量的名词术语都分散在本学科的各类著作、研究论文当中。为了确保能够将尽可能多的文字学名词术语都收集到，我们拟定了一个较为全面的收集书目。这个书目基本上涵盖了古代和现代较有代表性的文字学理论著作，主要有以下几类：

(1)说文研究类著作

黄　侃《黄侃论学杂著》
陆宗达《说文解字通论》
王　筠《说文释例》
黄　侃《文字声韵训诂笔记》
段玉裁《说文解字注》
(2)古文字学类著作
唐　兰《古文字学导论》
李学勤《古文字学初阶》
林　沄《古文字研究简论》
陈炜湛《甲骨文简论》
陈炜湛、唐钰明《古文字学纲要》
何琳仪《战国文字通论》
高　明《中国古文字学通论》
(3)汉字学通论类著作
何仲英《新著中国文字学大纲》
顾　实《中国文字学》
蒋善国《中国文字之原始及其构造》
马宗霍《文字学发凡》
张世禄《中国文字学概要》
蒋善国《汉字形体学》
梁东汉《汉字的结构及其流变》
蒋善国《汉字的组成和性质》
唐　兰《中国文字学》
殷焕先《汉字三论》
裘锡圭《文字学概要》
王凤阳《汉字学》

聂鸿音《中国文字概略》

张玉金、夏中华《汉字学概论》

(4)现代汉字学类著作

高家莺、范可育、费锦昌《现代汉字学》

苏培成《现代汉字学纲要》

杨润陆《现代汉字学通论》

(5)比较文字学及普通文字学类著作

周有光《比较文字学初探》

王元鹿《普通文字学概论》

(6)专题研究类著作

周有光《文字改革概论》

启　功《古代字体论稿》

王　宁《汉字构形学讲座》

(7)工具书及文字学史类著作

黄德宽、陈秉新《汉语文字学史》

姚孝遂主编《中国文字学史》

《辞海·语言学分册》

《中国大百科全书·语言文字》

《中国语言学大辞典》

整理归类

初步搜集到的1200余条名词术语,基本上是杂乱无章地呈现在我们面前的。为了使这些名词术语系统化和条理化,我们拟订了文字学概念体系的框架结构,以便对这些术语进行归类整理。

概念体系共有六个部分,分别是:"基本理论"、"汉字的起源和发展演变”、“汉字的结构”、“汉字的形体”、“汉字系统内部关系”以及“汉字应用和研究”。

涉及普通文字学以及汉字学研究的一些基本名词术语归入“基本理论”中，例如：“古文字学”、“汉字学”、“甲骨学”、“金石学”、“音素文字”、“语素文字”、“象形文字”等等。有关汉字的起源和发展变化的名词术语归入“汉字的起源和发展演变”中，例如：“仓颉造字说”、“简化”、“讹变”、“合文”、“累增字”、“声化”、“同源字”、“类化”等等。凡涉及汉字的结体与构造的名词术语都归入“汉字的结构”中，例如：“独体字”、“合体字”、“笔画”、“部件”、“偏旁”、“六书”、“象形”、“指事”、“会意”、“省形”、“省声”、“六书三耦说”、“四体二用说”等等。有关汉字字形字体方面的名词术语归入“汉字的形体”中，例如：“甲骨文”、“金文”、“隶书”、“鸟虫书”、“秦系文字”、“战国文字”、“奇字”、“小篆”、“草书”等等。凡涉及汉字与汉字之间形、音、义方面错综关系的名词术语归入“汉字系统的内部关系”中，例如：“同形字”、“多音字”、“异读字”、“同音字”、“同义换读”、“正体字”、“俗体字”、“古今字”、“异体字”、“后起字”等等。凡涉及汉字的改革、应用、研究等方面的名词术语则归入“汉字的应用和研究”中，例如：“拉丁化新文字”、“国语罗马字”、“汉字整理”、“规范汉字”、“常用字”、“字量”、“字频”、“汉字检字法”、“汉字编码”、“偏旁分析法”等等。

在每一部分中，相关的名词术语依次排列，含义相同或相近的术语则类聚在一起。

实际上，有些术语的归类并不是绝对的，而是两可的。例如，“隶变”这个术语既可以归入“汉字的形体”一类中，也可以归入“汉字的发展演变”一类中；“新字形”、“旧字形”这样的术语既可以归入“汉字的形体”中，也可以归入“汉字应用和研究”中。在这样的情况下，我们就通过综合的分析和比较，最终为之确定一个较为合适的类别。

基本术语的确定

在搜集到的全部文字学名词术语当中，有相当一部分还不够成熟和稳定，在学者中认同度还不是很高，属于我们前面所说的“非基本术语”，暂时还不具备规范整理的条件。

除“非基本术语”之外的“基本术语”，表示的是文字学中基本的或较为重要的概念，它们已经比较成熟和稳定，一般来说，在学者当中的认同度也较高，因此，它们是我们本次规范整理的主要对象。

通过全面的分析比较，我们从收集到的全部文字学名词术语当中，筛选出基本术语 482 条，分别用来表示文字学中的 213 个基本概念，平均每个基本概念使用 2.2 条术语。在这 213 个基本概念中，一个概念至少使用 1 个术语，至多使用 14 个术语。其中仅使用 1 个术语的有 101 个基本概念，占全部基本概念总数的 47.4%。也就是说，在全部 213 个基本概念中，只有不到一半的基本概念使用单个术语，其余的 112 个基本概念分别使用 2 至 14 个不等的术语，共计 381 个术语，平均每个概念使用 3.4 个术语，“同实异名”的情况还是比较严重的，应当引起我们的重视。从基本术语方面来看，只有约 1/5 的基本术语是单个术语对应单个概念的，其余的基本术语与文字学概念之间均为多对一的情况，少则二对一，多则十几对一。具体统计情况详下表：

基本概念数量

单个概念使用术语数量	基本概念	所占百分比
1个	101	47.4%
2个以上	112	52.6%
合计	213	100%

基本术语数量

单个概念使用术语数量	基本术语	所占百分比
1个	101	20.9%
2个以上	381	79.1%
合计	482	100%

(二)定 名

定名就是为每个基本概念确定一个规范的中文名称。术语的定名往往是一项非常困难的工作,需要综合考虑很多方面的因素。"一名之立,旬月踟躇"的名言,即反映了其中的艰辛。如果说这句话还只是道出了个人苦思求名的艰难,那么,如果一个术语要征得大多数专家的同意,取得社会的认可,就更是难上加难了。正如许嘉璐所指出的:"这是一件复杂艰难的工作,能者不愿为、不能者不能为的工作。"①

确立术语不仅要反映出事物的本质属性和科学涵义,还要

① 《语言文字学及其应用研究》,177页。

考虑汉字的读音、书写以及定名的诸项原则，并且要集各家之长，于优中选优。刘青曾以 Internet 一词的定名为例，说明了定名工作的困难。他说："Internet 一词从 1994 年引进至 1996 年短短两年时间内就产生了 15 种不同的汉语称谓，如国际互联网、全球互联网、交互网、网间网、网际网络、国际电脑网络等，造成学术界和一般读者，特别是各种媒体的术语应用严重混乱，亟须统一。为此，全国名词委专门召开了四次会议，先后聘请了几十位专家反复研讨，将 Internet 命名为'因特网'，明确了其专指性。确定之后，经全国名词委予以正式发布，取得较好效果，得到广泛使用。术语定名过程中需要考虑的众多因素，可从此例略见一斑。"①

在文字学名词术语定名工作中，如果一个概念只使用一个通行的名词术语指称，那么，一般来说我们就采用这个术语作为正名，而不另外为之重新确立别的名称。例如，"现代汉字学"、"六书说"、"汉字简化方案"、"汉字编码"、"汉语拼音方案"等等，都是如此。如果一个概念使用了两个或两个以上的术语来指称，那么，按照有关规定，我们就要从这几个术语当中，为之选定一个术语，作为规范的正名。一组同义术语中，除正名之外的其他异名，根据其使用的具体情况，则分别冠以"简称"、"全称"、"又称"、"俗称"、"曾称"等等。

前文说过，表示同一概念的术语称为同义术语。一组同义术语的出现总有一个历史发展的过程，涉及语言文字形、音、义等多个方面。因此，定名工作必须全面考察、统筹兼顾。既立足

---

① 《简述科技术语规范化的基本环节》，《科技术语研究》2001 年第 1 期。

于现实，又尊重历史；既充分注意语言的系统性，又承认发展演变中的特殊情况[①]。

在一组同义术语中，要确定何者作为规范的正名，除了要进行仔细的考证之外，还要确立一个明确的定名方法以作为指导。定名的方法可概括为三点：通用优先、理据次之、系统权衡。

1. 通用优先。所谓“通用优先”，就是把通用性作为定名的首要原则。这个原则要求在一组同义术语中，若某一术语最为通行适用，那么，我们一般就选定该术语作为正名。为什么要将“通用优先”作为首要的原则呢？显然，这是由我们进行术语规范整理的目的所决定的。对术语实际使用中的不规范、不统一现象进行规范和整理，其目的就是为了方便大众的使用，减少因为术语使用混乱而造成的交际交流上的障碍。在表示同一概念的一组同义术语中，如果某术语有较高的使用度，已被多数人所接受，那么我们认为在定名工作中就应当把这个术语确定为规范的正名，表示这个概念的其他术语则分别以“简称”、“又称”、“俗称”或“曾称”称之。

例如，主要用以标注汉字读音的中国第一套法定汉语拼音字母称为“注音字母”，又名“国音字母”、“国语字母”，1930 年，国民党政府还改“注音字母”名称为“注音符号”。但目前，在中国大陆最为通行的名称仍是“注音字母”，语言学辞书也均以“注音字母”作为条目正名[②]。因此，我们也建议选定“注音字母”作为正名。再有，“字典”和“字书”这两个术语都可以指“以单个的

① 李行健：《现代汉语异形词规范词典》，31～32 页。

② 《中国大百科全书·语言文字》，539 页；《中国语言学大辞典》，44 页；《辞海·语言学分册》，77 页；《实用中国语言学词典》，199 页。

汉字为收录单位,逐一解说其形、音、义的语文工具书”。清代以前只有“字书”,而无“字典”一词。但自清康熙五十五年(1716年)《康熙字典》问世后,“字典”一词较“字书”更为流行,并逐渐取而代之[1]。因此,将“字典”作为正名则是理所当然的。

2. 理据次之。术语的理据性是指术语的字面意义与术语实际所指之间联系的紧密程度。如果字面意义与实际所指之间联系紧密,那么这样的术语就会容易被理解和接受。从这个意义上说,理据性与通用性之间也有着某种必然的联系。所谓“理据次之”,就是在一组同义术语的通用程度差不多的情况下,我们就将理据性较强的术语定为正名。也就是说,我们将理据性原则作为定名工作中仅次于通用性的第二原则,这样更便于人们正确理解概念的内涵。

例如,研究汉字的学问传统上称为“小学”、“文字之学”或“字学”[2]。清末章太炎首倡“语言文字之学”[3],人们开始正式以“文字学”指称研究汉字的学问。近现代以来,学者为了名称更加切合实际,又在“文字学”之前加了限制词,称为“中国文字学”。

20世纪50年代以后,关于这一名词的选择使用出现了三种情况:(1)继续沿用“文字学”和“中国文字学”。(2)使用“汉字学”这一名称。(3)使用“汉语文字学”这一名称。

直到今天,仍然存在着将“文字学”、“中国文字学”、“汉字

---

① 黄德宽、陈秉新:《汉语文字学史》,76页;《中国语言学大辞典》,305页;《语言学百科词典》,221页;叶长青:《文字学名词诠释》,51页。

② 唐兰:《中国文字学》,2页。

③ 《论语言文字之学》,《国粹学报》2卷12~13号,1906年。

学”、“汉语文字学”这几个术语并行共用的情况。

近几十年来，许多学者就选用“汉字学”这一术语，提出了自己的看法。杨五铭说：“名为‘文字学’，全称应为‘汉语文字学’……近人多改称为‘汉字学’，研究汉字的性质、结构及其发展规律。”[①]蒋善国说：“解放后，汉字研究进入了汉字学时代。”[②]詹鄞鑫认为：“通常所谓‘文字学’，其实应称‘汉语文字学’或‘汉字学’，过去也称‘中国文字学’，也欠妥，因为中国文字不仅是汉字，也有二十余种少数民族文字。”[③]赵诚指出：“在中国，由于长期以来，把汉字叫做文字，曾经有过不少文字学著作，基本上都是论述或介绍汉字的起源、性质、构成、发展、变化的……这样的文字学实际上只能算是汉字学。”[④]费锦昌提出建议：“当论及以记录汉语的方块汉字为研究对象的学科时，大家都用‘汉字学’这个术语，把‘文字学’归还给以世界文字的一般性问题作为研究对象的那门学科。”[⑤]朱德熙曾说过：“文字学按照传统的用法，有一定的含义。今天讨论的汉字问题超出了传统的文字学范围。叫文字学概括不了，所以我现在倾向于采用汉字学这个名称。”[⑥]

因此，根据“理据次之”的原则，我们赞同在这一组同义术语通用程度差不多的情况下，将“汉字学”作为正名。

3. 系统权衡。在给一组同义术语定名时，除了要考察其通

---

① 《文字学》。

② 《汉字学》，22 页。

③ 《汉字说略》绪论。

④ 《甲骨文字学纲要》，10 页。

⑤ 《汉字研究中的两个术语》，《语文建设》1989 年第 5 期。

⑥ 《汉字问题学术讨论会论文集》，语文出版社，1988 年。

用性、理据性之外，也要考虑同一概念系统内部相关术语用词用字的一致性，这就是我们所说的"系统权衡"。作为科学概念的表称，名词术语内部有着较强的系统性。这种系统性要求给相关的概念进行命名时，尽量能够照顾到命名角度、选择词语等方面的一致性和协调性，从而尽可能避免同一系统内部术语命名的杂乱和无序。符合系统性要求的术语，自然也便于人们学习和掌握，方便大众的使用。

例如，"甲骨文"的异名有很多，如："殷墟文字"、"殷契刻辞"、"契文"、"甲骨刻辞"、"殷墟卜辞"、"殷商文字"、"甲文"等等。我们认为，以"甲骨文"作为正名，不仅符合现在人们的通行习惯，而且更重要的是，这种称名与其他出土文献文字的称名很好地保持了系统一致性：凡出土文献文字，多以文字所附着的介质称名，如陶质的称"陶文"、龟甲兽骨质的称"甲骨文"、青铜质的称"金文"等等。

（三）定　义

定义要求能够对文字学基本概念作出正确和简明的描述，使术语与其所指相统一。因此，定义在文字学名词审定中不仅尤为重要，其难度也最大。对概念作出科学合理的定义，需要对本学科理论体系有较为深刻的认识和理解，需要充分搜集并掌握已有的对相关概念的解释和说明。只有对理论问题有了足够的认识和理解，只有对有关定义或解释有了细致的分析和比较，只有对下定义的基本操作方法有了充分的把握，才可能把定义工作做好。

一般来说，定义的方法有如下几种：

1. 大部分名词术语都采用内涵定义方式，常用的定义方法是：

种概念＝种差＋属

（被定义项）（定义项）

例如：

笔画：构成汉字形体的各种点和线。

（种概念）（种差）（属）

记号：与文字所记录的词在读音及意义上都没有联系的字符。

（种概念）（种差）（属）

采用此方法拟定定义时，应当正确选择"种差"和"属"。"种差"应反映出该概念与相关概念间的本质区别特征，"属"则应当选择相邻接的上位概念。

2. 对于某些集合性（总括性）的名词术语，由于其下位概念是众所周知和屈指可数的，因此，我们采用外延定义方式。

例如：

(1)六书说：传统汉字学最重要的一种汉字分类学说。主张将汉字划分为象形、指事、会意、形声、假借和转注六类。

(2)秦书八体：秦始皇时所定的八种字体，包括大篆、小篆、刻符、虫书、摹印、署书、殳书和隶书。

3. 在能够采用内涵定义的情况下，一般不采用外延定义。

4. 在表述与公式有关的概念时，我们适当采用了简单明了的数学式形式进行定义。

例如：字频：某个汉字在一定语料中使用（出现）的次数与样本总字数（又叫样本容量）之比。用公式表示为：$f=n/N\times 100\%$。其中，f 表示字频，n 表示使用次数，N 表示样本总字数。

除此之外，以下几项是我们在给术语进行定义时努力要做到的：

1. 避免循环定义。也就是说，在一个概念系统中，两个(或多个)概念在定义时不能互为界定条件，即不能以甲概念来定义乙概念，又以乙概念来定义甲概念。

例如：如果把“分化”和“分化字”分别定义成：“能够产生出分化字的汉字演化现象”和“以分化方式产生出来的新字”，那么，就会出现循环定义，这样是不正确的。因此，正确的定义应当是：

分化：将原来由一个字所承担的多项职能，改由两个或两个以上的字来分别承担的汉字演变现象。

分化字：汉字发展过程中，由于一个字记录的音义过多而通过分化方式派生出来的新字。

2. 避免同语反复。即不能用被定义的词作为定义。

例如：“字体”一词不能定义成“根据不同时期汉字的字体特点，总结出来的汉字形体类别”，而应当这样定义：“根据不同时期、不同书写工具和介质汉字的字形结构特点和总体风格，总结划分出来的汉字形体类别”。

3. 一般不采用否定式定义。除否定性的名词之外，通常都不用否定式定义，而要直接揭示概念的内涵。

例如：

印刷体：不属于手写体的字体。(不正确)

印刷体：字形方正匀称，笔画整齐清晰，适用于印刷和电子显示的字体。汉字印刷体主要有宋体、仿宋体、楷体、黑体等。(正确)

4. 用已知的概念来描述被定义的概念。即定义中所用的名词，必须是已定义过的或是众所周知的。

例如，我们给“指事符号”所下的定义是：“指事字中用以标指字义的抽象性点画符号”。其中的“指事字”一词我们在前面已经作过定义。又如，我们给“两声字”所下的定义是“由两个都是音符的字符组成的汉字。”这个定义中所出现的“音符”、“字符”，我们在前面也都分别作过定义。

（四）术语英译

为规范文字学术语的英文名称，方便对外交流，促进文字学名词术语在国际上的统一使用，根据语言学名词审定委员会提出的要求，我们在规范整理时对拟定的200多条正名都分别确立了英文名称，术语的汉英对照详见本书附录一。

我们确定英文名称的方法主要有以下几种：

1. 若某一中文名称有较为通行常用的英文名称，我们一般即采用这一通行的英译名词。例如，在英文中，“部首”这个术语现在一般都译作“radical”[①]；“甲骨文”一词一般都译作“oracle bone inscription”[②]；“金文”一词一般都译作“bronze inscription”[③]；“正字法”一词一般都译作“orthography”[④]；“多音字”一般都译作

---

① 尹斌庸、John S. Rohsenow:《现代汉字》(英文版)，237页、250页、257页；《中国大百科全书·语言文字》，30页。

② 尹斌庸、John S. Rohsenow:《现代汉字》(英文版)，28页。

③ Qiu Xigui, *Chinese Writing*, 539；尹斌庸、John S. Rohsenow:《现代汉字》(英文版)，31页。

④ 《中国大百科全书·语言文字》，516页。

"polyphonic character"[①]；"形声字"一般都译作"picto-phonetic character"[②]；"象形"一般都译作"pictographic method"[③]；等等。所以，我们在给术语进行英译时，都采用了以上这样的英文名称。

2. 若某一中文名称有两个或多个通行的英译名词，一般选定其中的一个或两个作为推荐的英文名称。

例如，在英文中，"文字学"一词通常有两种译法：一种是译作"graphology"[④]；另一种是译作"grammatology"[⑤]，因此，我们将这两者都作为推荐的英文名称。"独体字"这个术语有人译作"single-element character"；也有人译作"single character"[⑥]。我们觉得前一种译法可能更为合理，所以选定前者为推荐的英文名称。

3. 若某一中文名称尚未见习惯的英文译名时，我们则按照《科学技术名词审定的原则及方法》所提出的要求，参考有关辞书和英文版文字学著作中相关术语的译法，将中文名称"意译为英文"，或给出一个我们认为较为合理的推荐译名。

例如，我们将"亦声"译为"semanto-phonetic inclusion"，将"汉字字源学"译为"graphic etymology of Chinese script"，将"义近形旁通用"译为"interchange for near-meaning components"，将"碑别

---

① 尹斌庸、John S. Rohsenow：《现代汉字》（英文版），149 页。

② 尹斌庸、John S. Rohsenow：《现代汉字》（英文版），21 页。

③ Qiu Xigui, *Chinese Writing*, 472；尹斌庸、John S. Rohsenow：《现代汉字》（英文版），390 页。

④ 《中国大百科全书·语言文字》，160 页。

⑤ 哈特曼、斯托克：《语言与语言学词典》，151 页；Qiu Xigui, *Chinese Writing*, 471.

⑥ 尹斌庸、John S. Rohsenow：《现代汉字》（英文版），91 页；《中国大百科全书·语言文字》，59 页。

字"译为"vulgar form of stele inscription"等等。

总之，在文字学术语规范研究过程中，名词术语的选择取舍、正名确定、定义、英文名称确定这四个环节中的每一步都应认真研究、审慎定夺，其中的定名和定义环节尤其如此。定名并不是一个简单的名词术语的选择问题，而是要在综合考虑术语本身的理据性、社会使用的习惯性和文字学术语的系统性等各方面因素后，进行审慎的选择。定义则首先需要对文字学的相关理论知识以及前人的研究成果的充分理解和掌握，其次需要运用术语学、语言学、逻辑学等知识对我们所理解的概念加以科学描述。毫无疑问，随着审定工作的开展，随着一个个困难被克服，我们对于文字学名词术语，对于文字学理论问题的许多认识也在不断深入。

六　文字学名词术语规范及其理论研究

文字学名词术语及其指称的概念是构成文字学理论体系的重要组成部分。文字学概念的表述、文字学理论思想的阐述，毫无疑问，都离不开文字学名词术语，离不开文字学名词术语准确和恰当的使用。对文字学名词术语进行规范整理，在规范整理过程中围绕相关问题进行系统、全面和深入的分析探讨，不仅有利于语言文字规范、汉字教学、学术交流，而且对文字学理论的传播、发展与完善，也具有十分积极的作用。另一方面，文字学理论研究的不断深入、其广度的不断拓展，对文字学术语的规范整理无疑也起到了很重要的促进作用。

（一）文字学名词术语及其理论体系

长期以来，文字学学科理论体系的建设还不够完善，许多理论问题的研究尚不够深入透彻。比如，文字学理论框架的如何构建、各系统内部概念如何组成、概念与概念之间的上下位关系如何确定等等，这些问题都还没有得到人们的足够重视和妥善解决。

探讨和研究的缺乏，则必然影响人们对于文字学理论体系全貌认识的清晰程度，影响了文字学理论体系的建设。我们认为，之所以会出现这样的情况，一方面是由于长期以来，人们对理论上的局部问题和个案问题关注较多，相比较而言，对宏观上的、总体上的问题则关注较少。另一个重要原因就是，一直以来，人们对文字学名词术语及其指称的概念、术语及概念组群、术语及概念系统，没有进行系统而全面的整理、归类和有序化排列，没有对有关概念进行系统化的科学界定，没有给指称相同概念的不同术语确定规范化的称名。正因为如此，长期以来许多相互关联的概念，如内涵或外延上相互交叉、重叠的概念之间相互纠缠，而同一个概念有时却又称说不一。

从理论上说，名词术语是用以指称概念的，是概念的语言表现形式。而概念是抽象出来用以反映事物特有属性的思维单元，是构成本学科理论体系大厦的一块块基石。因此，只有对文字学名词术语及其指称的概念加以全面把握和深刻理解，文字学理论体系的大厦才有可能最终得以建成。也就是说，术语及其概念系统的细致描写和综合分析，是我们进行学科理论建构的基础性工作。

我们通过对文字学名词术语的系统搜集整理和细致排比分析，并参考前人的研究成果，认为这样来构建文字学理论体系的总体框架可能比较合理：将文字学理论体系分为六大系统，即基本理论、汉字起源发展演变、汉字结构、汉字形体、汉字系统内部关系、汉字应用和研究。这六大系统之间既相互联系，又相对独立，它们之间相互联结、互为补充，共同构成文字学理论体系这个完整的大系统。在各系统内部，概念与概念之间并不是孤立和无序排列的，而是依靠某种意义上的联系作为纽带，将彼此之间具有平行关系或上下位关系的相关概念进行类聚，以其之间的亲疏远近关系为依据，尽可能地进行有序排列。

以“多音字”、“字符”这两个概念为例。“多音字”概念属于“汉字系统的内部关系”这个系统范畴，它与“同音字”、“多义字”、“单音字”、“同形字”等概念构成意义上的平行关系，同时又与“多音多义字”、“异读字”这两个概念构成意义上的上位与下位关系。“字符”是“依据构形功能不同而划分出来的、文字本身所使用的符号”，应当属于“汉字的结构”这个系统范畴。它与“笔画”、“部件”、“偏旁”等概念构成意义上的平行关系，它的上位概念是“汉字结构”，它的下位概念则包含了“意符”、“音符”、“记号”等。总之，正是通过这样的纵向与横向联系，各个系统内部才能最终建立起一个个有机联系的整体。

(二)文字学术语规范对于其理论研究的意义

首先，规范的称名和明确的定义，有助于学术交流传播，为文字学的学习和研究提供了便利；其次，在规范整理过程中，通过对相关名词术语及概念的梳理和辨析，会使我们对一些理论问题有更加深入的认识。

其一，文字学术语规范有利于其理论的深入研究。

名词术语是在理论的不断探讨、不断发展过程中逐渐形成，经过社会成员的使用而逐渐约定俗成，并最终凝固下来的。也就是说，任何名词术语，从其产生到逐渐成熟，都经历了一个发展的过程。在这个过程中，术语的称名会由较为陌生而逐渐变得为人熟知，其含义也会由较宽泛、模糊而逐渐变得较为清晰、稳定。

在未经规范整理之前，名词术语的使用往往带有不同程度的自发性和原始性。处于不同时空条件下的使用人群，会因种种原因给同一概念分别确定不同称名，又会用同一名称指称不同的概念。更多、更为复杂的情况则是，由于概念间的交叉与重叠，结果造成不同的术语之间互相融合和包含，你中有我，我中有你，纠缠在一起，难以划清界限。因此，在使用过程中，缺乏规范统一的名词术语必然影响到理论的明确表达和进一步研究。

在文字学名词术语规范整理过程中，对术语源流的考察，对含义上彼此有联系或相近似的术语进行的辨析，对术语含义的发展演变进行的梳理，这些都会有助于我们廓清原来许多模糊不清的界限，从而加深对有关理论问题的认识。

例如，在文字学理论研究中，人们对于"分化"这个概念的理解一直存在着分歧，没有形成统一的意见。概括起来，主要有以下两派观点：

第一种观点主要从形体演化方面来理解"分化"概念，认为"分化"就是由一个形体演变为几个不同的形体，因此，这种观点姑且称之为"形体演化派"。

持这种观点的有唐兰[①]、梁东汉[②]、林沄[③]、钟业枢[④]等。他们虽然在某些方面可能有一些分歧（如分化字是否承担原有音义一部分），但总体来说，仍然主要是从字形演化方面理解"分

① 《古文字学导论》，88页；《中国文字学》，93页。

② 《汉字的结构及其流变》，164～165页。

③ 《古文字研究简论》，87页。

④ 《文字学基础》。

化”概念的，即认为分化字与原字在形体上必定存在某种联系（包括变形、增形等）。

第二种观点主要从分散文字职务的角度理解“分化”概念，认为“分化”实际就是原有文字所承担的各种职务的分散化，因此，它不是以分化前后文字形体上是否有联系为依据，而是看文字的职务是否得以分散，是否达到了这样的目的：用不同字形分担原来由一字承担的记录多项音义的任务。所以，这一派观点姑且称之为“职务分散派”。持这种看法的主要有王梦华①、裘锡圭②、王凤阳③、吕振波④等。

总之，由于选取的角度不同，依据的标准各异，学者对“分化”的理解产生了分歧。在术语规范整理工作中，综合各方面因素，我们认为，“分化”一词按以上第二种观点来理解可能更为恰当。其理由是：

（1）按照这种观点来理解“分化”这个术语已经成为国内许多学者的共识，近年来有很多学者都是这样来使用的。

（2）对于文字分化现象的研究，应当主要着眼于文字职务（记录音义的功能）的分散、转移及变迁情况的考察，这样才有可能对文字的发展演进脉络获得全面的认识，如果仅从形体着眼，研究判断其是否具有形体上的递变关系，而不考虑是否有职务上的承继、转移、分散关系，则这样的“分化”研究是不完整的，其意义也不大。

---

① 《试论汉字字形的分化》，《东北师范大学学报》1985 年第 3 期。

② 《文字学概要》，223～236 页。

③ 《汉字学》，834 页。

④ 《关于汉字形体职务的合并》，《北京师范大学学报》1990 年第 3 期。

为了更清晰地把握“分化”这一概念，我们觉得以下几个方面是需要特别注意的：

(1)我们所说的“分化”不是仅仅以形体上具有先后递变关系为依据的，而是根据文字职务是否得以分散为判定理由的。

(2)分化字与源字之间可能有形体上的某些或多或少的联系，也可能没有形体上的关联。

(3)“分化”在多数情况下会产生新字，也可能只利用已有文字分化，而不产生新的文字(如利用异体字分化)。

综合各家观点，我们认为可以给“分化”下这样的定义：将原来由一个字所承担的多项职务，改由两个或两个以上字来分别承担的汉字演化现象。

从上面的例子我们可以看出，通过术语的整理，我们梳理了学者们对于“分化”问题的认识，从而使人们能够更为清晰地理解这一文字学理论问题的实质。

其二，文字学术语的规范有利于学术交流传播。

统一规范的术语、明晰的概念，是一门学科走向成熟，向更高层次健康发展的标志。人们用统一规范的术语进行交际交流，必然会大大提高学习和研究的效率。特别是现代以来，文字学理论发展迅速，新的理论和观点不断提出，新的名词术语层出不穷。如果不及时进行规范整理，术语使用的混乱状况就会愈加严重。特别是对于一些初学者来说，名词术语使用上的不统一，往往使他们感到莫衷一是，无所适从。

例如，所谓“结构类型”，在多数情况下都被用来指对汉字的功能结构进行共时的、静态的分析后归纳出来的类别。张玉金说：“关于结构类型，过去也没有很好地探讨，主要原因是人们没有分清‘结构法’和‘创造法’这两个概念。结构类型，应该是人们对汉字静态的结构进行分析后归纳出来的类别。”[①]黄德宽师指出：“分析汉字的构成，实际涉及两个有着密切联系又有一定区别的概念：构形方式与结构类型。构形方式是汉字形体符号的生成方式，结构类型则是对用不同构形方式构成的汉字进行共时的、静态的分析归纳的结果。”[②]此外，其他学者在他们的著作中也有类似这样使用“结构类型”这个术语的例子[③]。

但是，也有的学者给“结构类型”一词赋予了其他含义——用来指称“部件间的方位关系”。如苏培成说：“在合体字里几个部件之间存在着一定的方位关系，这种方位关系构成了合体字的结构类型。这种类型可以画成框图，一目了然。合体字的结构类型又有两类，要分别研究。一类是第一级部件间的方位关系，另一类是基础部件间的方位关系。”[④]李公宜、刘如水主编的《汉字信息字典》也有类似的用例[⑤]。

实际上，对于“部件（偏旁）之间的方位关系”，人们一般用“部位”这个术语来指称，称作“结构类型”的情况并不多见。因此，为了术语使用的规范，我们建议称“方位关系”时只用“部位”（偏旁部位），而用“结构类型”专指汉字功能结构的静态分类。

再如，对“具有两个或两个以上读音的汉字”这个概念，一般

---

① 《对近百年来汉字学研究的历史反思》，《辽宁师范大学学报》1991 年第 3 期。

② 《汉字构形方式：一个历时态演进的系统》，《安徽大学学报》1994 年第 3 期。

③ 陈燕：《汉字学概说》；林志强：《汉字的阐释》。

④ 《二十世纪的现代汉字研究》，352 页。

⑤ 《汉字信息字典》，1071 页。

都称之为“多音字”，但也有人称之为“异读字”[①]。这样的术语使用混乱现象常常使人们感到十分困惑。通过规范整理，我们发现，用“异读字”来专指具有两个或两个不同读音、但只记录同一个词的字，目前已是汉字学界较为一致的意见[②]。另外，有人说“多音多义字”时，有时把它简称为“多音字”，这样也是不妥当的。我们认为，“多音字”、“异读字”、“多音多义字”这三个概念虽有部分重叠，但毕竟不是完全等同的概念，三者在使用时应该严格加以区分，用各有当，这样才能防止造成术语和概念使用的混乱。

总之，文字学的名词术语规范统一，对于提高人们交际交流的效率，对于本学科的建设和发展都是十分有利的。

（三）理论研究对于术语规范的基础性作用

首先，历代文字学理论研究的不断积累和逐渐深化，为我们进行术语的规范整理提供了必要的条件和理论基础。千百年来，在文字学理论宝库的建设过程中，许多理论观点逐渐由简单粗略而趋向细化和深入，概念体系逐渐由不够完整而趋向丰富完备。因此，正是由于理论知识的不断丰富和积累，名词术语的全面规范整理才有了必要的基础和充分的保证。

---

① 《中国语言学大辞典》，34 页；《实用中国语言学词典》，195 页。

② 苏培成：《现代汉字学纲要》，108 页；杨润陆：《现代汉字学通论》，156 页；王铁纯：《试论汉字多音异读现象的规范》，《抚顺师范专科学校学报》1988 年第 3 期。

其次，文字学理论研究的不断拓展和深化，无疑会促进人们对于文字学名词术语及其指称的概念的认识。以前许多较为纷繁混乱的意见，可能会随着理论研究的不断进步，而逐渐趋于一致，这些都为文字学名词术语的规范整理工作创造了必要的条件，使得术语规范工作更易于开展。

下面以汉字结构研究为例，探讨理论研究对于术语规范的意义。

汉字结构问题历来是文字学理论研究中的一个重要课题。虽然“结构”一词在汉字研究中人们经常使用，但长期以来这个概念的内涵和外延均不是十分清晰，人们的认识也还不够全面。比如很多汉字学通论性著作在介绍“汉字结构”时，大多只是对传统的“六书说”、“四体二用说”以及现代学者的“三书说”等理论问题加以介绍和解说。除此之外，至多不过再介绍一些诸如“笔画”、“偏旁”、“部位”等方面的内容。

总之，对汉字结构问题的研究在很多方面都还十分粗浅，缺乏理论的深度。诸如“结构”这一概念的内涵如何给予清晰界定，笔画、偏旁、部位等概念在“结构”这个大范畴内处于什么样的位置等等，这些问题都还有待回答。如果这些问题搞不清楚，那么，与此相关的名词术语就难以统一规范。

近年来，一些学者在研究现代汉字的结构问题时，发现了传统汉字结构研究的不足。如苏培成在《现代汉字的构字法》一文中，提出要区分造字法与构字法。他说：“造字法指的是字源的分析，构字法指的是现状分析。”①陶晓东在《现代汉字字形结构研究的三个平面》中，在造字法和构字法之外提出了构形法。她

① 《语言文字应用》1994 年第 3 期。

说:“构形法是现代汉字字形结构研究的又一个平面。构形法研究的对象是汉字的‘外部结构’,即纯粹的字形外观结构的研究,它研究汉字字形如何由最小的构字元件(笔画)逐层组合成平面方块形汉字,它研究汉字的构形单位、构形方式、构形过程,以及构形单位之间的拓扑关系。构形法研究通过对每个汉字的二维图形的解析,达到对汉字外形结构规律的认识。”[①]这个关于汉字外部结构的揭示对于我们全面认识汉字结构的概念很有启发。

我们认为,汉字结构这个大范畴实际上可划分为两大部分:外部结构和功能结构[②]。

外部结构,即纯粹的字形外观结构,不涉及汉字的字音和字义问题。它又包括了两个层面:汉字的外观结构层面和汉字的组合结构层面。外观结构中包含“独体”、“合体”、“左右结构”、“上下结构”、“上中下结构”、“左中右结构”、“融合结构”等概念。这些概念都是用来描述汉字的外观面貌、轮廓特征等最外层结构的。汉字组合结构层面包含了“线条”、“笔画”、“偏旁”、“部件”、“整字”等概念,这些概念分别是规格大小不等的、用来组建方块字形的建筑材料,其功用在于组构汉字字形,因此,均不涉及汉字的音义层面。

再看汉字的功能结构。我们所谓“功能结构”,相当于有些学者所说的“内部结构”[③]。我们觉得“功能结构”一词比“内部

① 《语文现代化丛刊》第2辑,语文出版社,1996年。

② 我们这里不打算使用上面苏、陶二位先生所使用的“造字法”、“构字法”、“构形法”等术语,因为这三者对于一般使用者来说很难把握和区分。

③ 苏培成:《二十世纪的现代汉字研究》,284页。

结构”可能更容易理解和把握，更能揭示概念的内涵。所谓“功能结构”，就是指从汉字字符记录音义功能的角度分析出的结构类别。它包含了两个方面的内容：字符和结构类型。“字符”[①]是汉字功能结构中的次级单位，其中包括了“意符”、“形符”、“义符”、“音符”、“形旁”、“声旁”、“记号”等下位概念；“结构类型”是汉字功能结构中的高级单位，其中涵盖了“象形”、“指事”、“会意”、“形声”等下位概念。所有这些下位概念共同揭示了汉字结构的深层内容。

此外，还有一点需要注意，就是在对现代汉字进行功能结构的分析时，有两种分析方法：一种是字源层面的考察；另一种是现状层面的考察。也就是说，现代汉字的功能结构存在着两种分析的可能性，采用何种分析方法，应根据人们分析结构的目的究竟是揭示字源还是考察现状而定。

总之，通过对汉字结构系统的深入分析，原来许多模糊不清的问题得到了澄清。“笔画”、“偏旁”、“部件”、“整字”、“字符”、“结构类型”等一系列名词术语都在“结构”这个概念系统中找到了各自应有的位置。换句话说，它们之间并不是无序和彼此孤立的，而是有层次的、互相联系的。它们的相互联结和共同作用构成了汉字结构这个完整的系统。因此，可以说，近年来关于汉字结构理论方面所取得的研究成果，不仅对于文字学理论建设本身有着重要的意义，对于汉字结构有关概念的廓清，对于相关术语的规范使用，也都有很直接的现实意义。

---

① 裘锡圭：《文字学概要》，10～11页。

下　篇

文字学基本术语简释

说　明

一、分类情况

1. 本部分“简释”涉及文字学理论体系六大系统的名词术语，即：

01. 基本理论；

02. 汉字起源和发展演变；

03. 汉字的结构；

04. 汉字的形体；

05. 汉字系统的内部关系；

06. 汉字的应用和研究。

2. 每条简释中，正名之前均有两组数字编号。前一组数字代表该术语所属的理论系统；后一组数字代表该术语在本系统内部的顺序编号。如“05.020 异体字”，其中“05”代表该术语属“汉字系统的内部关系”系统，“020”代表该术语在本系统中的排列顺序。

二、基本术语简释构成

1. 正名：我们建议给出的规范化称名；

2. 释文：我们对本概念所下的定义；

3. 考释：对术语及其指称的概念所作的必要的解释和说明；

4. 其他术语：本概念除正名之外所使用的其他名词。其中包括：

(1)等效名词——与正名等效的名词；

(2)又称——目前允许使用的非规范名词；

(3)俗称——非学术用语；

(4)曾称——已淘汰的旧名。

若本概念除正名外无其他术语,则“其他术语”项不列。

三、关于考释

1. 考释部分主要说明术语的来源及流变情况、概念的发展演化过程,以及我们选定该术语为基本术语的理由。如果一个概念使用了多个术语,则选定其中一个为正名,并说明作如此选择的原因。如果存在同名异实或同实异名的情况,则作必要的分析和辨别。

2. 限于篇幅,考释部分以能够说明问题为限,一般不作过于烦琐的分析考证。

01. 基本理论

01.001 文字学

【正名】文字学

【释文】以文字为研究对象的学科。我国习惯上将研究汉字的学问称作"文字学"。

【考释】中国古代学者曾使用过"文字之学"这样的名词[①]。近代章太炎正式倡导"语言文字之学"[②]。1910年浑然发表《中国文字学说略》[③],正式启用了"文字学"这一名称。

此后,"文字学"一词被广泛使用和接受。当然,这个术语一

---

① 《汉书·杜邺传》颜师古注:"小学,谓文字之学也。"颜师古所说的"文字之学"这一名称并未通行。宋代"文字之学"与"小学"异名同实,包括文字、声韵、训诂三个方面。晁公武《郡斋读书志》卷一:"文字之学凡有三:其一体制,谓点画有衡纵曲直之殊;其二训诂,谓称谓有古今雅俗之异;其三音韵,谓呼吸有清浊高下之不同。"

② 《论语言文字之学》,《国粹学报》2卷12~13号,1906年。

③ 载《教育今语杂识》第1期,1910年。

直是被用来专指“研究汉字的学问”这一概念的[①]。

随着学术视野的逐渐拓展，人们认识到，用兼容世界一切文字的“文字学”来单独称说汉字研究这门学科，“无论从术语学的角度，还是从这门学科现今含有的实际内容来看，都已经不合适了”[②]。20 世纪 50 年代开始，有学者把研究汉字的学问改称为“汉字学”，用“文字学”指称“以世界文字的一般性问题作为研究对象的学科”[③]。蒋善国在《汉字学》一书中辨析了“文字学”与“汉字学”这两个术语的沿革、区别和联系[④]。

对“汉字学”、“文字学”这两个名称加以合理的分工，用“文字学”一词来指称“以不同民族文字为研究对象的科学”这一概念，正为学术界越来越多的人所注意和接受。

《辞海·语言学分册》“文字学”条的解释：“语言学的一个部门。以文字为研究对象，研究文字的起源、发展、性质、体系，文字的形、音、义的关系，正字法以及各别文字演变的情况。”[⑤]《语言学百科词典》“文字学”条：“语言学的分支学科。其研究对象是作为书写符号的文字，任务是揭示文字的发生、存在和发展的规律，即研究文字和语言的关系、不同类型文字的结构系统及其书写形式和规则、文字发生和发展的历史等。”[⑥]赵诚认为：“文字是记录和传达语言的书写符号系统，文字学就应该是研究这种书写符号系统的科学。”“现在世界上的文字有四百多种，作为

---

① 周有光：《人类文字学刍议》，《语言文字应用》1993 年第 4 期。

② 费锦昌：《汉字研究中的两个术语》，《语文建设》1989 年第 5 期。

③ 费锦昌：《汉字研究中的两个术语》，《语文建设》1989 年第 5 期。

④ 《汉字学》，21～22 页。

⑤ 《辞海·语言学分册》，67 页。

⑥ 《语言学百科词典》，86 页。

研究文字的科学，毫无疑问地应该研究这些文字之间的共同特征，探讨这些文字在发展演化中的共同规律。”[①]周有光说：“人类文字学是完整的文字学；汉字学只是局部的文字学。文字学的正规含义应当就是人类文字学。”[②]以上对于“文字学”这个名词的各种说法和解释，如果我们要作出一个简单明了的总结的话，不妨可以概括：文字学以文字为研究对象，包括对文字的性质、特点、起源、发展、演变、构成、应用等等方面的研究。

在中国，“文字学”一词长期是用来指称“研究汉字的学问”的。这样的称说当然是由于“文字”一词古今意义的不同。当古人还没有世界文字这个意识的时候，他们自然没有将汉字与别的文字进行区分的必要，所以“文字”成为“汉字”的专称，“文字之学”就是“汉字之学”。今天看来，这样的说法当然不够明确和科学。但是由于汉字研究的历史悠久，传统的影响根深蒂固，出于使用的习惯，所以直到今天，仍有很多人使用“文字学”称“研究汉字的学问”。

01.002　普通文字学

【正名】普通文字学

【释文】通过研究世界上各种文字的起源、性质、特点、发展演变以及与其应用有关的各种问题，揭示人类文字构成和应用一般规律的学科。

---

① 《甲骨文字学纲要》，8～9 页。

② 《人类文字学刍议》，《语言文字应用》1993 年第 4 期。

【考释】“普通文字学”这个术语是近20年来人们仿照“普通语言学”一词而造出、逐渐使用并通行起来的，用来指称不是以某一种特定文字作为研究对象，而是以人类一般文字作为研究对象的一个学科。赵诚说：“理想的文字学就是应该在各方面的研究基础上建立或形成，这样的文字学应该是普通文字学，也可以称为一般文字学，是与一切文字有关的文字学。”[①]近年来，已有两本由中国学者撰写的普通文字学著作问世，一是周有光的《世界文字发展史》（上海教育出版社，1997年）；二是王元鹿的《普通文字学概论》（贵州人民出版社，1996年）。

普通文字学要研究人类一般文字的性质、特点、起源、演变等各种问题，揭示人类文字的一般规律。与此相应，普通文字学的研究范围至少应包括以下几个方面：(1)文字的共性，研究人类一般文字共有的性质，探讨文字与语言的相互关系。(2)文字的功能，包括文字的指示功能、语言功能、社会文化功能、审美功能等。(3)文字的结构，包括文字结构的共同特点和一般规律、结构的要素和层级性等问题。(4)文字的类型，包括形意文字、意音文字、字母文字等。(5)文字的起源，包括文字起源的社会文化条件以及所从演变的事物等。(6)文字的发展，包括符号相的演变（象形还是符号）、表达相的演变（表意还是表音）、语段相的演变（是表词、语素还是表音节、音素或音位）等[②]。

① 《甲骨文字学纲要》，10页。
② 张玉金、夏中华：《汉字学概论》。

01.003　古文字学

【正名】古文字学

【释文】研究古文字的学科。以考古发现或传世的古代各种铭刻和书写资料为主要研究对象，考释研究字形，明确音义，阐释其负载的历史文化内涵等。例如埃及圣书字和古汉字的研究等。

【考释】"古文字学"、"古文字之学"的名称在清末已见诸学者的笔端。如王国维《观堂集林·释由下》："得此五证，知六朝以前音《说文》者，虽音由为甾，然由之字形尚未全失，虽微古文字学及汉人手书，亦足以定此说矣。"1934年唐兰写了《古文字学导论》一书，第一次系统阐述了"古文字学"理论。由于唐兰及其他学者的大力倡导，"古文字学"作为一个学科术语，为越来越多的人所熟悉和接受。

与"文字"、"文字学"等术语一样，"古文字学"这一名词从它诞生的那一天起，就一直是对于"汉字"而言的。直到今天，用"古文字学"来指称"古汉字研究"仍然是很常见的现象。以下试举几例：

高明说："古文字学主要是研究古体汉字的专门学科。"[①]李学勤说："一般地说，我们以秦代统一文字作为下限，也就是说古文字学研究的是秦统一文字以前的文字，即先秦文字。……也许我们可以把古文字学的范围放宽，把汉武帝以前的文字包括

---

① 《中国古文字学通论》，3页。

在内。”[①]林沄认为：“古文字学的研究对象是待识的先秦文字，其任务是识读未识及误释的先秦文字。”[②]

众所周知，世界上的古文字，除了古汉字外，还有埃及象形文字、苏美尔文字、玛雅文字等等，这已成为常识。但为什么人们仍然还习惯沿用“古文字学”来专指“古汉字研究”呢？我们认为其原因不外乎是由于无形的传统力量的影响以及人们对传统的遵从与认同。

现在，已有很多学者开始注意到上述的问题了。费锦昌指出：“‘古文字学’研究的对象是应该包括世界所有的古代文字（包括中国少数民族的古代文字）在内的。”[③]《辞海·语言学分册》“古文字学”条：“研究各种古文字的学科。”[④]赵诚指出：“从理论上讲，古文字学应该是以世界上所有的古文字为研究对象的科学。由此看来，中国的古文字学当然与此不合。世界上有着不少学者在研究各种不同的古文字，如玛雅文字、楔形文字、埃及象形文字、苏美尔文字、斯拉夫文字等等的研究。……随着各种古文字研究的深入，理想的世界古文字学必将在原有的基础上得到很好的发展。”[⑤]

综合学者的意见，我们建议给“古文字学”确定如上定义。这个定义的好处主要在于：

（1）明确说明了研究的对象：考古发现以及传世的各种古文

---

① 《古文字学初阶》，2页。

② 《古文字研究简论》，6～7页。

③ 《汉字研究中的两个术语》，《语文建设》1989年第5期。

④ 《辞海·语言学分册》，67页。

⑤ 《甲骨文字学纲要》，10～11页。

字资料。

(2)明确了研究的内容和范围：考释字形，辨明音义，阐释文字负载的历史文化信息和含义。

01.004　汉字学

【正名】汉字学

【释文】又称"汉语文字学"。汉语言文字学的一个门类。研究汉字的形成、发展、特点和性质，分析汉字的构成及其形、音、义关系，研究有关汉字改革与应用的各种问题。我国习惯上也称"中国文字学"、"文字学"。

【考释】中国古代称研究汉字的学问为"小学"、"文字之学"或"字学"①。"小学"的名称最早见于《汉书·艺文志》。《汉书·艺文志》根据刘歆的《七略》，把幼童识字用的字书和解释字义的书附在《六艺略》之后，统称之为"小学"。后人也就以此来称语言文字之学。唐宋以后人，或称之以"文字之学"、"字学"。《汉书·杜邺传》颜师古注："小学，谓文字之学也。"徐铉《进说文表》云："今之为字学者，亦多从阳冰之新义。"

清末章太炎首倡"语言文字之学"，人们开始正式以"文字学"指称研究汉字的学问。近现代以来，学者为了名称更加切合实际，又在"文字学"之前加了限制词，称为"中国文字学"。我们对刘志成著《中国文字学书目考录》一书收录的建国前出版的通论性著作进行了统计，冠以"文字学"或"中国文字学"之名的共

① 唐兰：《中国文字学》，2 页。

有41部[1]。

20世纪50年代以后，关于这一名词的选择使用出现了三种情况：

(1)继续沿用“文字学”和“中国文字学”。如姜宝昌著《文字学教程》(山东教育出版社，1987年)、裘锡圭著《文字学概要》(商务印书馆，1988年)、邓志瑗著《中国文字学简说》(江西人民出版社，1990年)、许进雄著《简明中国文字学》(学海出版社，2000年)。

(2)使用“汉字学”这一名称。如蒋善国著《汉字学》(上海教育出版社，1987年)、石玉成著《汉字学初探》(云南民族出版社，1996年)。

(3)使用“汉语文字学”这一名称。如黄德宽、陈秉新著《汉语文字学史》(安徽教育出版社，1990年)、许长安著《汉语文字学》(厦门大学出版社，1993年)。

直到今天，仍然存在着将“文字学”、“中国文字学”、“汉字学”、“汉语文字学”等术语并行共用的情况。

我们认为，选定“汉字学”作为正名，无论从术语科学规范的角度，还是从这门学科现今含有的实际内容来看，都是合适的。

近年来，许多学者就选用“汉字学”这一术语，提出了自己的看法。杨五铭说：“名为‘文字学’，全称应为‘汉语文字学’……近人多改称为‘汉字学’，研究汉字的性质、结构及其发展规

① 《中国文字学书目考录》，611～637页。

律。”[①]蒋善国认为：“解放后，汉字研究进入了汉字学时代。”[②]詹鄞鑫认为：“通常所谓‘文字学’，其实应称‘汉语文字学’或‘汉字学’，过去也称‘中国文字学’，也欠妥，因为中国文字不仅是汉字，也有二十余种少数民族文字。”[③]赵诚指出：“在中国，由于长期以来，把汉字叫做文字，曾经有过不少文字学著作，基本上都是论述或介绍汉字的起源、性质、构成、发展、变化的……这样的文字学实际上只能算是汉字学。”[④]费锦昌提出建议：“当论及以记录汉语的方块汉字为研究对象的学科时，大家都用‘汉字学’这个术语，把‘文字学’归还给以世界文字的一般性问题作为研究对象的那门学科。”[⑤]朱德熙也曾谈过这几个术语的使用问题：“文字学按照传统的用法，有一定的含义。今天讨论的汉字问题超出了传统的文字学范围。叫文字学概括不了，所以我现在倾向于采用汉字学这个名称。”[⑥]

如前所述，“汉字学”与“汉语文字学”在实质上是一回事。《中国大百科全书·语言文字》没有“汉字学”条，只收入“汉语文字学”，该条指出：汉语文字学是“研究汉字的形体和形体与声音、语义之间的关系的一门学科”[⑦]。由于“汉字学”这一名称更符合术语简明性的要求，因此确立“汉字学”为正名，以“汉语文字学”为它的等效术语。

① 《文字学》。
② 《汉字学》，22 页。
③ 《汉字说略》绪论。
④ 《甲骨文字学纲要》，10 页。
⑤ 《汉字研究中的两个术语》，《语文建设》1989 年第 5 期。
⑥ 《汉字问题学术讨论会论文集》，语文出版社，1988 年。
⑦ 《中国大百科全书·语言文字》，160 页。

参考学者的意见，结合我们的思考，我们建议给“汉字学”作如上定义。这个定义比较全面地概括了该学科的研究范围：汉字的本体研究、与应用相关的问题研究。前者包括汉字的本质属性、起源发生、发展演变、字形结构、字际关系等一系列范畴，后者包括汉字改革、规范整理、实际应用等相关问题。

【其他术语】

等效名词 汉语文字学

又称 文字学；中国文字学

曾称 小学；文字之学；字学

01.005 中国古文字学

【正名】中国古文字学

【释文】以秦、汉之前的古汉字和各种古汉字资料为研究对象，以古汉字的起源、性质、结构、演变以及考释方法等为研究内容，并考释各种古汉字资料的学科。我国习惯上简称“古文字学”。

【考释】清末，王国维开始把“研究古代汉字的学问”称为“古文字学”、“古文字之学”。《观堂集林·〈国朝金文著录表〉序》云：“国维东渡后，时从参事问古文字之学，因得尽阅所藏拓本。”20世纪30年代唐兰著《古文字学导论》，这是中国第一部以“古文字学”为名的著作，第一次系统阐述了有关理论问题[①]。1936年胡朴安出版《中国文字学史》，把中国文字学史分为四个时期。即“文字书时期”、“文字学前期”、“文字学后期”、“古文字学时

① 黄德宽、陈秉新：《汉语文字学史》，192页。

期”。“古文字学”被视为“文字学”发展的一个阶段。他说:“古文字学尚在继续研究之中,未能成为有系统之学也。”由于唐兰等众多学者的大力倡导,“古文字学”这一术语很快被越来越多的人所熟悉和接受[①]。直到今天,“古文字学”仍然是一个通行的常用术语,指称“研究古汉字的学科”。《中国大百科全书·语言文字》“古文字学”条:“以古汉字和各种古汉字资料为研究对象的学科。”

前面已经说过,以“古文字学”来称说“以古汉字和各种古汉字资料为研究对象的学科”显然不符合术语命名的理据性原则。而且,这个名词现在也已经有了明确专指的含义——“研究各种古文字的学科”。如此说来,我们必须想办法给“以古汉字和各种古汉字资料为研究对象的学科”这个概念确定另外一个合适的名称。我们知道,除了“古文字学”这个术语之外,此概念还使用“古汉字学”、“中国古文字学”这两个术语。我们来看一看这两个术语的使用情况。

(1)古汉字学。费锦昌认为:“按照术语应有系统性的要求,也应改为‘古汉字学’。”“用‘古汉字学’来代替‘古文字学’是符合这门学科进一步繁荣的要求的。”[②]赵诚指出:“在多种需要的合力下,在20世纪30年代前后,一些学者试图建立一门古文字学,以满足多方面的需要,唐兰的《古文字学导论》就是这方面的一个典型。这种古文字学,实际上应该叫做古汉字学。”[③]何九盈说:“汉字学,特别是古汉字学(当前公认的提法是‘古文字

① 也有学者称之为“中国古文字学”,如高明著《中国古文字学通论》。

② 《汉字研究中的两个术语》,《语文建设》1989年第5期。

③ 《甲骨文字学纲要》,10页。

学')与汉字文化学有共同的研究资源,共同的研究对象。"①从术语命名的理据角度来看,这个名称当然是很贴切的,但遗憾的是,目前使用这个术语的人并不是很多。

(2)中国古文字学。也有不少人选择使用"中国古文字学"这个术语,例如,高明著《中国古文字学通论》等。这个术语的好处在于,一方面在"古文字学"前面加上限定词"中国",较好地考虑到了术语的理据性,使其名称与实际所指较为吻合;另一方面这种称谓也尽量照顾到了传统的使用习惯。

两相比较,我们倾向于使用"中国古文字学"作为正名。

中国古文字学主要研究古汉字和各种古汉字资料,探索其发生起源问题,研究其发展演变规律等。

【其他术语】

简称 古文字学

01.006 甲骨学

【正名】甲骨学

【释文】以 19 世纪末以来陆续发现的殷墟甲骨文和西周甲骨文为主要研究对象,以甲骨文字的考释、甲骨文资料的整理和研究为主要内容的学科。

【考释】"甲骨学"这一名词最早出现于 20 世纪二三十年代。李学勤曾对"甲骨学"的早期使用情况作过考证。他说:"甲骨的出现导致一门学科的产生,就是现在大家知道的甲骨学。'甲骨

① 《汉字文化学》,59 页。

学'这个词系何人何时首创，有待考证。然据胡厚宣先生的《五十年甲骨学论著目》，率先以'甲骨学'揭橥于论著标题的，是朱芳圃先生。朱氏是王国维在清华的弟子。他在1933年出版专著《甲骨学文字编》，1935年又印行《甲骨学商史编》。同时，1934年《中法大学月刊》有李星可《甲骨学目录并序》，1935年复旦大学《文学期刊》有郑师许《我国甲骨学发展史》。此后，'甲骨学'作为学科名称便广泛流行。"[①]通过检索《中国语言学论文索引》(甲编)[②]，我们发现"甲骨学"这一名称在20世纪的20年代后期就已出现了，如闻宥著《甲骨学之过去与将来》[③]。

对于"甲骨学"这一称谓，一直几乎没有什么不同意见。但是对于"甲骨学"的内涵和研究范围，学者的意见有时并不完全一致。正如李学勤所说："甲骨学的内涵可有狭义与广义。狭义的甲骨学特指甲骨及其文字本身的研究，广义的则举凡以甲骨文为材料论述历史文化者皆得纳入。"经过分析比较，他倾向于采用狭义的解释[④]。我们认为，为了尊重传统，同时也避免将"甲骨学"的内涵弄得太庞杂，李先生对甲骨学内涵的界定是合适的。

此外，甲骨学与中国古文字学之间的关系究竟如何？有学者曾认为，甲骨学属于古汉字学的一个分支[⑤]。对于这一问题，黄德宽师作了很好的说明："甲骨学对甲骨文字的研究与文字学

---

① 《甲骨学一百年的回顾与前瞻》，《文物》1998年第1期。

② 中国科学院语言研究所编：《中国语言学论文索引》(甲编)，商务印书馆，1978年，56页。

③ 载《民铎杂志》9卷5期，1928年。

④ 《甲骨学一百年的回顾与前瞻》，《文物》1998年第1期。

⑤ 《古文字学初阶》，6～7页。

对甲骨文字的研究是交叉的。严格地说，对甲骨文字的研究，应当属于文字学的范畴，而甲骨学除文字以外的其他研究项目，则不是文字学或古文字学的研究任务。”①

01.007 甲骨文字学

【正名】甲骨文字学

【释文】用文字学的理论和方法对甲骨文字的性质、构成、特点、发展变化等方面进行研究的一门断代文字学学科。

【考释】1929年冯宗麟著《甲骨文字学史》②，最早使用了“甲骨文字学”这一名称。然而，在此后的半个多世纪里，这个名称却并未通行开来，人们把甲骨文字的研究要么归入甲骨学范畴，要么笼统地纳入古汉字学的研究范围。究其原因，可能有两个方面：其一，人们没有意识到应当从语言学角度给甲骨文字的研究建立起一个独立的学科；其二，长期以来，汉字研究，尤其是古汉字研究自身的理论尚在不断发展和完善之中，作为一门分支学科的“甲骨文字学”，其建立也就难以实现。

20世纪80年代后期，随着甲骨文资料整理和研究的深入，随着古汉字理论的不断丰富完善，建立一门“甲骨文字学”的时机已经基本成熟。姜宝昌在1987年出版的《文字学教程》一书中，又重提了“甲骨文字学”这一名词。他在该书第二章中，用一个专节，介绍了“甲骨文字学的建立和发展”。赵诚在《甲骨文字

---

① 《汉语文字学史》，212页。

② 载《中央大学半月刊》1卷2期，1929年。

学纲要》一书中批评了长期以来一些关于甲骨文的著作中存在的问题："一是把与甲骨文有关然而是属于考古学、甲骨学的内容，如甲骨的发掘、著录、断代、缀合、辨伪等等作为重点材料。……另一种倾向是用较多的篇幅介绍某些甲骨文字的具体用法并选注某些卜辞，有点像甲骨文选读。……还有一些文字学或汉字学著作，虽然也讲到了甲骨文，由于各类汉字的断代研究不够充分，所以关于甲骨文的平面描写不够完整不够系统，关于甲骨文往后发展变化的历史线索不太清楚，而理论方面的分析论述也就很自然地不够深入。"为了改变这种现状，把学术研究推向更为科学的发展道路，他主张："从语言学角度编写一部《甲骨文字学》，探讨一些汉字学上的理论问题。"①1995 年李圃出版了《甲骨文文字学》，他也明确提出了从语言学角度建立一门研究甲骨文字学科的主张，不过，他使用的是"甲骨文文字学"这个术语。他说："自甲骨文出土以来，前贤为甲骨学的建立前赴后继，作出了卓越的贡献。随着甲骨学研究的深入发展，从语言学方面着眼，建立起一个甲骨学的分支——甲骨文文字学，已是十分必要的了。"②

在"甲骨文字学"、"甲骨文文字学"这两个术语中，前者更为人们所熟悉，也更符合术语命名简明、易于上口的要求，所以我们建议以它作为正名。其含义则专指用文字学的理论和方法对甲骨文的性质、结构、特点、发展演变等方面的问题进行研究而形成的一门断代文字学学科。

---

① 《甲骨文字学纲要·序》。

② 《甲骨文文字学》，3 页。

【其他术语】

又称 甲骨文文字学

01.008 金石学

【正名】金石学

【释文】中国古代以收集和研究青铜器、碑石等遗物及其铭刻文字为主要内容的学问。兴起于宋代,鼎盛于清代,是我国现代考古学的前身。

【考释】金石学是以研究金石器物及其文字的一门学问。“所谓金,主要是以殷周时代钟鼎彝器为大宗,旁及兵器、度量衡、符节、玺印、钱币、铜镜等物。石则以碑碣墓志为大宗,旁及摩崖、造像、经幢、石阙等物”[①]。“金石”一词与文字联系在一起,很早就见于文献了。《史记·秦始皇本纪》:“群臣相与诵皇帝功德,刻于金石,以为表经。”

“金石学”这一名称最早何时出现,尚待进一步考证。但至迟在清初已有学者使用了。全祖望《鲒埼亭集外编》卷十七:“金石之学,别为一家,古人之嗜之者,谓其残编断简,亦有足以补史氏之阙。”钱大昕《潜研堂文集》卷二十五:“金石之学,始于宋录金石。”

目前学术界对“金石学”的定义存在分歧,内涵的界定不够明确。例如,有人说:“金石学是一门以出土的金石器物为研究

① 高明:《中国古文字学通论》,346～347页。

对象的学科。”①有人说：“宋人创立的金石学，研究金和石上的铭刻。”②有人认为：“（金石学是）中国古代研究古器物及其铭刻的学科。”③

我们知道，金石学创立于宋代，曾盛极一时④。经过元、明特别是清代的发展，研究范围进一步扩大，水平显著提高，方法也更科学。“科学的发展趋向是学科分工细密化和新旧学科的兴替”。清代末叶，“作为一门独立学问的金石学便走完了它的历史里程”⑤。金石学研究领域中关于汉语古文字的研究促成了中国古文字学的分立，金石学研究古器物的传统逐渐演进为考古学器物学。

至于金石学的研究对象，显然既不是纯粹的金石器物，也不完全是铭刻文字，而是二者兼而有之。

综上所述，我们认为，在给“金石学”下定义时，既要考虑其历史的时段性，即其断代的因素，又要明确指出其独特的研究对象。只有这样，我们对这一概念的认识才更准确、更科学。

---

① 姚孝遂主编：《中国文字学史》，188 页。

② 《中国大百科全书·语言文字》，230 页。

③ 《中国语言学大辞典》，2 页。

④ 王国维：《宋代金文著录表序》，《观堂集林》卷六。

⑤ 黄德宽、陈秉新：《汉语文字学史》，169 页。

01.009 传统汉字学

【正名】传统汉字学

【释文】中国历史上对汉字的起源、发展、演变、结构类型及形音义关系等方面进行研究而形成的一门学问。以《说文解字》及“六书”理论为核心，形体研究与音义研究紧密结合。习惯上也称“传统文字学”。

【考释】“传统汉字学”这个术语究竟何人何时首先使用，目前还不十分清楚。但可以明确的是，从 20 世纪 80 年代起，在一些学者的著作中，已经常使用“传统文字学”或“传统汉字学”这样的名称了。如李学勤曾说：“在传统文字学各门类中，《说文》学发展得最充分，和古文字学的关系也最密切。”[①]孙钧锡在《汉字通论》一书中，用一个专节介绍了“传统文字学研究”的概况。费锦昌在谈“现代汉字学”这门学科的发展过程时，使用了“传统汉字学”这一术语，他说：“越来越多的《现代汉语》教材，精简了传统汉字学的内容，转而以分析论述现阶段的汉字作为有关章节的重点。这是我国汉字研究工作的重要发展。”[②]

目前，“传统汉字学”这一概念虽为人们熟悉和经常使用，但对其称名还不统一，主要有两种：一种称为“传统文字学”[③]；另

① 《古文字学初阶》，61 页。

② 《汉字研究中的两个术语》，《语文建设》1989 年第 5 期。

③ 张玉金、夏中华：《汉字学概论》，17 页。

一种称为“传统汉字学”[①]。我们建议选用后者为正名，理由有二：(1)从术语命名的理据性看，用“汉字学”比“文字学”更具有科学性；(2)从目前的使用情况看，后者具有渐为学术界熟悉并接受的趋势。

虽然我们经常看到人们使用这个术语，但是，迄今尚未见有人给它下过明确的定义。总的来说，学界对“传统汉字学”的理解大体上可分为两种：一种意见侧重从时间上理解，认为它是“从秦汉至清末”这段时间的汉字学研究[②]，“到了20世纪产生了两个分支学科，一个是古文字学(古汉字学)，另一个就是现代汉字学”[③]。另一种意见是从研究对象方面理解的，认为主要“研究汉字形音义的来源和演变”[④]。综合学者的看法，我们建议这样来描述其内涵：中国历史上对汉字的起源、发展、演变、结构类型及形音义关系等相关方面进行研究而形成的一门学问。其特点是以《说文》及“六书”理论为核心，形体研究与音义的研究紧密结合。这样界定的好处是：一方面比较全面地概括了传统汉字学的研究范围和内容，另一方面也比较符合人们对“传统”一词的理解。

有一个问题需要说明。进入现代，仍有一些学者在从事《说文》方面的研究工作，他们的研究是否应当归入“传统汉字学”范畴中去呢？回答应当是否定的，原因是：(1)他们的研究在理论

---

① 苏培成：《二十世纪的现代汉字研究》，43页、369页；《现代汉字研究简述》，《语文建设》1992年第7期。

② 张玉金、夏中华：《汉字学概论》，17页。

③ 苏培成：《二十世纪的现代汉字研究》，49页。

④ 周有光：《现代汉字学发凡》，《语文现代化丛刊》第2辑，知识出版社，1980年。

和方法上，都或多或少地受到了现代语言学的影响，已与旧时的研究有别；(2)从学科分类角度，将这样的研究归入向现代延伸的“说文学”，可能更为合适。

总而言之，“传统汉字学”这一术语是现代才产生的，是为了在与“现代汉字学”、“古文字学”等概念对举时便于称说而提出的。它的提出，体现了研究者对于汉字学概念体系的完整性和严密性的思考，具有重要意义。其研究范围大致包括：字书编纂、《说文》研究、六书研究、字样研究、金石文字的研究等等。

【其他术语】

又称 传统文字学

01.010 说文学

【正名】说文学

【释文】魏晋以来延续至今，对东汉许慎所著《说文解字》及其阐述的汉字学理论进行研究而形成的专门学问。

【考释】“说文之学”的名称起源甚早。在唐代张参《五经文字·序例》中就提到了国子监置书博士，立“说文之学”。但这里的“说文之学”其实只是指课试时让学子默写《说文》的一些条目而已[①]。南唐徐锴叙述其作《说文解字系传》“通释”的原由时说：“说文之学远矣，时历九代，年移七百，保氏弛教，学人堕业，圣人不作，神旨幽沫，故臣附其本书，作通释。”这才以“说文之学”专指研究《说文》的学问。清代《说文》研究蔚为大观，“说文之学”

① 张其昀：《“说文学”源流考略》，3页。

或称为“说文学”。卢文弨《抱经堂文集·为桂明经未谷题说文统系图》云：“未谷通说文学，去许君千载，犹旦暮也。”也有人称之为“许学”、“说文解字学”[①]。现代学者多称之以“说文学”。

如上所述，“说文学”的名称出现很早，现今仍为人们所习用，但迄今尚未见有关工具书为之作出明确的界说，有关的解说仅零星散见于学者的著述之中，总体来说，均较为简单含混[②]。结合“说文学”产生的时代及其研究范围，我们对它作了如上解释。其研究内容包括对《说文》的注疏解说、体例阐释、校订整理、版本研究等等。

【其他术语】

曾称　许学；说文之学；说文解字学

01.011　汉字字源学

【正名】汉字字源学

【释文】研究汉字个体的形体来源及汉字字族谱系形成、发展、演变规律的一门学问。

【考释】“字源学”的名称在20世纪30年代就已出现了。1934年夏育民著《中国语根字源学》，胡朴安也曾撰有《字原学讲义》

---

① 清代王筠曾撰有《许学札记说文汇字杂钞》；黎经诰撰有《许学考》；王仁俊撰有《说文解字学》，参刘志成《中国文字学书目考录》，286页、514页、454页。

② 张玉金、夏中华：《汉字学概论》，22页；张其昀：《“说文学”源流考略》，3页。

一书[①]。但这些冠以“字源(原)学”的著作，主要探讨如何以《说文》部首为线索，“从字音衍变解释一切文字”[②]。三四十年代以后，“字源学”的概念及名称却鲜见提及。

王宁在《汉字构形学讲座》中明确提出了“汉字字源学”的名称和概念。她说：“尽量找出汉字的最早字形，寻找每个字构形初期的造字意图，这就是探讨汉字的形源，也叫字源。字源学就是研究探求形源的规律和汉字最初构形方式的学科。”[③]

汉字字源学是汉字学的一个分支学科。20世纪中国古文字学诞生以前，汉字形体溯源一般只能进行到小篆阶段，真正的字源研究根本不可能。随着古汉字研究的不断深入，探求汉字形源和字族谱系形成和演变的规律，不仅成为可能，而且完全必要，汉字字源学的广阔前景是可以预期的。

01.012 汉字文化学

【正名】汉字文化学

【释文】揭示汉字个体及其系统所承载的文化要素和意义，探讨汉字与中国文化关系的一门学问。

【考释】汉字与文化的关系，古代和近现代都有人作过研究，但

---

① 刘志成:《中国文字学书目考录》,633～634页。

② 唐兰:《中国文字学》,79页。

③ 《汉字构形学讲座》第一讲,《中国教育报》1995年1月30日。

从来没有成为一门系统之学[①]。把汉字和文化联系在一起并冠以“学”的名称，明确表示要作为一门学科来建设，不过是到20世纪最后10年才开始的。1990年何九盈、胡双宝、张猛发表了《简论汉字文化学》一文，正式提出了“汉字文化学”的概念。他们认为：“汉字文化学是一门以汉字为核心的多边缘交叉学科。”“汉字文化学与汉字关系最为密切，但又不等于汉字学。”[②]十多年来，不但在一些汉字学、文化学、文化史的论著中，常有部分内容涉及这一课题，而且，专门讨论这一问题的论著也日见增多，这门学科已显示了自己的生命力。与此同时，“汉字文化学”这一术语也逐渐为学界所熟悉和认同。

关于“汉字文化学”，目前有两个问题需要说明清楚：

第一，汉字文化学究竟属于汉字学范畴，还是属于文化语言学范畴？对此研究者有不同意见。由于汉字文化学以汉字为研究对象，文化语言学概念本身又很难界定，且文化语言学无法涵盖全部的汉字文化学内容，所以，学者多倾向于认为汉字文化学应当是汉字学的一个分支[③]。

第二，汉字文化学的研究任务究竟是什么？对此，学者们进行了回答。何九盈等认为：“这门学科的任务非常明确。一是阐

---

① 1940年傅介石出版《中国文字学纲要》，在“第一编总论”中，设一专章探讨“中国文字学与文化的关系”，较早地将汉字与文化联系在一起进行研究。

② 载《北京大学学报》1990年第6期。

③ 何九盈等在《简论汉字文化学》中已谈到：汉字文化学是汉字学“这大树分蘖出来的新枝”，见《北京大学学报》1990年第6期；王宁认为汉字文化学是汉字学的四个分支学科之一，见《汉字构形学讲座》第一讲，《中国教育报》1995年1月30日。

明汉字作为一个符号系统、信息系统，它自身所具有的文化意义；二是探讨文字与中国文化的关系，也就是从汉字入手研究中国文化，从文化学的角度研究汉字。”[①]黄德宽师认为：“（汉字文化学）以揭示汉字与中国文化的历史关系为中介，以建立科学的汉字学理论（包括汉字阐释理论）为目的。它不仅观照汉字的发生，而且观照汉字的发展；它不仅从汉字这一符号系统内部揭示其特征，而且从汉字与中国文化的血缘纽带中解释汉字所以产生、所以构造、所以发展的必然性。”[②]可见，“汉字文化学”的研究既是本体的，又是关系的。立足于本体，以本体的研究为基础，进而探讨汉字文化与整个汉文化的关系，汉字在汉文化中的地位，对汉文化的积极影响与消极影响等等，都是汉字文化学的研究任务[③]。

01.013　现代汉字学

【正名】现代汉字学

【释文】以现代汉字为研究对象的一门学问。以 20 世纪以来的现代汉语用字为对象，研究其性质、特点以及字形、字音、字量和字序等，揭示现代汉字的构成和应用规律，研究制定现代汉字应用的规范、标准以及相关的语文政策等方面的问题。

【考释】“现代汉字学”这一名称是周有光最先提出来的。1979

---

① 《简论汉字文化学》，《北京大学学报》1990 年第 6 期。

② 黄德宽、常森：《汉字阐释与文化传统》，169 页。

③ 何九盈：《汉字文化学》，51～52 页。

年10月周先生在《汉字声旁读音便查》后记里说："汉字学可以分为两部分：一、历史汉字学，二、现代汉字学。""现代汉字学以现代汉字为研究对象，目的是为今天和明天的应用服务，为'四化'服务，尽量减少汉字在现代生活中的应用不便。"[①]1980年5月周先生发表了《现代汉字学发凡》一文，从字量、字序、字形、字音、字义和汉字教学法等6个方面论述了现代汉字学研究的内容[②]。《现代汉字学发凡》的发表具有重要意义，它标志着现代汉字学的产生[③]。此后，周先生又发表了《关于现代汉字学》[④]和《"现代汉字学"的诞生》[⑤]，继续大力倡导"现代汉字学"。1985年高家莺、范可育发表《建立现代汉字学刍议》，对周先生的倡导作出了积极响应[⑥]。从1984年开始，全国许多高校先后开设了"现代汉字学"课程[⑦]。自1992年至今，已有7部现代汉字学通论性著作问世[⑧]。由于众多研究者的共同努力，在过去的二十多年时间里，这门学科迅速成长为汉字学的一个新的分支[⑨]，

① 《汉字声旁读音便查》，161页。
② 《语文现代化丛刊》第2辑，知识出版社，1980年。
③ 苏培成：《二十世纪的现代汉字研究》，46页。
④ 《第一届国际汉语教学讨论会论文选》，北京语言学院出版社，1986年。
⑤ 载《光明日报》1986年11月25日。
⑥ 载《上海师范大学学报》1985年第4期。
⑦ 苏培成：《二十世纪的现代汉字研究》，47页。
⑧ 这7部著作分别是：张静贤：《现代汉字教程》；高家莺等：《现代汉字学》；苏培成：《现代汉字学纲要》；尹斌庸、John S. Rohsenow：*Modern Chinese Characters*；李禄兴：《现代汉字学要略》；杨润陆：《现代汉字学通论》；苏培成：《一门新学科：现代汉字学》。
⑨ 陆俭明：《新中国语言学50年》，《当代语言学》1999年第4期。

“现代汉字学”现已成为人们经常使用的术语之一。

为进一步明确“现代汉字学”概念，有必要弄清其研究内容。应当承认，研究者在这方面的观点不尽相同。周有光在《现代汉字学发凡》中，从字量、字序、字形、字音、字义、汉字教学法等6个方面进行了论述。高家莺等认为现代汉字学的内容包括以下7个方面：(1)现代汉字的性质、特点、范围；(2)现代汉字在字形、字音、字义、字量和字序诸方面的情况；(3)一般应用和技术应用；(4)现代汉字的简化、规范化、标准化；(5)现代汉字教学；(6)汉字信息处理；(7)语文工作[①]。苏培成提出了现代汉字学四个方面的研究内容：(1)现代汉字的范围、性质和特点；(2)现代汉字的属性，包括字量、字频、字形、字音、字序等方面；(3)现代汉字的应用，包括人际界面应用和人机界面应用；(4)汉字的前途[②]。

综合诸家意见，现代汉字学应当包括对现代汉字的范围、性质和特点，现代汉字的属性，如字量、字频、字形、字音、字义、字序等，以及现代汉字的应用和前途这几个方面的研究。

01.014　比较文字学

【正名】比较文字学

【释文】对不同文字体系的各个方面进行比较研究，从而认识文

---

① 高家莺等：《现代汉字学》。

② 苏培成：《现代汉字和现代汉字学》，《纪念王力先生九十诞辰文集》，516～521页。

字发展一般规律及特殊规律的一门学问。

【考释】20 世纪 40 年代开始，西方的普通文字学理论被介绍到中国，对汉字学的发展起到了促进作用[①]。1940 年商务印书馆出版了英国人爱德华·葛劳德著、林柷敔译的《比较文字学概论》，这可能是“比较文字学”这一名称最早的用例。自 20 世纪 80 年代起，“比较文字学”已开始在学者的著作中经常使用了。裘锡圭在《汉字的性质》一文中说：“从比较文字学的角度来看，汉字跟古埃及圣书字和古代两河流域的楔形文字是同类型的。近代研究比较文字学的学者，起初把这种类型的文字称为表意文字。”[②]刘宁生说：“比较文字学根据文字符号与语言单位的关系和文字符号的形式特征将文字分成若干类型。”[③]1993 年周有光发表了《人类文字学刍议》，作者在文中简略地介绍了“比较文字学”的研究内容[④]。

到 1998 年，两部中国学者撰写的比较文字学专著终于问世：周有光著《比较文字学初探》和王元鹿著《比较文字学》。随着这门学科的不断成长，“比较文字学”也逐渐为人们所熟悉。

顾名思义，比较文字学是对不同文字体系的比较研究，但是其研究内容究竟有哪些呢？周有光为我们勾勒了简单的轮廓，他说：“比较文字学主要比较各种文字的历史发展、应用功能、形体和结构、传播和发展。比较的目的不仅是了解相互之间的差

① 裘锡圭、沈培：《二十世纪的汉语文字学》，参《二十世纪的中国语言学》。

② 载《中国语文》1985 年第 1 期。

③ 《论字符的同音替代及其意义》，《南京师范大学学报》1990 年第 4 期。

④ 载《语言文字应用》1993 年第 4 期。

异性,更重要的是了解相互之间的共同性。”[①]了解比较文字学的内容,可以加深我们对这一概念的认识。

需要注意的是,有人将“比较文字学”等同于“普通文字学”[②],这种做法是不妥的。因为二者无论在研究对象、研究内容,还是在研究目的上,都有明显区别,不可混为一谈。

01.015 文 字

【正名】文字

【释文】人类用来记录和传播语言的书写符号系统。

【考释】据唐兰考证,在汉语中“文字”一词最早出现在秦代的琅邪刻石中[③]。不过在中国古代,“文字”一词是用来专指“汉字”而言的。直到清朝末年,随着西方学术文化的引进,人们逐渐有了世界文字的概念,“对文字开始有了工具和发展的观点……汉字被重新作了评价”[④]。在这样的时代背景下,有些学者开始使用“文字”来指称记录世界其他民族语言的书写符号,而将记录汉语的文字改称为“汉字”。清末王照(1900)曾说:“世界各国……言文一致,拼音简便,虽极钝之童,解语之年,即为能读文之

① 《人类文字学刍议》,《语言文字应用》1993年第4期;《比较文字学初探》。

② 《语言学百科词典》,600页。

③ 《中国文字学》,1页。

④ 倪海曙:《清末汉语拼音运动编年史》。参周有光《汉字改革概论》,25页。

年，以故凡有生之日，皆专于其文字所载之事理。”[①]

进入现代以来，“文字”、“汉字”两个术语有了明确的区分，这是人所共知的。但由于传统的影响和习惯的原因，直到现在，人们还有时用“文字”指称“汉字”。尽管这样的使用通常有具体语境，可能不至于引起误解，但我们认为，无论从理论表述的严密性、准确性方面要求，还是从维护术语的科学规范方面要求，使用者特别是语言文字学者应当自觉避免二者在使用上可能引起的混乱。

关于“文字”这一概念有两个问题需要说明：

第一，对于“文字”的内涵存在着广狭两种意见[②]。广义派认为“文字”是人们“用来进行交际的约定俗成的可见符号系统”[③]。狭义派认为“文字”是“记录语言的书写符号”。我们采纳狭义派的意见，这也是国内多数学者的观点。

第二，对于“文字”的定义目前还存在细微的分歧。“文字”究竟是指记录语言的书写符号个体，还是指其书写符号系统？对这个问题一般的研究者似乎未曾留意，也未见学者对这一问题进行讨论。

下面摘录几条关于“文字”的定义：

A. 定义为“符号”例

(1)记录语言的符号[④]。

---

① 王照：《官话合声字母》，文字改革出版社，1957年。

② 裘锡圭：《文字学概要》，1页；王元鹿：《普通文字学概论》。

③ 《简明不列颠百科全书》，中国大百科全书出版社译编本，第八册269页。

④ 梁东汉：《汉字的结构及其流变》，22页。

(2)记录和传达语言的书写符号[①]。

(3)记录和传播语言的书写符号,扩大语言在时间和空间上的交际功能的文化工具[②]。

B. 定义为"符号系统"例

(1)记录和传达语言的书写符号系统[③]。

(2)记录语言的书写符号的系统,是最重要的辅助与扩大语言的交际作用的工具[④]。

(3)按一定方式记录语言的书写符号系统[⑤]。

的确,正如裘锡圭所说:"'文字'一词可以用来指一个个的字,也可以用来指记录某种语言的文字符号的整个体系。"因此,将"文字"定义为"记录语言的符号"或者"记录语言的符号系统",显然都不够准确完整。我们认为,若将这两种定义综合起来,似乎更为全面合理[⑥]。

01.016 文字画

【正名】文字画

【释文】文字萌芽时期描画或刻写在器物、岩壁等载体上,用于

---

① 《辞海·语言学分册》,67页。

② 《中国语言学大辞典》,2页。

③ 《实用中国语言学词典》,174页。

④ 高名凯、石安石主编:《语言学概论》,186页。

⑤ 邢公畹、仲哲明主编:《语言学概论》,269页。

⑥ 这种书写符号系统,在必要的时候,可以称之为"文字体系",参裘锡圭《文字学概要》,1页。

记事或传递信息的单个或一组图形。与原始文字有某些接近之处，但还不能用于准确地记录语言。

【考释】裘锡圭曾说："在文字产生以前，人们曾经用画图画和作图解的办法来记事或传递信息。通常把这种图画和图解称为文字画或图画文字。"①

"文字画"这个名称是沈兼士最早使用的。1928 年他在《从古器款识上推寻六书以前之文字画》一文中提出了"文字画"的概念②。从那以后，"文字画"在很多学者的著作中都曾出现过③，其中有赞同这一提法的，也有反对的，但总的来说，赞同者多于反对者。

实际上，无论是赞同还是反对，都可归结到对"文字画"与"图画文字"这两个概念的认识上。持赞同意见者认为，既然我们一般都同意按狭义的立场理解"文字"——"记录语言的符号"，那么"图画文字"这个名称就是不恰当的，"文字画"的名称则可以采用。"文字画"是作用近似于文字的图画，而不是图画形式的文字④。我们赞成使用"文字画"这个术语，为避免引起误会和使用上的混乱，尽量不要使用"图画文字"。

文字画尚未形成为文字，没有固定的读音，单纯依靠原始的图像来表达概念，基本上未能脱离图画的范畴，充其量仅具有文字的某些功能，属于文字的原始阶段，因此，把这样的概念称为

---

① 《文字学概要》，1 页。

② 载《辅仁学志》1 卷 1 期，1928 年。

③ 唐兰：《中国文字学》，63 页、84 页；梁东汉：《汉字的结构及其流变》，25～26 页；姚孝遂：《古汉字的形体结构及其发展阶段》，《古文字研究》第 4 辑；蒋善国：《汉字学》；裘锡圭：《文字学概要》，1 页。

④ 裘锡圭：《文字学概要》，1 页。

“文字画”是合适的。

【其他术语】

曾称 图画文字

01.017 刻划符号

【正名】刻划符号

【释文】成熟文字体系出现之前或其早期阶段，刻划在陶质、石质等器物或山崖石壁上的表示一定意义的几何形符号或象形符号，是研究文字起源的重要资料。

【考释】原始社会晚期出现的，刻划在陶器或玉石器物上的几何形符号和象形符号，现在一般称之为“刻划符号”。除了“刻划符号”这个名称之外，它还有其他两个异称：“刻划记号”和“刻画符号”。

“刻划记号”这个名词是郭沫若首先使用的。他说：“彩陶上的那些刻划记号，可以肯定地说就是中国文字的起源，或者中国原始文字的孑遗。”[①]直到近年来，这个名词还有人在使用。如李诗锷、张作富说：“这些原始社会末期出现的象形符号和刻划记号，就是汉文字的‘源头’。”[②]但这样使用的人很少。

比起“刻划记号”一词，使用“刻画符号”的人更多一些。如

① 《古代文字之辩证的发展》，《考古学报》1972 年第 1 期。

② 《汉字的演变和构造》。

张玉金、顾正、陈涛等在他们的著作中都曾使用过“刻画符号”①。

在三个名词中，“刻划符号”一词使用得最为普遍，20 世纪 80 年代初就有学者在文章中使用了这个名词②，目前这一术语已为多数研究者所认同，使用的例子很多，这里不一一列举。

刻划符号与文字的关系如何？高明对此作了很好的说明，他的意见有助于我们对“刻划符号”的理解。他说：“原始氏族社会晚期出现的刻划符号，如仅从现象分析，同文字没有原则的区别，因为文字本身也是一种符号。但从功用来讲，彼此有本质的不同。每一个汉字符号，各代表语言中一个比较固定的词，若干不同成分的词，可组成一句表达完整概念的语言。原始文字无论处于何种初级阶段，表达功能又如何幼稚，但自它诞生开始，即同语言密切结合，具备表达语言的能力。陶符则不然，它只是为了某种需要而记的标记，同语言毫无关系，只能独用不能组合。不同形状的符号，可以启示某些人的不同记忆，但把它们组合在一起，却失掉了它本来的作用。类似的符号，不仅在没有出现文字的原始社会使用，并且在已经利用完全成熟的文字记录语言的商代，甚至到春秋战国，仍在某些陶器上出现。”③

【其他术语】

曾称　刻划记号；刻画符号

---

① 张玉金、夏中华：《汉字学概论》，67～70 页；顾正：《文字学》；陈涛：《文字学浅谈》。

② 王志俊：《关中地区仰韶文化刻划符号综述》，《考古与文物》1980 年第 3 期。

③ 《中国古文字学通论》，30 页。

01.018 象形文字

【正名】象形文字

【释文】文字类型之一。字形具有象形特点的文字体系，即通过描摹事物的形象以体现所记录的词语的读音和意义而形成的书写符号系统。一种语言成熟的书写符号系统不可能由单一的象形文字构成。

【考释】20世纪以后，西方学术理论和思想不断被引入中国，随着世界文字知识的愈加丰富，人们逐步有了普通文字学意义上的文字分类概念，“象形文字”这样的名称开始出现在学者的笔下。如云中在《中国文字与中国文字学》中，对汉字和欧美文字进行比较时，就使用了这一名词，他说：“欧美语言性质与中国不同，所以由象形文字，直接进展至‘拼音’阶段，无论语言如何变化复杂，总之用字母都能随之拼成，文字能随着语言自由变化。”①

对“象形文字”这一概念有几点需要说明：

(1)它是普通文字学范畴的文字类型概念。过去唐兰曾使用这个词来指称汉字的一种类型②，不过现在似乎已经没有人使用了。

---

① 载《真知学报》2卷6期，1943年。

② 唐兰在1935年写的《古文字学导论》和1949年出版的《中国文字学》中都谈到了“三书说”，其中第一书就是“象形文字”。

(2)有人称“象形文字”为“表形文字”①。但“象形文字”一词使用的人多,更为人们所熟知,以其为正名,实属应当。

(3)“象形文字”这一概念是按照文字形式分类法标准划分出来的,使用时应避免与不属于这种分类标准的概念相并列,以免造成术语使用的混乱②。

(4)有些人给“象形文字”下定义时,加上了这样的限定:“表示一定意义,有一定的读音”。我们认为,作如此限定纯属多余。因为既是“文字”,则其音义已含其中,无须另加说明“表示一定音义”,难道还存在不表示一定意义,没有一定读音的文字吗?

(5)应注意与两个相关名词的辨别:

①图画文字。一直有很多人使用“图画文字”一词来指称“用画图画和作图解的办法来记事或传递信息”的书写符号形式,但我们认为,“图画”与“文字”之间相互矛盾,“‘图画文字’这个名称是不恰当的”③,应当避免使用。

②文字画。“‘文字画’是作用近似于文字的图画”④,还没有发展到“文字”阶段,与“象形文字”的区别是明显的。

【其他术语】

又称　表形文字

---

① 《辞海·语言学分册》,67页;《实用中国语言学词典》,174页。刘又辛主张,“表形文字”是文字(也是汉字)发展的一个阶段,“表形文字”包括象形字、指事字、会意字。参刘又辛:《从汉字演变的历史看文字改革》,《中国语文》1957年第5期。

② 王伯熙:《文字的分类和汉字的性质》,《中国语文》1984年第2期。

③ 裘锡圭:《文字学概要》,1页。

④ 裘锡圭:《文字学概要》,1页。

01.019 表音文字

【正名】表音文字

【释文】文字类型之一。通过字母或字符表示语音来记录语言的书写符号系统。

【考释】表音文字是普通文字学范畴的文字类型概念，中外学者对其都有论述。英国语言学家哈特曼(R. R. K. Hartmann)和斯托克(F. C. Stork)在《语言和语言学词典》中曾给“表音文字”下了这样的定义：“一种用文字符号代表各个语音的文字系统(Writing system)，它与字符文字(logography)相对，后者用单个的字表示整个的词。”①这里主要介绍一下中国学者对它的使用与研究情况。

20世纪20年代沈兼士提出“表音文字”的概念。他在《文字形义学》一书中说：“综考今日世界所用之文字，种类虽繁多，我们把它大别起来，可以总括为两类：(1)意符的文字，亦谓之意字。(2)音符的文字，亦谓之音字。”②沈先生的“音字”即指“表音文字”。

30年代，刘大白在论述汉字性质问题时，使用了“表音文字”的名称。他说：“中国的汉字是单音节词表音文字。”③

还有学者使用过“标音文字”的名称，如40年代张世禄在

---

① 《语言与语言学词典》，263～264页。

② 《沈兼士学术论文集》，386页。

③ 《文字学概论》。

《文字学与文法学》一文中说："另一种文字是用形体来作声音的记号的，各个字体是由几个语音符号——就是拼音字母——拼切成功的，从字体上得到音读因而认识所代表的意义，我们称为'标音文字'。"[①]

半个多世纪过去了，"表音文字"早已成为一个人们熟悉和常用的术语。

表音文字是"根据语音来构形的文字体系"[②]，换句话说，它利用构形直接记录语音，间接记录语义[③]。其内涵可概括为：通过用字母或字符表示语音来记录语言的书写符号系统。表音文字包括音节文字和音位文字。

这里简单说一下"拼音文字"这个名词。清初称"拼音文字"为"切字"[④]，"拼音文字"一词大概是清末提倡"切音字"的学者首先使用的[⑤]。但"拼音文字"的内涵从来就不十分清晰，换句话说，它并不是一个严格的科学术语，而只是一个通俗化的习惯称名。一般来说，"拼音文字"有广狭二义，其广义即指"表音文字"，其狭义则专指"音位文字"。目前广狭两种含义都有人使

---

① 陈望道等：《中国文法革新论丛》，161 页。

② 杨润陆：《现代汉字学通论》，4 页。

③ 郑振峰：《20 世纪关于汉字性质问题的研究》，《河北师范大学学报》2002 年第 3 期。

④ 1659 年杨选杞评金尼阁著《西儒耳目资》一书时说："予阅未终卷，顿悟切字有一定之理，因可为一定之法。"参周有光《汉字改革概论》，19 页。

⑤ 卢戆章：《一目了然初阶》原序。

用，不够统一。根据目前多数学者的观点和人们使用的习惯①，我们赞同将“拼音文字”作为“表音文字”的俗称，而不用来专指“音位文字”，以避免术语使用的混乱。

【其他术语】

曾称 音字；标音文字

俗称 拼音文字

01.020 音素文字

【正名】音素文字

【释文】又称“音位文字”。表音文字的一种。用字母(如英语等使用拉丁字母，俄语等使用斯拉夫字母)表示音素从而记录语言的书写符号系统。

【考释】“音素文字”有“音位文字”、“音位字母文字”等异称。20世纪50年代中国学者开始使用“音素文字”这一名称。

梁东汉曾说：“世界上的文字可划分成表意文字、音节文字和音素文字三个类型。……音素文字的每一个符号代表语言里的一个音位，拉丁字母和斯拉夫字母可以作为这个类型的代表。”②此后很长一段时间，“音素文字”一直为学界所习用，如吕

① 梁东汉、吕叔湘、苏培成、刘又辛等先生以及一些常用工具书均持拼音文字的广义观点，参梁东汉：《汉字的结构及其流变》，61页；吕叔湘：《语文近著》，142页；苏培成：《现代汉字学纲要》，1页；刘又辛：《汉语汉字答问》，124～125页；中国社会科学院语言研究所词典编辑室：《现代汉语词典》(第5版)，1048页；《语言学百科词典》，321页。

② 《汉字的结构及其流变》，60页。

叔湘、姚孝遂、王伯熙、王元鹿等先生都曾在著作中使用过[①]。

20世纪60年代高名凯、石安石在《语言学概论》中称“音素文字”为“音位字母文字”。他们说：“拼音文字中，音位字母文字是出现得比较晚、发展得最充分的一种。它的字母基本上代表音位。目前绝大多数拼音文字都是音位字母文字。”[②]但“音位字母文字”的名称并未通行开来。80年代后期，在一些语言学工具书和学者的著述中开始出现“音位文字”这个术语[③]。

比较这三个名称，我们建议采用“音素文字”作为正名，选择的依据是：(1)“音素文字”约定俗成的程度最高，使用得最为普遍。(2)“音位字母文字”并未通行开来，且不如“音素文字”简洁。

【其他术语】

又称 音位文字

曾称 音位字母文字

01.021 音节文字

【正名】音节文字

---

① 吕叔湘：《语文近著》，142页；姚孝遂：《古汉字的形体结构及其发展阶段》，《古文字研究》第4辑；王伯熙：《文字的分类和汉字的性质》，《中国语文》1984年第2期；王元鹿：《普通文字学概论》。

② 《语言学概论》，198页。

③ 在以下的工具书和著作中，都有关于这一术语的解释和论述：《辞海·语言学分册》，67页；《语言文字词典》，151页；苏培成：《现代汉字学纲要》，1页；王凤阳：《汉字学》；聂鸿音：《中国文字概略》，132页。

【释文】表音文字的一种。用一个字母(如日语使用的假名、阿拉伯语使用的字母)表示一个音节来记录语言的书写符号系统。

【考释】“音节文字”是普通文字学范畴内关于文字类型的概念,国外语言学家对它的论述很多。如索绪尔说:“表音文字有时是音节的,有时是字母的,即以言语中不能再缩减的要素为基础的。”[①]哈特曼和斯托克认为:“(音节文字是)使用音节字符(syllabogram)——代表音节(syllable)的文字符号——的书写系统。”[②]我们这里主要介绍一下国内对这一术语的使用情况。

国内学者使用“音节文字”大概始于20世纪50年代。

梁东汉曾说:“世界上的文字可划分成表意文字、音节文字和音素文字三个类型。”“分类要看这些符号所表达的是怎样的一个语言单位,是表达整个的词,抑或是表达词的一个音节或音素。”“音节文字的每一个符号代表个别的音节。日本的‘假名’是这个类型的典型代表。”[③]

吕叔湘认为:“音节文字,一个字母代表一个音节,就是辅音和元音的结合体。日语的字母(假名)、阿拉伯语的字母,都属于这一类。”[④]

几十年来的使用,使“音节文字”早已成为人们熟悉的文字学术语。

音节文字曾有一个异称“音节字母文字”[⑤],不过,这个名称

① 《普通语言学教程》,50页。

② 《语言与语言学词典》,344页。

③ 《汉字的结构及其流变》,59～60页。

④ 《汉语文的特点和当前的语文问题》,《语文近著》,142页。

⑤ 高名凯、石安石:《语言学概论》,198页。

现在一般很少使用。

音节文字作为文字类型之一，是使用表音节的字母来书写语言的，这种表音节的字母只具有固定的读音，而不含任何意义[①]。

【其他术语】

曾称　音节字母文字

01.022　语素文字

【正名】语素文字

【释文】又称“词素文字”。用一个字符表示一个语素来记录语言的书写符号系统。

【考释】语素(morpheme)理论产生后，一些学者把它运用到文字分类问题的研究中，提出了“语素文字”的概念。1959年赵元任在谈到语言与文字的关系时，最早论述了这一概念。不过，他使用的是morpheme一词的早期译名“词素”，而不是后来改译的“语素”[②]。他说：“用一个文字单位写一个词素，中国文字是一个典型的最重要的例子。”[③]

20世纪80年代以后，国内许多学者开始致力于汉字性质

① 王伯熙：《文字的分类和汉字的性质》，《中国语文》1984年第2期。

② 1958年吕叔湘正式使用“语素”这一译名，此后，“语素”、“词素”二者并行，但目前多数学者使用“语素”一词。参《中国语言学大辞典》，329页；苏培成：《现代汉字学纲要》，3页。

③ 《语言问题》，144页。

问题的研究，阐述语素文字的理论观点，“语素文字”很快成为人们经常使用的术语。下面试举几条有关这一问题的论述：

朱德熙说：“从汉字跟汉语的关系看，汉字是一种语素文字。”①

文武说：“现代汉字的‘字’约有90%对应于汉语的一个‘语素’，所以我们称汉字为‘语素文字’。”②

吕叔湘从文字分类的角度对“语素文字”进行了阐述：“世界上的文字，它的形式是多种多样的，但是按照一定的原则来分类，也就是按照文字代表语言的方式来分类，可以分成三类。……第三类文字是语素文字，它的单位是字，不是字母，字是有意义的。汉字是这种文字的代表，也是惟一的代表。”③

李荣说：“英文是音素文字。假名是音节文字。汉字是语素文字(logogram)。”④

总之，“语素文字”是普通文字学范畴内的概念，是用一个字符表示一个语素来记录语言的书写符号系统。

01.023　表意文字

【正名】表意文字

【释文】文字类型之一。字符本身或其结构单位与所记录的词

---

① 《中国大百科全书·语言文字》，130页。

② 《关于汉字评价的几个基本问题》，《语文建设》1987年第2期。

③ 《汉语文的特点和当前的语文问题》，《语文近著》，142页。

④ 《汉字的演变与汉字的将来》，《中国语文》1986年第5期。

的意义有一定联系而与所记录词的读音没有直接联系的书写符号系统。

【考释】20世纪40年代，张世禄在研究汉字的性质问题时，提出了“表意文字”这个名词。他说：“另有一部分的字体，在结构和实际应用上，却已经有进入到标音文字的趋向了，这种文字，我们称为‘表意文字’。我们从这种文字的性质和演化的历史上看来，一方面还保持着一些图画文字的遗迹，另一方面却又具有很丰富的标音成分。但是我们对这种文字的应用，既不能纯粹从形体上看出意义，又不能完全依据字体的分析得到确凿的音读，而只是把许多字体作为习惯上各种意义的符号罢了，所以称为表意文字。”[①]此后，“表意文字”的提法一直比较流行，在学者的著作和语文工具书里，都可经常见到。

表意文字属于文字的类型之一，属普通文字学范畴。目前，人们在使用这一概念时还存在着表述含混、含义不一的现象。请看以下几个用例：

梁东汉认为：“符号表达个别的完整的词或者它的独立部分的文字体系叫做表意文字体系。”[②]

王凤阳认为：“这种以描摹词所反映的事物为基础，以图像的各种灵活运用(包括把图像作为表音记号)为手段构成的文字体系，我们称之为‘表意文字’。”[③]

杨润陆认为：“所谓表意文字，指的是仅仅根据意义构形的

① 陈望道等：《中国文法革新论丛》，162页。

② 《汉字的结构及其流变》，59页。

③ 《汉字学》，268页。

文字体系，字形与声音没有直接的联系。”①

《辞海》“表意文字”条：“用一定体系的象征性符号表示词或词素的文字，不直接或不单纯表示语音。”②

目前的语言学辞书对“表意文字”的解释不够准确和清晰。我们认为给“表意文字”下定义时，应当抓住“字符或结构单位与文字所记录的词的意义有联系”这个本质属性。因此，我们对其作了如上的释文。

01.024　意音文字

【正名】意音文字

【释文】又称“意符音符文字”。综合运用表意和表音符号（还包括一些记号）来记录语言的书写符号系统。

【考释】早在20世纪50年代，周有光、曹伯韩等就提出了“意音文字”概念。曹先生把世界上出现的文字类型分为意音文字和拼音文字两种，主张汉字属于“意音文字”③。周有光对“意音文字”进行了较为系统的阐述，他认为：“用文字表达语言，有三种基本的表达方法，就是表形、表意和表音”。“综合运用表意兼表音两种表达方法的文字，可以称为‘意音文字’（ideo-phonograph）。汉字就是意音文字之一种”④。可见，周先生是

---

① 《现代汉字学通论》，4页。

② 《辞海·语言学分册》，67页。

③ 《文字和文字学》，《中国语文》1958年第6～7期合刊。

④ 《文字演进的一般规律》，《中国语文》1957年第7期。

从文字所使用的表达方法这个角度来界定“意音文字”这一概念的。

上世纪80年代裘锡圭也提出了“意音文字说”。在研究汉字性质问题时，裘先生引入了字符理论：“各种文字的字符，大体上可以归纳为三类，即意符、音符和记号。”在详细分析的基础上，他作出这样的论断：“汉字在象形程度较高的早期阶段（大体上可以说是西周以前），基本上是使用意符和音符（严格说应该称为借音符）的一种文字体系……似乎可以称意符音符文字，或者像有些文字学者那样把它简称为意音文字。”①

根据以上两种关于意音文字的论述，我们给意音文字作出如上的释文。

【其他术语】

等效名词　意符音符文字

01.025　自源文字

【正名】自源文字

【释文】起源过程没有受到其他文字系统影响，独立发生、发展并逐步完善而形成的书写符号系统。

【考释】“自源文字”这个名词从20世纪80年代起，就已经常出现在学者的文章中了。下面试举几例：

费锦昌说：“汉字是人类历史上最古老的一种自源文字，至

---

① 《文字学概要》，16页。

少有 3300 年的历史。”①

王凤阳曾给“自源文字”这样定义：“那种独立发生、发展的文字，我们称之为‘自源文字’。”②

刘宁生说：“世界上各种自源文字，包括汉字、古代埃及文字、美索不达米亚楔形文字和马亚文字，最初都有过一段共同的发展道路。”③

“自源文字”是以某种文字在发生发展的过程中有无受到其他民族文字影响为标准而划分出来的概念，它属于普通文字学或比较文字学的研究范畴。

01.026 他源文字

【正名】他源文字

【释文】受其他文字系统影响而发生、发展所形成的书写符号系统。

【考释】“他源文字”与“自源文字”相对，是指受其他文字系统影响而产生、发展起来的文字系统。如王凤阳说：“那种袭取或改造已有的文字作为自己的文字的文字，我们称之为‘他源文字’。”④

拿汉字来说，汉字发源于黄河流域的中原地区，承载着汉文

① 《汉字研究中的两个术语》，《语文建设》1989 年第 5 期。

② 《汉字学》。

③ 《论字符的同音替代及其意义》，《南京师范大学学报》1990 年第 4 期。

④ 《汉字学》。

化向四方传播，首先传播到长江流域和珠江流域的汉语方言地区，其次传播到边远的少数民族地区，再次传播到东亚的临近国家。这些地域起先学习中原的汉语汉字，后来利用汉字书写当地的语言，再后来接受汉字的影响逐渐创制了自己的文字，形成了汉语方言文字、少数民族文字和东亚国家的文字，组成了一个汉字型文字的大家庭。这些文字是受汉字影响而发生和发展起来的，因此属于他源文字。例如受汉字影响而孳乳仿造的有字喃、壮字、苗字、瑶字等，受汉字影响而变异仿造的有契丹大字、女真字、西夏字等，受汉字影响而创制的表音文字的有日语假名、朝鲜谚文、江永女书、傈僳字等[①]。

他源文字也有人称之为"借源文字"[②]。

【其他术语】

又称 借源文字

01.027 古文字

【正名】古文字

【释文】世界各民族在历史上创制的各种古代书写符号系统，包括古汉字、埃及圣书字、苏美尔楔形文字、美洲玛雅文字等。特指古汉字。

【考释】"古文字"这个名词在古代文献中很早就已出现了。如

① 王锋：《从汉字到汉字系文字》，民族出版社，2003年。

② 李葆嘉：《论语言类型与文字类型的制约关系》，《南京师范大学学报》1990年第4期。

《汉书·郊祀志》云:“张敞好古文字。”但自古以来,“古文字”一词是用来专指“古汉字”而言的,直到现在仍有许多人这样使用“古文字”。

从理论上讲,用“古文字”来专门指称“古汉字”当然是不恰当的,因为世界上的“文字”有几百种,并不是只有“汉字”一种,而且“古文字”除了“古汉字”以外,还应当包括其他民族使用的古代文字。人们之所以仍然把“古文字”一词当做“古汉字”来使用,主要还是由于习惯的原因和对传统的遵从。

也许有人说使用“古文字”来指称“古汉字”,人们早已习以为常,在汉语中“古文字”一词已被赋予了专指古汉字的特定含义,因此没有必要改变人们已经习惯了的叫法。我们认为,这并不能充分说明问题,理由如下:

(1)如果我们仍用“古文字”来指称“古汉字”,那么我们如何给“包括古代汉字在内的世界各种古代文字”这个概念命名呢?若称以“古文字”,则必然造成“一个名称,两个概念”的混乱现象;若不称以“古文字”,还有其他合适的名称吗?

(2)使用“古文字”指称“古汉字”,与人们通常对“文字”这个术语的认识和理解存在冲突,也不符合术语命名力求的系统性原则。

(3)术语的科学化和规范化是一门学科走向成熟和发达的重要步骤,从学科建设和发展的高度来看,暂时地牺牲使用上的习惯是值得的。

(4)“古汉字”这个术语早已有许多学者使用和提倡,且正为越来越多的人所熟悉和接受。

近年来,“古文字”一词用法调整的必要性已引起学术界的注意,一些研究者发表了他们对这一术语使用的看法,有些工具书对它作了解释。比如：

赵诚曾说："古代文字可以简称为古文字，当指那些记录、传达各种古代语言的书写符号系统，应该包括埃及象形文字、楔形文字、玛雅文字、甲骨文等等一切古代所使用过的文字。"①

《语言学百科词典》"古文字"条："指镂刻在硬物体上和写于软物体上的古老文字。"②

《中国语言学大辞典》"古文字"条："广义的古文字指苏美尔楔形文、埃及圣书字、美洲马雅文等世界范围内的各种古代文字。"③

总之，从术语规范的立场出发，我们建议用"古文字"专门指称"世界各民族在历史上创制的各种古代书写符号系统"这一概念，它应当包括古汉字、埃及圣书字、苏美尔楔形文字、美洲玛雅文字等。考虑到当前人们的使用习惯，我们也赞同在不会引起理解和使用混乱的情况下，可以用来特指古汉字。

01.028　汉　字

【正名】汉字

【释文】中国汉民族创制的记录汉语的书写符号系统。汉字至少在公元前 14 世纪前后已经成为成熟的文字体系并沿用至今，是世界上唯一既保持相对稳定又不断发展的古老的文字体系。

① 《甲骨文字学纲要》，4 页。

② 《语言学百科词典》，110 页。

③ 《中国语言学大辞典》，2 页。

我国习惯上称作“字”或“文字”。

【考释】先秦时代把汉字称作“文”、“名”、“书”、“书契”等。《左传·宣公十五年》:“夫文,止戈为武。”杜预注:“文,字。”《仪礼·聘礼》:“百名以上书于策,不及百名书于方。”郑玄注:“名,书文也,今谓之字。”《韩非子·五蠹》:“古者苍颉之作书也,自环谓之私,背私谓之公。”《易·系辞下》:“上古接绳而治,后世圣人易之以书契。”“书”、“书契”也都指的是汉字。

“文字”连称,始于秦代。据《史记·秦始皇本纪》记载,琅邪台石刻刻有“器械一量,同书文字”之语。秦以后,“文”、“名”、“书”、“书契”等使用渐少,“文字”一词流行开来[①]。清代段玉裁对“文”、“字”、“名”、“文字”等名称作了很好的概括:“《周礼·外史》、《礼经·聘礼》、《论语·子路篇》皆言‘名’;《左传》‘反正为乏’、‘止戈为武’、‘皿虫为蛊’皆言‘文’;六经未有言‘字’者。秦刻石‘同书文字’,此言‘字’之始也。郑注《礼》、《论语》皆云‘古曰名,今曰字’。按‘名’者自其有音言之,‘文’者自其有形言之,‘字’者自其滋生言之。……按析言之,独体曰文,合体曰字,统言之,则文字可互称。”[②]

“书”、“名”、“文”、“字”本是汉族人用来指称自己的文字的。在不知道有汉字以外的文字存在的时候,它的指称是唯一的,不会产生理解和使用的混乱。但是在知道汉字以外尚有别的文字的时候,尤其是要与别的文字加以区分的时候,就有必要在它的前面加上一定的修饰词,重新造出新的名词来。在历史上大概有两次比较突出的事件导致这种必要:一是佛教的传入需要将

① 黄德宽、陈秉新:《汉语文字学史》,3 页。

② 段玉裁:《说文解字注》,754 页。

梵文经书译成汉字，二是随着蒙古族的入主中原而出现的、需要将蒙古文与汉字进行区分的问题。例如，南朝梁僧祐的《梵汉译经音义同异记》："或善梵文而不了汉音，或明汉文而不晓梵音。"《元史·兵志》："造蒙古汉字文册以用。"显然，"汉文"、"汉字"的指称都较"文字"明确、科学。①

清代《嘉庆重修一统志》有这样的记载："地方千里，环国皆山，气候不常，或岚或热，崇信释教，不通汉字，惟诵佛经，字皆横写。"清末倡导切音字的学者，在指称与"切音字"相对而言的传统方块字时，也经常使用"汉字"一词。如卢戆章《一目了然初阶》作者自序云："若以切音字与汉字并列，各依其土腔乡谈，通行于十九省，各府、州、县、城镇、乡村之男女，编甲课字，不但能识切音字，亦可无师自识汉字。"另一位切音字的积极倡导者劳乃宣说："汉字之外，别用一种主音简易之字。"②此后，特别是经过了"五四"时期"汉字革命"风潮以后，"汉字"一词逐渐成为一个常用词汇进入了普通民众的使用领域。

清末及"五四"时期，也曾使用过"汉文"、"中国文字"这样的名称来指称"汉字"。倡导合声简字的劳乃宣说："简字仅足为粗浅之用，其精深之义，仍非用汉文不可。简字之于汉文，但能并行不悖，断不能稍有所妨。"③使用"中国文字"的例子很多，这里不再列举。

有一点要注意，许多古代文献使用"汉字"并不是指"记录汉语的文字"，而是指"汉代所使用的文字"。如欧阳修《集古录跋

① 张桂光：《汉字学简论》，5页。

② 《致学部尚书唐景崇书》。

③ 《进呈〈简字谱录〉折》，《清末文字改革文集》，81页。

尾》:“华州片瓦有元光字,急使人购得之,乃好事者所为,非汉字也。”清代王筠《说文释例》中仍然可见“汉字”的同样用法。

【其他术语】

曾称 文;名;书;书契;字;文字;汉文;中国文字

01.029 字形;01.030 字音;01.031 字义

【正名】字形;字音;字义

【释文】字形:文字的外形,即一种文字单个字符在空间展示出来的形状。特指汉字的外形。

字音:单个文字的读音。特指汉字的读音,一般包括声、韵、调等要素,不同历史时期的汉字其读音也有所变化。

字义:单个文字所记录的语言的意义。特指汉字所记载的汉语的词义或语素义。一个汉字有一个以上的意义时,一般将与字形构成关系密切的较为原始的意义称为本义,将与本义有联系且相对后起的意义称为引申义,将通过假借而获得的意义称为假借义。

【考释】字形、字音、字义三者三位一体,是文字内部既对立又统一的三个方面。元代戴侗在《六书故·六书通释》中,对这三个概念之间的关系较早地进行了探讨:“夫文生于声者也,有声而后形之以文,义与声俱立,非生于文也。”他指出了先有语言后生文字,“声”(字音)与“义”(字义)凭借“文”(字形)而立,这都是很正确的见解,尽管他还没有使用“字形”、“字音”、“字义”这样的名称。

清代学者对汉字形、音、义三者关系,又有了更深的认识,钱塘《与王无言书》云："文者，所以饰声也；声者，所以达意也；声在文之先，意在声之先。"段玉裁说："有义而后有声，有声而后有形，造字之本也。"[①]在清代学者的笔下，"字形"、"字音"、"字义"已是常用的名词了。《四库全书总目》卷四十三评熊文登撰《字辨》云："是书详辨字音、字义、字形。"王筠《说文释例》云："许君之立说也，推古人造字之由，先有字义，继有字声，乃造字形。"在同书的其他地方，又称"字声"为"字音"："字音随义而分，故有一字而数音数义者。"

近代以来，学者大力倡导汉字形、音、义三者的综合研究，"字形"、"字音"、"字义"的使用更加普遍，它们也早已进入常用术语之列了。

关于"字形"和"字义"，有两个问题需要说明：第一，有人经常混淆"字形"和"字体"这两个概念，这是不对的。"字形"是个体的汉字在空间上展示出来的形状；"字体"则是依据汉字群体形状体态的共同特点而划分出来的大类别和总风格，二者判然有别。第二，"字义"应该是指汉字记录的语素的意义，但字义与语素义之间并不是简单的一对一，而是呈现出较为复杂的关系。概括来说，有以下几种情况[②]：

(1)多数汉字属于一个汉字记录一个语素这种类型，字义就是这个字所记录的语素的意义，字义可能有一个，也可能有多个。

(2)有些字记录的是两个或两个以上的语素，那么其字义就应当包括这些语素意义的各个义项。

(3)一个字如果只记录复音节语素里的一个音节，这样的字

① 《说文解字注》，430 页。

② 苏培成：《现代汉字学纲要》，119～121 页。

单独不表示语素，因而也就没有字义。如“葡”、“萄”、“徘”、“徊”等。

汉字的读音，一般包括声、韵、调等要素，对于不同历史时期的汉字来说，其读音也有所变化。

01.032 古汉字

【正名】古汉字

【释文】中国古代的汉字书写符号系统，包括原始古汉字、甲骨文、金文、战国文字、秦系文字及秦至汉代早期处于隶变过程中的古隶书等。习惯上也称“古文字”。

【考释】汉代称秦代以前的文字为“古文”、“古字”或“古文字”。例如，《史记·儒林列传》记载：“孔氏有古文《尚书》，而安国以今文读之，因以起其家。”《汉书·艺文志》载：“鲁共王坏孔子宅……而得古文《尚书》及《礼记》、《论语》、《孝经》凡数十篇，皆古字也。”《汉书·郊祀志》云：“张敞好古文字。”在历史上，“古文”、“古文字”的名称虽不断有人使用，但它代表的并不是一个十分清晰明确的概念。

近现代以来，随着包括甲骨文在内的古汉字资料的大批出土，人们才逐渐对这个概念有了清晰的认识。1935 年唐兰在《古文字学导论》中将“古汉字”分为四系：殷商系、两周系、秦系和六国系，这个概念第一次获得了严格意义的科学界定。

从 20 世纪 50 年代起，有人开始用“古汉字”指称人们惯称的“古文字”。下举几个用例：

蒋善国说：“青铜器时代的终结，标志着古汉字的转化。”“汉字的象形面貌，除甲骨文外，只有依靠金文来保存，金、甲文是古汉字的两个宝藏。”[①]

姜亮夫曾说：“甲骨文字与部分殷代青铜器上的铭文，这才是现在所知的最古的汉字。从其形体的形式与内容来分析，都可以肯定它们是已经很进步的古汉字。”[②]

裘锡圭在著作中经常使用“古汉字”一词。比如，他说：“凡是独立形成的文字体系，都是像古汉字、圣书字、楔形文字那样兼用意符和音符的文字。”[③]

近年来，“古文字”、“古汉字”的使用仍然不统一，很多人已接受“古汉字”，但沿用“古文字”这种传统叫法的人也还不少。从术语规范的角度来说，我们建议选用“古汉字”作为正名。理由如下：

(1)“古文字”已在前面被我们确立为“记录和传达各种古代语言的文字体系”这个概念的正名。

(2)“古汉字”近年来已逐渐被人们所熟悉和认同。

(3)与“汉字”、“现代汉字”等并称时，“古汉字”显然更符合术语命名的系统性要求。

此外，还有学者使用过“汉语古文字”这样的名称[④]。

最后说一下“古汉字”的上下限。李学勤和裘锡圭在各自的著作中都曾对此问题进行了论述[⑤]。实际上，古汉字的起点时间，迄今还难以确定。商以前，可称为汉字的原始阶段。对其下

① 《汉字形体学》，80页。

② 《古文字学》，26页。

③ 《文字学概要》，8页。

④ 何琳仪：《战国文字通论》，1页。

⑤ 参李学勤：《古文字学初阶》，2页；裘锡圭：《文字学概要》，40页。

限年代，历来学术界的看法并不完全一致。黄德宽师在以上二位先生研究的基础上，对古汉字的下限提出了更加明确和完整的意见："过去一般以秦篆为界(包括《说文》小篆)。近年来考古新发现的文字材料表明，隶书的萌芽始于战国期间，直到汉文景之世，它仍然保存了古汉字结构的鲜明特点，所以，古汉字应包括西汉早期的文字材料。"①

【其他术语】

又称 古文字；汉语古文字

曾称 古文；古字

01.033 近代汉字

【正名】近代汉字

【释文】秦汉以后至20世纪初叶使用的以隶书和楷书为主体的汉字书写符号系统。

【考释】给汉字划分时代时，如何指称秦汉至20世纪初这一阶段的汉字，人们的观点并不十分一致，大体上有这样几种叫法："今文字"、"近代文字"、"现代汉字"、"隶楷文字"。

"今文字"是相对于"古文字"而言的一个传统名词，直到现在仍有不少人在使用②。其实，"今文字"之所谓"今"，其含义是十分含糊和不确定的。因此，用做一个科学术语，"今文字"并不

---

① 《古汉字形声结构论》前言。

② 参高明：《中国古文字学通论》，3页；陈炜湛、唐钰明：《古文字学纲要》；经本植：《古汉语文字学知识》，四川教育出版社，1984年。

很理想，容易使人产生歧解[①]。

“近代文字”一词出现很早，唐代唐玄度所撰《新加九经字样》中即已使用[②]。最早将“近代文字”一词用于汉字阶段划分的是唐兰。他说：“小篆已应放在古文字的范围里去。……只有隶书才是近代文字的开山始祖哩。”[③]朱德熙也曾用“近代文字”来指称隶书以下的汉字[④]。近年来，人们也把“近代文字”称作“近代汉字”的[⑤]。但无论是“近代文字”，还是“近代汉字”，似乎都没有真正通行开来。

还有人曾用“现代汉字”来指称“汉隶以后的汉字”[⑥]，这种意见与一般人对于“现代”的理解相去甚远，像这样理解“现代汉字”概念的人很少。

裘锡圭在《文字学概要》中把古今汉字划分为“古文字阶段和隶楷阶段”[⑦]。裘先生不用传统的“今文字”这个名称，而用“隶楷阶段”来跟“古文字阶段”相对应，表明作者对于隶书以下汉字如何称名问题的慎重态度。

比较以上几个术语，我们赞同选择“近代汉字”作为正名，因

---

① 还有人仿照“古汉字”的称法，把“今文字”改称为“今汉字”，参王平：《汉字散论》，天津古籍出版社，1996年。

② 唐玄度《新加九经字样》卷首所载工部侍郎陈夷行等人请刻《九经字样》牒文云：“古今体异，隶变不同。如总据《说文》，即古体惊俗；若依近代文字，或传写乖讹，今与校勘官商较是非，取其适中。”

③ 《古文字学导论》，31～32页。

④ 《中国大百科全书·语言文字》，130页。

⑤ 高家莺等：《现代汉字学》。

⑥ 王伯熙：《文字的分类和汉字的性质》，《中国语文》1984年第2期。

⑦ 《文字学概要》，28页。

为它可以和“古汉字”、“现代汉字”形成整齐的术语系列，符合术语命名的系统性原则。另外，它现在也在被越来越多的人所熟悉、接受和使用。

【其他术语】

又称 今文字；隶楷文字

曾称 近代文字；现代汉字

01.034 现代汉字

【正名】现代汉字

【释文】20 世纪以来用于记录现代汉语的汉字书写符号系统。

【考释】“现代汉字”从 20 世纪 50 年代起就开始出现了。例如，1952 年丁西林在《中国语文》上发表《现代汉字及其改革的途径》①；1961 年王尔康在《厦门大学学报》上发表《试论现代汉字的结构及其简化规律》②；1975 年倪海曙编著了《现代汉字形声字字汇》③；1978 年周有光在《中国语文》上发表《现代汉字中声旁的表音功能问题》④，这些作者在文章或著作中都曾使用了“现代汉字”。80 年代以后，“现代汉字”的使用愈加广泛，逐渐被人们所接受。

实际上，学者们对“现代汉字”有两种不同的理解：一种观点

① 《中国语文》1952 年第 2～3 期。

② 《厦门大学学报》1961 年第 2 期。

③ 文字改革出版社，1975。

④ 《中国语文》1978 年第 3 期。

从汉字发展史的角度理解现代汉字。如有人把汉隶以后的汉字称为“现代汉字”[①]，也有人把现代汉字理解为现代的汉字，也就是“五四”以来的汉字[②]。另一种观点从汉字记录的语言看现代汉字，即认为现代汉字是指20世纪以来用于记录现代汉语的汉字书写符号系统。持这种观点的有王尔康、周有光、苏培成、张志公、杨润陆、陆俭明等[③]。目前多数学者倾向于按第二种意见理解“现代汉字”，其理由主要有：根据以上第一种意见划分出来的现代汉字，只能说明现代汉字的形体和古代不同，难以确定现代汉字的字量；根据第二种意见划分出来的现代汉字，能做到汉字的“四定”，即定量、定形、定音和定序。

这里顺便讨论一下与“现代汉字”相关的一个术语“现行汉字”。

1922年，钱玄同在国语统一筹备会第四次大会上提出了《减省现行汉字的笔画案》[④]，联署人是陆基、黎锦熙和杨树达。这是“现行汉字”在语言学文献上的最早出处。

从那以后，有很多人使用这个名称，但各人的理解却不尽相同。大体说来有两种意见：一种意见认为“现行汉字”就是“现代

---

① 王伯熙：《文字的分类和汉字的性质》，《中国语文》1984年第2期。

② 费锦昌：《汉字研究中的两个术语》，《语文建设》1989年第5期；《现代汉字的性质和特点》，《语文建设》1990年第4期。

③ 参王尔康：《试论现代汉字的结构及其简化规律》，《厦门大学学报》1961年第2期；周有光：《现代汉字学发凡》，《语文现代化丛刊》第2辑，知识出版社，1980年；苏培成：《现代汉字学纲要》，21页；张志公主编：《现代汉语（试用本）》，72页；杨润陆：《现代汉字学通论》，93页；陆俭明：《新中国语言学50年》，《当代语言学》1999年第4期。

④ 《国语月刊》1卷第7期，1922年。

汉字”的一个异称，二者完全可以等同起来；另一种意见认为“现行汉字”是从汉字发展史角度提出来的一个概念，是对现阶段通行汉字的统称。费锦昌对“现行汉字”的这种含义作了很好的说明。他说：“‘现行汉字’指称的是汉字发展过程中的一个横断面，范围十分宽泛。凡是现今通行在社会领域内的汉字都在它界定的范围之内。比如我国主管部门颁布的规范字、我国主管部门的文件允许出现的繁体字和异体字（如翻印古籍、用作姓氏，等等）、通行于方言区的方言字、台湾和港澳现今通行的汉字，甚至日本、南朝鲜等国现今使用的汉字，等等。”①

我们赞同费先生对“现行汉字”的论述。“现行汉字”和“现代汉字”是从不同角度划分出来的两个概念，其内涵和外延都不相同，“现行汉字”所指的范围显然比“现代汉字”要大。既然我们用“现代汉字”来专门指称记录现代汉语的用字，也就可以把根据汉字形体演变划分出来的“现阶段通行的汉字”叫做“现行汉字”，使这两个术语有适当的分工②。

01.035 文字改革

【正名】文字改革

【释文】文字体系或制度方面有计划的改革，包括整体性的和局部性的变革。主要内容包括文字制度的改革、文字符号的更换或创制、文字形体的简化和整理。特指“汉字改革”。

① 《汉字研究中的两个术语》，《语文建设》1989年第5期。

② 苏培成：《二十世纪的现代汉字研究》，44页。

【考释】“文字改革”是普通文字学范畴内的一个概念，它是指文字体系或制度上的局部或整体性变革[①]。周有光曾说：“没有一成不变的文字，任何文字都是不断变化着的。有的变化是自发的，也就是无意识的、无计划的；有的变化是自觉的，也就是有意识的、有计划的。只有自觉的变化才能称为文字改革。”[②]

文字改革有局部的，如中国的汉字改革；也有整体性的，如越南用拉丁字母替代字喃。按照周有光的观点，文字改革的内容主要有以下几种[③]：

(1)正字法改革。例如，俄文在十月革命后实行的新正字法，取消了字母表中多余的字母，规定了新的拼写法。

(2)文字符号的简化。例如，我们的汉字简化方案就是一种减少笔画的设计。

(3)文字符号的更换。例如，印度尼西亚的字母曾经三次更换：最初采用印度字母，其次改用阿拉伯字母，最后改用拉丁字母。

(4)文字制度的改革。例如，意音制度改为拼音制度，汉字型的旧越南文改为拉丁字母的越南拼音文字就属于这样的改革。

“文字改革”大概是清末朱文熊在《江苏新字母》[④]一书中最早使用的。在我国，这个词经常被用来特指“汉字改革”。

---

① 《辞海·语言学分册》，76 页。

② 《汉字改革概论》，4 页。

③ 《汉字改革概论》，6～8 页。

④ 清光绪三十二年作者东京自费刊本，文字改革出版社，1957 年影印。

02. 汉字的起源和发展演变

02.001 陶　符

【正名】陶符

【释文】在汉字体系形成的早期阶段，刻划在陶质、石质等器物上的几何形或像实物之形的符号。我国仰韶、良渚、大汶口、龙山等新石器文化遗址所出遗物上多有发现，是研究汉字起源的重要资料。

【考释】"陶符"是指成熟文字体系出现以前及其早期阶段，刻划在陶器等器物上的符号。它与"陶文"——陶器上刻写的文字，是具有明显区别的两个不同概念。然而，在实际使用中，有很多人却常常用"陶文"来指称"陶符"，造成了术语使用上的混乱[①]。

1984 年高明就针对有些人把"陶符"与"陶文"二者不加分别的现象提出了批评，他说："这样势必把陶符与陶文两种不同

---

① 张光裕：《从新出土材料重新探索中国文字的起源及相关问题》，香港中文大学《中国文化研究所学报》12 卷，1981 年；姜宝昌：《文字学教程》；林庆勋等：《文字学》。

类的资料混合在一起，所介绍的资料，究竟何者为陶符，何者为陶文，它们有什么区别？时代有什么不同？皆难以分别清楚，不便讨论。”

他较为详细地辨析了“陶符”、“陶文”二者的不同，指出：“陶符产生在公元前4000年的新石器时代仰韶文化期间，一直延续到春秋战国时期。从现有资料看，不同地区和不同时代的陶符，各有特点，彼此重复的数量很少，只限于笔划简单的几种，这种重复并非由于继承或传播所至，纯属偶然。陶器上刻写的文字，据现有资料看，初见于大汶口晚期，成熟于商代中晚期，经过两周和秦汉等各个时期的发展变化，一直使用到今天，仍然是广大群众用来表达语言的工具。陶符与陶文各自产生的时代不同，社会条件也不同，不是同范畴的事物，彼此走的也不是同一条道路。……陶符只能起到一种标记的作用，不能代替文字，陶文才是真正的汉字。”[1]

高先生的论述对于我们正确理解“陶符”这个概念很有帮助。考古资料显示，在我国仰韶、良渚、大汶口、龙山等新石器文化遗址出土的陶器上，有许多几何形符号和像实物形状的符号，也就是我们所谓的“陶符”。这些陶符是研究汉字起源问题的重要资料。

02.002　简　化

【正名】简化

【释文】汉字形体演变的一种现象，汉字在音义不变的情况下，

① 《论陶符兼谈汉字的起源》，《北京大学学报》1984年第6期。

通过省去某些构形要素等方式，使字形由繁复趋向简省。

【考释】简化是汉字形体演变的重要规律之一，人们指称这一概念时，除了“简化”这个名称以外，还使用了“简省”[①]、“趋简”[②]、“简易律”等名词[③]。在这几个名词当中，“简化”一词无疑是使用得最为广泛的[④]。

毫无疑问，简化是指汉字形体方面由繁趋简的变化，但是学者对其内涵的理解却不尽相同，概括起来有两种情况：

一种意见认为简化应包含汉字字体和字形两方面的变化[⑤]，有人具体将简化分为“省改字体”和“简化笔画”两种[⑥]。有人从汉字发展的角度笼统地归纳汉字简化的现象：“第一种现象是汉字由图画变为符号；第二种简化现象是汉字由参差不齐的笔画变成匀圆的线条或方正划一的笔画；第三种简化现象是由纷歧不同的或个别的形体变成固定统一的形体；第四种简化现象是汉字由繁复的笔画和结构变成简单的笔画和结构。”[⑦]这样的归纳实际上也是从字体和字形两个方面来进行的。

另一种意见只从汉字字形的变化方面来理解简化概念，他

---

① 张涌泉：《汉语俗字研究》，69页；林庆勋等：《文字学》，150页。

② 李大遂：《简明实用汉字学》；唐兰：《中国文字学》，130～131页。

③ 王凤阳：《汉字学》，817页；郑慧生：《中国文字的发展》，河南人民出版社，1996年。

④ 唐兰在《中国文字学》中就多次使用了“简化”这个名称，此后，这个术语在学者当中得到越来越广泛的运用，直到现在仍是一个十分常用的术语，这样的用例很多，不一一征引。

⑤ 裘锡圭：《文字学概要》，28～30页。

⑥ 凌远征：《新语文建设史话》，158～159页。

⑦ 蒋善国：《汉字形体学》，368页。

们或粗略或细致地从字形方面归纳了简化方式。如有人认为简化是指笔画结构和数量的简化[①]；有人将简化归纳为省并笔画、减略或替换构件、保留轮廓等情况[②]。

以上两种意见，我们比较倾向于同意前者。因为汉字的简化实际上既关涉字体，也是字形方面的演变现象，有时也很难截然分开，例如"草书楷化"就是现代汉字简化的一个重要方法。此外，理解"简化"这个概念时，我们还要注意"音义保持不变"这个重要条件。如果某个字形省简了某些构形要素之后，其音义发生了变化，则不属于"简化"范畴。例如，我们不能说"兵"字简化而产生出"乒"、"乓"。

【其他术语】

曾称　简省；趋简；简易律

02.003　简　体

【正名】简体

【释文】汉字经过简化所形成的相对简省的字形。

【考释】简体是一个较为宽泛的概念，凡是古今汉字中，在音义保持不变的情况下，原来繁复的形体经过简化后，所形成的相对简省的汉字形体都可归入这个范畴。

---

① 梁东汉：《汉字的结构及其流变》，189页；吕叔湘：《语文近著》，145页。

② 李运富：《汉字形体的演变与整理规范》，《语文建设》1997年第3期。

汉字经过简化所形成的形体，人们或称之为“省文”[①]，或称之为“省体”[②]、“简体”[③]。

“简体”是一个十分重要而常用的文字学概念，人们经常使用它，但却一直不太注意对它进行清楚的界定。我们认为，把握这一概念时，有两点需要注意：

(1)我们说某字是某字的“简体”，往往是就某字从先到后的演变过程而言的，切不可将这种本末关系加以颠倒。姚孝遂指出，如果以《说文》小篆形体为标准，以之来论断商周古汉字，称商周时某字是小篆中某字的简体，这是错误的[④]。

(2)不要将“简体”和“简体字”这两个概念混淆不分。研究古文字的学者，在指称古汉字阶段的简体时，有很多人愿意接受“省体”、“简体”这样的名称，也有一些学者使用“简体字”这一术语[⑤]，实际上，用“简体字”来指称古汉字这样的早期汉字容易产生术语运用的混乱，使用效果并不好，不如直接用“简体”。因为我们知道，人们现在所说的“简体字”，通常是有专指意义的，主要是指宋元以后流行于民间未经系统整理和改进的字形简便的汉字。

为了使本概念更加清晰和易于把握，我们认为，应明确说明“简体”所适用的范围较广，它应是适用于古今汉字的一个概念。

【其他术语】

又称 省文；省体

---

① 王筠：《说文释例》卷十五。

② 姚孝遂：《甲骨文形体结构分析》，《古文字研究》第 20 辑。

③ 蒋善国：《汉字形体学》，7 页。

④ 《甲骨文形体结构分析》，《古文字研究》第 20 辑。

⑤ 裘锡圭：《文字学概要》，48 页；蒋善国：《汉字形体学》，8 页、388 页。

02.004 借 笔

【正名】借笔

【释文】古汉字中为了方便书写和简化字形而借用邻近笔画的构形和书写现象。例如，金文中“旁”写作“”，“凡”、“方”借笔；战国文字中“忌”写作“”，“已”、“心”借笔。

【考释】借笔又称作“借画”、“兼笔”、“共用笔画”、“借用笔画”，或称“省略重复偏旁”①，是指古汉字中一字本身或顺次相连的几个字之间共同占用笔画或偏旁的构形现象。

借笔现象很早就有学者认识到了。从清代的孙星衍、孙诒让，到近现代的柯昌济、于省吾、朱德熙等一大批学者，他们或自觉或不自觉地运用了汉字构形的借笔原理释读古汉字，取得了丰硕的成果②。

随着研究的不断深入，古汉字构形中的借笔现象引起了越来越多学者的注意。我们认为，在把握“借笔”这个概念时，有以下几个方面的问题需要进一步明确：

其一，借笔这个概念是否包含借用偏旁？

从目前学者的实际使用和理解情况来看，同意用“比较宽泛”的眼光来看待“借笔”概念者居多，认为借笔“不光指笔画，还

---

① 刘钊：《古文字中的合文、借笔、借字》，《古文字研究》第 21 辑；何琳仪：《战国文字通论》，191 页。

② 吴振武：《古文字中的借笔字》，《古文字研究》第 20 辑。

包括借偏旁”[①]。

其二,合文中借用笔画或偏旁是否属于“借笔”范畴?

当前学术界对这个问题的认识已经基本趋于一致:无论是合文之间,还是单字内部,其笔画或偏旁的借用都可视为“借笔”。前者可称为“合文借笔”,后者可称为“单字借笔”[②]。

此外,还应注意“借笔”现象发生通常具备的一个条件:借笔双方相邻的笔画或偏旁形体上必须相同或相近。

【其他术语】

又称 借用笔画;共用笔画;借画;兼画

02.005 草书楷化

【正名】草书楷化

【释文】一种汉字简化方法,将汉字草书字形用楷书的笔法加以规范改写,使字形得以简省。

【考释】用草书楷化的方法来简化汉字古已有之。宋代王观国在《学林》“称秤”条下,谈俗字“秤”的来源时说:“俗书‘秤’字,盖生于草书‘称’字,按草书法‘爯’字与草书‘平’字相类,因而讹书作‘秤’也。字因草书而讹变其体者甚多,不特此也。”实际上,他说的是古人在不自觉状态下对“草书楷化”一法的运用。

1922年钱玄同等人在《减省现行汉字的笔画案》中,开始自

① 刘钊:《古文字中的合文、借笔、借字》,《古文字研究》第21辑;吴振武:《古文字中的借笔字》,《古文字研究》第20辑。

② 吴振武:《古文字中的借笔字》,《古文字研究》第20辑。

觉地将“草书楷化”作为8种构成简体字的方法之一，如“爲”简化作“为”、“東”简化作“东”等①。

新中国成立后，作为汉字简化的方法之一②，“草书楷化”一词很快通行开来，几十年过去了，它已经成为人们熟悉和常用的一个汉字学术语③。

什么是“草书楷化”呢？高更生曾对“草书楷化”进行了简要的介绍。他说：“草书楷化法，指采用历史上已经形成书写习惯的草书或行书的写法，变换成楷书的笔法形成简化字的简化方法。这类简化字在《总表》(引者按：指《简化字总表》)一、二表的482个简化字中共有146个，占总数的30.3%。这类简化字基本上是用通用的部件构成的，学习起来比较方便，如‘导、联、梦、实、图、杂、斋、当、会、贝、娄、为’等。只有个别字的部件特殊，学习起来，要特殊地进行记忆。如‘尧’的上部，既不是‘戈’，也不是‘弋’，增加了一个新的部件。草书楷化字在社会上流行广泛，有深厚的群众基础，不识字的人学习起来很容易，识字的人一点不感到陌生，因而很受群众的欢迎。”④

草书楷化，有学者称之为“楷化草书”⑤。不过，这样使用的

① 《国语月刊》1卷7期，1922年。

② 根据长期以来群众简化汉字的方法和《简化字总表》的实际情况，简化字可以概括为代替、形声、草书楷化、特征、轮廓、会意、符号、偏旁类推等8种简化方法。参高更生：《现行汉字规范问题》，196页。

③ 石玉成：《汉字学初探》；高家莺等：《现代汉字学》；许长安：《实事求是地评价简化字》，《语文建设》1991年第1期；周有光：《汉字简化问题的再认识》，《光明日报》1978年6月16日。

④ 《现行汉字规范问题》，198页。

⑤ 蒋善国：《汉字学》。

人并不多，也不太符合术语构词的一般要求。

【其他术语】

曾称 楷化草书

02.006 同音代替

【正名】同音代替

【释文】一种汉字简化方法，用相对简便的汉字取代音同或音近而字形相对繁复的汉字。

【考释】1922年，钱玄同在国语统一筹备会第四次大会上提出了著名的《减省现行汉字的笔画案》。在议案中，他分析了通行于民众间的简体字，得到了八种构成方法，其中第八种就是假借他字者，如"薑"借"姜"，"驚"借"惊"。钱玄同所归纳的此种简化方法与我们现在所谓的"同音代替"是一致的，只是他那时还没有使用这个名词。

"同音代替"成为普遍通行的一个名词，当始于20世纪50年代的汉字简化工作。作为简化汉字的重要方法之一，同音代替问题引起了当时许多人的注意，很多学者发表了这方面的讨论文章，较有代表性的有：林曦《汉字同音代用规律的初步研究》[1]；翟健雄《汉字简化和同音代替》[2]；起风《简化汉字中同音

① 《中国语文》1953年第12期。

② 《光明日报》1955年2月16日。

代替问题》[1]；曹伯韩《关于汉字简化中的同音代替问题》[2]；等等。伴随着汉字简化方法的讨论，"同音代替"迅速成为人们熟悉且常用的一个术语。据学者统计，这类"同音代替"字在《简化字总表》一、二表中共有 41 个，如"丑（醜）"、"出（齣）"、"范（範）"、"制（製）"、"秋（鞦）"等[3]。

同音代替这个概念究竟包含了哪些汉字简化现象呢？许长安在《实事求是地评价简化字》一文中，把"同音代替字"分为三类[4]：

第一类是纯粹的同音代替者，就是写别字，例如"板（闆）"、"别（彆）"；

第二类是古通用字，现又给予归并，例如"霉（黴）"、"范（範）"；

第三类是删去形旁，例如"辟（闢）"、"复（復、複）"。

02.007　合　文

【正名】合文

【释文】古汉字中将两个或两个以上的字合写在一起或借用一个合体字隐含另一个字，形式上仿佛是一个字，实际却表示两个或两个以上汉字的构形和书写现象。例如，甲骨文将"小且（祖）

① 载《语文知识》1955 年第 5 期。
② 《光明日报》1955 年 9 月 14 日。
③ 高更生：《现行汉字规范问题》，196 页。
④ 载《语文建设》1991 年第 1 期。

乙”写作“”；金文将“五月”写作“”；战国文字将“公子”写作“”，将“子孙”写作“”。

【考释】

合文，有学者曾称之为“合书”。比如姜亮夫在《古文字学》一书中就曾使用过这个名称①，但目前大多数人使用的仍是“合文”这个名称②。

20世纪20年代，叶长青曾给“合文”下过这样的定义：“谓两文或数文相合而成字也。如廿为二十之合文。”③可见叶氏所谓“合文”与古汉字研究中所说的“合文”并不一致。近年来，一些古汉字学者，如姚孝遂、汤余惠、刘钊等，对古汉字各阶段的合文现象进行了考察，取得了一些重要的成果④。

刘钊在对甲骨文、西周金文、战国文字中的合文现象进行了细致分类的基础上，从理论高度上对合文进行了总结，他说：“合文是古文字记录语言时独特的写词方式，它要求组成合文的二个或三个字词序必须相连，所记录的词除少数外，基本上都限于专有名词。……合文的大量存在是文字原始性的一个表现，是用一个形体记录一个词组这种原始文字写词方法的孑遗。因为这与汉字一字一音的特性相违，致使合文在汉字中逐渐消亡。

---

① 《古文字学》，80页。

② 使用“合文”这个术语的例子很多，这里略举几例：唐兰：《中国文字学》，96页；梁东汉：《汉字的结构及其流变》，75页；何琳仪：《战国文字通论》，192页；林沄：《古文字研究简论》，82页。

③ 《文字学名词诠释》，50页。

④ 姚孝遂：《甲骨文形体结构分析》，《古文字研究》第20辑；汤余惠：《略论战国文字形体研究中的几个问题》，《古文字研究》第15辑；刘钊：《古文字中的合文、借笔、借字》，《古文字研究》第21辑。

发展到战国时期的合文与甲骨文时期的合文在性质上应有些不同，其功能和作用更主要的是为追求书写的简单迅速及文字的装饰性。”①

汤余惠对“合文”的发展过程提出了这样的论断：“纵观古文字合文发展的基本趋势有两点值得注意：一是组成合文的字数由多变少，一是合文逐渐走向消亡。……合文，是汉字的一种特殊书写形式，它有悖于一字一音、一个书写单位的汉字基本特点，所以古汉字合文由盛转衰终致消亡是不可避免的。春秋战国之世三字合文基本消失是合文走下坡路的明显迹象，到了秦汉时代，两字合文也稀如凤毛麟角所见无多，从此合文便逐渐绝迹了。”②

显然，这些论述有助于我们对“合文”概念的理解和把握。

综合以上分析，我们给“合文”下了如下的定义：古汉字中将两个或两个以上的字合写在一起或借用一个合体字隐含另一个字，形式上仿佛是一个字，实际却表示两个或两个以上汉字的构形和书写现象。甲骨文中将“小且（祖）乙”写作“”，金文中将“五月”写作“”，战国文字中将“公子”写作“”，将“子孙”写作“”，这些都是合文的例子。

【其他术语】

又称　合书

① 《古文字中的合文、借笔、借字》，《古文字研究》第21辑。

② 《略论战国文字形体研究中的几个问题》，《古文字研究》第15辑。

02.008　繁　化

【正名】 繁化

【释文】 汉字形体演变的一种现象，在既有字形之上增加新的构形要素（意符、音符、记号等），而该字所记录的音义并未因此产生任何变化。

【考释】 汉字在既有形体之上，增加线条、笔画、偏旁等构形要素而字的音义保持不变这种现象，唐兰在《中国文字学》中称之为"增繁"[①]。20 世纪 50 年代人们开始用"繁化"来指称这个概念，如梁东汉在《汉字的结构及其流变》中说："在汉字发展的整个过程中，有两种相反的运动自始至终起着作用，推动着汉字向前发展，这两种运动就是简化和繁化。"[②]目前，"增繁"和"繁化"两种名称都有人使用，但使用"繁化"者明显较多[③]。

对于"繁化"现象，已经有不少学者进行了研究，他们对"繁化"的原因、"繁化"的类型提出了自己的看法。以下试举几例：

林庆勋等认为"增繁"有"求整齐"、"增加艺术性"、"增繁部件形构"三种情形[④]。何琳仪认为："繁化，可分有义繁化和无义繁化两大类。"[⑤]裘锡圭认为："一类是纯粹外形上的繁化，一类是文字

---

① 《中国文字学》，131～132 页。

② 《汉字的结构及其流变》，42 页。

③ 使用"增繁"这个名词的例子较少，例如，李大遂：《简明实用汉字学》；林庆勋等：《文字学》。

④ 《文字学》。

⑤ 《战国文字通论》，194 页。

结构上的变化所造成的繁化。……文字结构上的变化所造成的繁化，最常用的是增加偏旁。"[①]李运富说："所谓繁化，包括笔画增繁和构件增繁两种情况。"[②]滕壬生曾说："所谓繁化，主要表现在增繁文字的形体笔画或偏旁。繁化可分有义和无义繁化，其结果或突出表意或突出表音，其实很多繁化是毫无意义的，它所增加的形体、偏旁、笔画是多余的。"[③]王初庆把"繁化"现象分为五种类型：增加笔画、增加装饰部分、增加偏旁、增加声符和类化[④]。王凤阳认为："'繁化'是指记录同一个词（素）的字的增繁，其中包括构字线条或笔画的增加和组字成分的增加。"[⑤]

综合诸家观点，我们建议给"繁化"作这样的解释：在既有字形之上增加新的构形要素，而该字所记录的音义并未因此产生任何变化的形体演变现象。例如，古汉字中"天"、"正"等在字形之上添加短横，繁化为"𠀘"、"𤴓"等；"齿"在甲骨文中本为牙齿的象形，后来增加音符"止"而繁化为"齒"；"益"字本从水从皿会意，后来加注"水"旁而繁化为"溢"。

【其他术语】

又称　增繁

① 《文字学概要》，29页。

② 《汉字形体的演变与整理规范》，《语文建设》1997年第3期。

③ 《楚系简帛文字编》，29页。

④ 《中国文字结构析论》。

⑤ 《汉字学》，804页。

02.009 繁　体

【正名】繁体

【释文】一般指汉字被简化前的字形，也指汉字被繁化后所形成的字形。

【考释】“繁体”一词在现当代学者的著述中经常可以看到使用[①]。

根据一般的使用情况，“繁体”实际上有两种含义：

一种是相对于已经简化的简体而言的，那些未被简化的笔画较为繁复的汉字原形体。例如，相对于“变”、“属”、“图”、“盐”、“铁”这几个字来说，“變”、“屬”、“圖”、“鹽”、“鐵”就分别是它们的繁体。

另一种是相对于原字形而言，因增添新的构形要素（如记号、音符、意符等）而繁化的形体。例如，古汉字中“凤”的象形字加注音符“凡”的例子；像深潭的“𡿺”加注意符“水”而作“淵”（本作[illegible]）；像一种斧类兵器的“戉”（本作[illegible]），加注意符“金”而作“钺”等[②]。

应该注意，“繁体”与“繁体字”是两个不同的概念。“繁体字”是个专有名词，专门用来指称与“简化字”相对应的笔画较多的汉字，显然，与我们这里所说的“繁体”是不完全相同的。

---

① 蒋善国：《汉字形体学》，7 页；裘锡圭：《文字学概要》，114 页；《中国大百科全书·语言文字》，71 页。

② 裘锡圭：《文字学概要》，30 页。

02.010 累增字

【正名】累增字

【释文】在既有字形上增加偏旁而字音字义均未改变的后起繁化汉字。为传统汉字学所用术语,由清代学者王筠在《说文释例》中提出。

【考释】汉字在发展过程中,常出现字形累加偏旁而其音义未变的现象,此累增字现象古人早有认识。

唐代陆德明《经典释文·序》曾专门谈到加形旁以表义类的问题。唐代李匡乂《资暇集》卷中"俗字"条下云:"俗字至多,'刍'字已有二草在心,今或更加草,非也。"宋代孙奕《履斋示儿编》卷二二《字说》引《字谱总论讹字》云:"又有'暴'字之类者,上有日矣,旁又加日焉。类如'莫'之'暮'……'然'之'燃','冈'之'岗',凡此皆偏旁之赘者也。"

清代王筠在《说文释例》中首次使用了"累增字"这个术语,他说:"字有不须偏旁而义已足者,则其偏旁为后人递加也……其加偏旁而义仍不异者,是谓累增字。其种有三:一则古义深曲,加偏旁以表之者也;一则既加偏旁,即置古文不用者也(今用'復'而不用'复');一则既加偏旁而世仍不用,所行用者反是古文也。"[①]从清代开始,"累增字"就已在学者间通行[②],直到现在,

① 《说文释例》卷八。

② 清代饶炯《文字存真》曾使用过这个名词,他说:"转注本用字之造字。一因篆体形晦,义不甚显,而从本篆加形加声以明之。是即王氏《释例》之所谓累增字也。"

仍是汉字研究中较为常用的术语之一。

“累增字”概念有学者或称之为“重形字”、“赘形字”、“緟益字”。

蒋善国曾使用过“重形字”、“赘形字”等名称。他说：“不论两个形或三个形，都是一个形的重复，多余的形都是不必要的，因而重形字实际都是赘形字，也叫做累增字。”[①]唐兰曾使用过“緟益字”这个名词，他说：“秦汉以后的文字，也有加繁的，那就是緟益字。这种新字的发生，大抵是认为旧有文字的意义已不够明了。”[②]不过，这几个名词使用的人并不多。

累增字现象属于汉字繁化而导致的一种结果，表面看来，其增加的偏旁显得多余，但实际上却是为了更清晰、更准确地记录语言，如“趾”本作“止”，后加“⻊”旁作“趾”；“援”本作“爰”，后加“扌”旁作“援”，均是其例。有些累增字是为了分担原来字形的部分职务而造出的，这样可以使字形更为清楚、准确地记录语言的音义；有些累增字之所以累加偏旁，是由于字形的变化使原来的构意不够明了，所以才累加偏旁以突显字义；也有些累增字以上两种情况兼而有之。一句话，累增字是以形体的繁化为代价，来满足字形更好、更准确地记录语言的需要。

【其他术语】

曾称 重形字；赘形字；緟益字

① 《汉字的组成和性质》，222 页。

② 《中国文字学》，132 页。

02.011　声　化

【正名】声化

【释文】汉字在发展过程中，一些字的结构功能由非表音转为表音的形体演变现象。例如，甲骨文“饮”字像人俯首吐舌捧尊就饮之形，写作，后因“饮”字与“今”字音近，与“今”形近的舌形演变为表音部件“今”。

【考释】“声化”概念是唐兰最早提出来的。20 世纪 30 年代，他在《古文字学导论》中首先探讨了非声字（包括象形和象意两类）的声化。以后，在 1949 年出版的《中国文字学》里又阐述了这个问题。例如，他说：“有许多象意字，可以只读半边，我们称为象意字声化。……尤其是象意字的声化，在图画文字的晚期，几乎已普遍地存在，它们已很像形声字，所以真正的形声文字一触即发了。”[1]他还指出了由于讹变而导致的声化现象：“把物形的某一部分直接变作声符，应作为‘声化’的一类。例如‘狈’字本像一个兽，尾梢粗，后来就把尾梢改成‘贝’字，从犬贝声。”[2]

声化，有学者称之为“音化”。如蒋善国说：“汉字的创造和发展，有两个主流：一个是音化，一个是简化。音化是汉字本质的演变，在研究汉字组成的时候，要显明地指出。”[3]这里所说的“音化”，实际上指的是汉字发展过程中的字形结构形声化演变

---

① 《中国文字学》，97 页。

② 《中国文字学》，103 页。

③ 《汉字形体学》自序，1 页。

现象。目前，这两个名词都有人使用，较为混乱。我们建议选取“声化”作为正名，其理由如下：

(1)“声化”早由著名学者提出并使用，经过多年来的实际应用，它在学界已有相当的认同度。

(2)目前已经有学者以“声化”为题开展过专题研究①，有的语言学辞书已将“声化”作为一个条目收录在内②，“声化”已经为越来越多的人所熟悉和使用。

总之，“声化”是一个较为宽泛的概念，它既可以指文字个体由非声字转变为形声字的演变现象，也可以指文字整体上由表意趋向表音的演变趋势而言。

【其他术语】

又称 音化

02.012 讹 变

【正名】讹变

【释文】在使用汉字过程中，由于误解而将字形的某些部分误写成形近却意义有别的其他构形要素，或将某些构形要素有意改造成形近的音符或意符，以致因讹成是造成字形变化的形体演变现象。例如，金文“则”本从鼎从刀，写作“”，战国文字中鼎旁讹变为贝形，作“”形。

【考释】“讹变”现象古人早有认识。唐代张参撰《五经文字》三

① 赵平安：《汉字声化论稿》，《河北大学学报》1990年第2期。

② 《中国语言学大辞典》，5页。

卷，书中收经典中形体易讹之字，目的在于辨正文字形体的讹误。如书中辨正“泰”、“黍”、“黎”三字时说：“自此已上并下从‘水’，相承省作‘氺’，从‘小’、从‘⺗’者皆讹。”“讹变”一词在古代文献中也很早就已出现了。宋代王观国《学林》论“秤”字由草书“稱”讹书而成时说：“字因草书而讹变其体者甚多，不特此也。”清代孙诒让等人也都使用过这个名词。如孙诒让《名原序》说：“通校古文大小篆，大氐象形字与画缋通，随体诘诎，讹变最多。”

现代以来，“讹变”在文字学者的著作中屡见不鲜①，有的研究者还对“讹变”现象开展过专题研究。如林沄在《古文字研究简论》中明确提出了字形“讹变”的概念，并对这种现象进行了分类②。张桂光在《古文字中的形体讹变》一文中，对古汉字讹变的情况、讹变类别等进行了细致的探讨，较为系统地阐述了有关问题③。林志强在《关于汉字的讹变现象》一文中，阐述了讹变的内涵，分析了讹变现象之所以产生和讹变现象能够积非成是的原因，认为对讹变现象的研究不应只局限于古汉字阶段，而应把眼光扩大到整个汉字演变过程中④。董琨曾针对古汉字形体讹变对《说文》产生的影响作过专题研究⑤。笔者曾以古汉字讹变现象作为专题，撰写了论文《古汉字字形讹变现象初探》，文中首次对“讹变”的广狭两种含义进行了辨析，在对古汉字各历史

① 马宗霍：《文字学发凡》绪论；唐兰：《中国文字学》，183 页；蒋善国：《汉字形体学》，192 页；姜亮夫：《古文字学》，50 页。

② 《古文字研究简论》，103～105 页。

③ 载《古文字研究》第 15 辑。

④ 载《福建师范大学学报》1999 年第 4 期。

⑤ 《古文字形体讹变对〈说文〉的影响》，《中国语文》1991 年第 3 期。

阶段讹变现象全面考察的基础上，划分了讹变的基本类型，分析了造成讹变的原因（包括外部的直接诱因和内部的深层机制），阐明讹变与汉字演变一般规律间的关系。

通过学者的研究，目前我们已经对讹变现象有了较为清楚的认识。我们认为，在把握“讹变”这个概念时，应注意以下几个问题：

（1）讹变不仅指古汉字而言，也应指隶变以后的近代汉字而言。目前学术界对古汉字阶段的讹变现象研究较为充分，而隶变以后汉字讹变现象的研究未能引起足够重视①。

（2）综合学者的观点，讹变主要有“变形声化”、“形近而讹”、“解散形体”、“合并形体”等类型。

（3）讹变发生的原因有很多，大体上可以这样概括：使用者误解或忽视汉字的形义关系，是讹变产生的主观原因；字形中存在着形体近似的偏旁部件则是讹变发生的客观原因。此外，汉字偏旁部件的类化、简化、繁饰，以及时代的书写习惯、汉字系统内部对结构方式的调整改造都可能成为讹变现象发生的诱因。

（4）纯粹偶然的、未能得以通行的字形讹误，包括因偶然性原因而导致的诡变难识现象以及书写者将一个字完全误写成另一个字（即属于一般所说的写错字或写别字），这些都不属于我们所说的讹变范畴。也就是说，讹变形体应至少在历史上某一时期、某一地域曾流行过，仅在个别场合偶然出现的罕见讹变字

① 唐代颜师古《匡谬正俗》卷一、宋代孙奕《履斋示儿编》卷十八、清代王念孙《广雅疏证》卷六等均涉及了“本无其字，因讹而成字”（戴震语，见戴震《论韵书中字义答秦尚书蕙田》）的字形讹变现象，但目前对近代汉字字形讹变的系统研究还未见展开。

例,不能作为发生讹变的依据[①]。

02.013 义近形旁通用

【正名】义近形旁通用

【释文】古汉字中某些意义相近或相关的形旁在字形结构中可以相互通用替换的现象。例如,古汉字中"人"与"女"、"首"与"页"、"口"与"言"、"鸟"与"隹"等作为意符使用时,常可通用替换。

【考释】在古汉字的形声字中,如果几种形旁意义相近或相关,通常可互相通用,并不因为更换形旁而改变字的音义,这种形体演变现象我们称之为"义近形旁通用"。

唐兰曾经指出这一点。他说:"凡义相近的字,在偏旁里可以通转。"他以"人"与"女"、"衣"与"巾"、"土"与"阜"这三组互为通用的形旁为例,指出:"凡是研究语言音韵的人,都知道字音是有通转的,但字形也有通转,这是以前学者所不知道的。……在文字的形式没有十分固定以前,同时的文字,会有好多样写法,既非特别摹古,也不是有意创造新体,只是有许多通用的写法,是当时人所公认的。"[②]

其实,对于义近形旁的通用宋代学者已经有所认识。例如杨南仲考释"徧"为"通"字时说:"通从辵。凡从辵彳之字多通

---

① 详笔者:《古汉字字形讹变现象初探》。

② 《古文字学导论》,231 页。

用，故徧疑为通。”[①]在宋代考释古汉字能有如此卓见，实为难能可贵。

1982 年高明发表了《古体汉字义近形旁通用例》一文[②]，将古汉字与典籍中形旁通用的材料收集起来，归纳为 32 种通用例，并将这种通用现象正式命名为“义近形旁通用”。他说：“‘义近形旁通用’是利用偏旁分析研究古文字形体的一项非常重要的方法。但是，在唐兰先生提出之前，确‘是以前的学者所不知道的’。例如《说文·言部》：‘诡，责也’；《心部》：‘恑，变也。’段玉裁在‘恑’字下注云：‘今此义多用诡，非也，诡训责。’实际上‘言’与‘心’两个形旁意义相近，在古文字中可互相通用。段氏不解其义，故曰‘非也’。类似变换形旁的异体字，并不限于唐、杨两位所提出来的几种。无论是在现有的古文字体中，还是在古代文献中，均保存了充分的资料。我们初步就古文字形体和古代文献中的通用实例，整理出三十二例，实际情况不限于此，因目前资料不够充分，有待今后补充。”“我们说义近形旁通用，并不是说无论哪一个形声字必然共存两种形体，而是说在同一个形声字中存在着使用不同形旁的可能。弄清某些形旁的通用关系，无论对研究汉字形体的变化和考释古文字，都会有很多的帮助。”[③]

高明所列举的义近形旁通用例主要有：“人”与“女”，“儿”与“女”，“首”与“页”，“目”与“见”，“口”与“言”，“心”与“言”，“音”与“言”，“肉”与“骨”，“身”与“骨”，“止”与“足”，“止”与“辵”，

① 《集古录跋尾》卷一。

② 载《中国语文研究》1982 年第 4 期。

③ 《中国古文字学通论》，130 页、158 页。

“辵”与“彳”，“走”与“辵”，“攴”与“戈”，“鸟”与“隹”，“羽”与“飞”，“虫”与“黾”，“艸”与“茻”，“禾”与“米”，“米”与“食”，“衣”与“巾”，“衣”与“糸”，“糸”与“索”、“素”，“缶”与“皿”，“土”与“田”，“土”与“阜”，“日”与“月”，等等。目前，“义近形旁通用”这一规律已经得到学术界的一致认同，这个名称也已成为人们熟悉和常用的术语之一。

“义近形旁通用”，也有学者称之为“义近形旁任作”①，或“义近形旁通转”②。但后两个名称使用的人较少，我们建议选用“义近形旁通用”作为正名。

【其他术语】

又称　义近形旁通转；义近形旁任作

02.014　分　化

【正名】分化

【释文】将原来由一个字所承担的多项职能，改由两个或两个以上的字来分别承担的汉字演变现象。汉字分化的类型主要有异体字分工、加注或改换偏旁造分化字、造与源字只有笔画上细微差别的分化字、造与源字在字形上没有联系的分化字。

【考释】“分化”一词从20世纪30年代起，就已经在学者的著作中出现③，直到今天，仍是汉字学中使用频率相当高的一个术

① 杨树达：《积微居金文说》。

② 姜宝昌：《文字学教程》。

③ 唐兰：《古文字学导论》，88页。

语。但一直以来，人们对于“分化”概念的理解存在着分歧，目前还没有形成一个统一的意见。概括起来，主要有以下两种观点：

第一种观点主要从形体演化方面来理解“分化”概念，认为“分化”就是由一个形体演变为几个不同的形体，因此，这种观点可以称之为“形体演化派”。持这种观点的有唐兰、梁东汉、林沄等。唐兰认为：“‘分化’的方法是把物形更换位置，改易形态，或采用两个以上的单形，组成较复杂的新文字。”他举的例子是象人形的“人”字倒写变为“匕”字，扬起两手是“丮”字，两个人相随是“从”字①。后来他在《中国文字学》中又举了“手”分成“左”、“右”二字，“行”变成“彳”、“亍”，“子”变为“孑”、“孓”等分化的例子②。梁东汉认为：“所谓分化，就是从某一个字变化成为另外一个字或者另外两个字的意思。分化是和语言的不断发展分不开的，它是满足记录语言的需要而创造新字的一种方法。”他将“分化”分为三种情形：

第一种情形是：选取一个声音和某双音词第一个音节相同的字，把它分化为两个字，来记录这个新的双音节词，如选择“兵”，然后分化它的形体，造成“乒”、“乓”两个新字；

第二种情形是：分化字与分化所根据的那个字只有形体上的关系，没有声音上的关系，如“手”分化为“左”、“右”，“行”分化为“彳”、“亍”，“用”分化为“甩”等等。

第三种情形是：本是一个字，后来分化成为两个结构不同、声音相同、各自代表不同的词，如古汉字中象“穿贝”形的“”分

---

① 《古文字学导论》，88页。

② 《中国文字学》，93页。

化为“贯”和“串”[①]。

林沄给“分化”这样定义：“在原字字形的基础上赋予各种区别性的标志，从一个字派生出几个不同的字，分别承担原有音义的一部分。这种现象，我们称之为‘分化’。”[②]林先生虽然也认为分化字是在“原字字形的基础上”产生，但他指出了分化字“承担原有音义一部分”这个特点，因此，他所理解的“分化”概念与前面两位先生并不完全相同。

钟业枢这样解释“分化”：指一个形体演化为两个或几个形体的情况[③]。

总之，持这种观点的学者虽然在某些方面可能有一些分歧（如分化字是否承担原有音义的一部分），但总体来说，仍然主要是从字形演化方面理解“分化”概念的，即认为分化字与原字在形体上必定存在某种联系（包括变形、增形等）。

第二种观点主要从分散文字职能的角度理解“分化”概念，认为“分化”实际就是原有文字所承担的各种职务的分散化，因此，它不是以分化前后文字形体上是否有联系为依据，而是看文字的职务是否得以分散，是否达到了这样的目的：用不同字形分担原来由一字承担的记录多项音义的任务。所以，这一派观点可以称之为“职务分散派”。持这种看法的主要有王梦华、王凤阳、裘锡圭、吕振波等。

王梦华曾对字形分化现象进行了专题研究，他说：“用这样一身兼多职的字来进行书面交际，常常会出现指代不明、视鹿为

① 梁东汉：《汉字的结构及其流变》，164～165页。

② 《古文字研究简论》，87页。

③ 《文字学基础》。

马的情况,造成识词的混乱。为了解决这一矛盾,即从字形上把几个共用一形的同音词或同族词区别开来,使它们在书面上面目各异,就常常在原字形的基础上,通过分化、裂变的办法增加新字,以达到用不同的字形各写各词,避免发生混淆的目的。”“字的分化……是在词的分化和一字记多词的基础上进行的,它是以词的分化和多词用一字的状况为动力、为凭依的。”他认为“分化”包括“由同族词的分化而导致书写形式的分化”和“由借字记音的假借写词导致书写形式的分化”,并且他将分化方式分为如下四种①:

(1)增体,如“包”“胞”、“益”“溢”、“止”“趾”等;

(2)变体,如“句”“勾”、“后”“司”、“永”“𠂢”等;

(3)另构新字,如“天”“颠”、“獸”“狩”等;

(4)用异体字分工,如“毓”“育”、“谕”“喻”等。

王凤阳用形象的语言描述了“分化”现象,他说:“这种共居者各自独立,分门别户的现象就叫做‘分化’。产生‘分化’现象时,原字经常是笔画(或线条)简单的,分出的字多是笔画较多的。”②

裘锡圭对汉字的分化进行了深入的研究。他指出:“分散多义字职务的主要方法,是把一个字分化成两个或几个字,使原来由一个字承担的职务,由两个或几个字来分担。”他还具体分析了汉字分化的四种类型③:

(1)异体字分工;

① 《试论汉字字形的分化》,《东北师范大学学报》1985 年第 3 期。

② 《汉字学》,834 页。

③ 《文字学概要》,223～236 页。

(2)造跟母字仅有笔画上的细微差别的分化字;

(3)通过加注或改换偏旁造分化字;

(4)造跟母字在字形上没有联系的分化字。

吕振波给“分化”下了这样的定义:“为了增加文字表达语言的明确性,给多义字的某些义项另造新字,以分化它们的职务,对于这种文字发展现象,人们通常称之为文字的分化,或称文字职务的分化。”①

从以上的分析可以看出,由于选取的角度不同,依据的标准各异,学者对“分化”的理解产生了分歧。综合各方面因素,我们认为,“分化”概念按以上第二种观点来理解可能更为恰当。其理由如下:

(1)按照这种观点来理解“分化”已经成为国内许多学者的共识,近年来,有很多学者都是这样来使用的。

(2)对于文字分化现象的研究,应当主要着眼于文字职务(记录音义的功能)的分散、转移及变迁情况的考察,这样才有可能对文字的发展演进脉络获得全面的认识,如果仅从形体着眼,研究判断其是否具有形体上的递变关系,而不考虑是否有职务上的承继、转移、分散关系,则这样的“分化”研究是不完整的,其意义也是不大的。

为了更清晰地把握“分化”这一概念,我们觉得以下几个方面值得强调:

(1)我们所说的“分化”不是仅仅以形体上具有先后递变关系为依据的,而是根据文字职务是否得以分散为判定理由的。

(2)分化字与源字之间可能有形体上的某些或多或少的联

① 《关于汉字形体职务的合并》,《北京师范大学学报》1990 年第 3 期。

系(如裘先生所分析的第二类、第三类),也可能没有形体上的关联(如裘先生所分析的第四类)。

(3)"分化"在多数情况下会产生新字,也可能只利用已有文字分化,而不产生新的文字(如利用异体字分化)。

(4)王梦华和裘锡圭对"分化"类型的划分基本一致,这四种类型大体上可以视为"分化"概念的外延。

综合各家观点,我们给"分化"下了这样的定义:将原来由一个字所承担的多项职能,改由两个或两个以上的字来分别承担的汉字演变现象。汉字分化的类型主要有异体字分工、加注或改换偏旁造分化字、造与源字只有笔画上细微差别的分化字、造与源字在字形上没有联系的分化字。

最后说一下"孳乳"这个名词。"孳乳"之名始见于《说文叙》:"其后形声相益,即谓之字;字者,言孳乳而浸多也。"在传统语言学文献中,"孳乳"一直是一个意义比较含糊的词,大体上有两种含义①:

(1)指文字的滋生增益现象,比如类似于《说文叙》的用法;

(2)指由同一个词源衍生出形、义稍有变化的新字。如清代陈澧《说文声表》作者自序云:"形声之字其意即在所谐之声,数字同谐一声,则数字同出一意,孳乳而生,至再至三,而不离其宗焉。"

近人章太炎、黄侃也对以上"孳乳"的第二种含义进行了阐发。章太炎说:"义自音衍,谓之孳乳。"黄侃说得更明确:"孳乳者,声通而形义小变。"②

---

① 《语言学百科词典》,598 页。

② 杨润陆:《〈文始〉说略》,《北京师范大学学报》1989 年第 4 期。

由于以上第二种含义与我们这里所说的“分化”有部分重合，所以我们经常可以看到有些学者把“孳乳”和“分化”两个词连在一起使用[①]，来说明或指称文字的分化衍生现象。我们认为，“孳乳”作为一个传统名词，其含义历来就比较含混，况且它所指的“声通而形义小变”的现象已经包含在“分化”这个概念当中，因此，我们应当尽量慎用或不用“孳乳”来指称文字的分化现象，以免引起术语使用的混乱和人们理解上的不便。

【其他术语】

曾称　孳乳

02.015　分化字

【正名】分化字

【释文】汉字发展过程中，由于一个字记录的音义过多而通过分化方式派生出来的新字。

【考释】“分化字”这个术语从 20 世纪 50 年代起就有人使用[②]，目前已经是汉字学中的常用名词。由于历来对“分化”这个概念的理解不同，所以，学者间对“分化字”的认识也存在分歧。有关这方面的情况，我们已在上一条介绍过。

近年来，裘锡圭、王凤阳等给“分化字”重新作了解释。王凤阳说：“分化字都是在一字记多词的基础上为达到专字专用的目

---

① 姚孝遂：《论文字形体的整体性》，《吉林大学学报》1996 年第 5 期。

② 梁东汉：《汉字的结构及其流变》，164～165 页。

的而分裂出来的字。”①裘锡圭明确指出：“分散多义字职务的主要方法，是把一个字分化成两个或几个字，使原来由一个字承担的职务，由两个或几个字来分担。我们把用来分担职务的新造字称为分化字。”②根据以上二位先生对分化字的解释，以及在“分化”条中介绍过的王梦华、裘锡圭对分化现象的分类，我们认为，“分化字”可包括以下三种类型：

(1)通过在原字上加注偏旁或改换偏旁而形成的分化字，这是分化字的大宗，其例至多。如“蛇”是“它”的分化字、“悬”是“县”的分化字、“赈”是“振”的分化字、“饲”是“食”的分化字，等等。

(2)对原字稍加笔画上的细微改变而形成的分化字，如“母—毋”、“刀—刁”、“荼—茶”等；

(3)与原字在字形上没有联系的分化字，如“鲜—尟”、“苏—甦”等。

下面谈一谈与分化字有关的几个名词：分别文、分别字、分形字、专别字、孳乳字。

“分别文”是清代王筠在《说文释例》中首先使用的一个术语。他说：“字有不须偏旁而义已足者，则其偏旁为后人所加也。其加偏旁而义遂异者，是为分别文，其种有二：一则正义为借义所夺，因加偏旁以别之者也。一则本字义多，既加偏旁，则只分其一义也。”③显然，王筠所说的“分别文”只是我们所说的“分化字”中的一种：加注偏旁而成的分化字。

① 《汉字学》，534页。

② 《文字学概要》，225页。

③ 《说文释例》卷八。

“分别文”还有一些异称，如分别字、区别字、专别字等。“分别字”一词从清代开始就有学者使用[①]，“区别字”、“专别字”这样的名称在现代学者的著作中也时而可以见到[②]。以上几个名词，名称虽异，但其含义基本上是一致的：指加注偏旁而形成的分化字。

林沄曾使用过“分形字”，用它来指称分化过程中“不增加偏旁而利用异体或有意造成异体”产生的新字，他所举的分形字例有：“母”与“女”、“音”与“言”、“事”与“吏”、“候”与“侯”等。可见，林先生所说的“分形字”大体上相当于我们上面分析的分化字类型的第二种情况。

“孳乳字”一词的含义历来比较含糊，缺乏明确界定。有人理解得比较宽泛，用来泛指文字发展演化过程中滋生繁衍而出的新字[③]，也有人将它与“分别文”差不多等同看待[④]。因此，为了不致引起混乱，我们建议对“孳乳字”一词应当慎用，表示“分化出的新造字”时完全可以使用“分化字”这个术语。

【其他术语】

曾称　分别文；分别字；区别字；孳乳字

---

① 段玉裁：《说文解字注》。

② 蒋善国：《汉字的组成和性质》，124 页、215 页；姜亮夫：《古文字学》，109 页。

③ 蒋善国：《汉字的组成和性质》，215 页。

④ 《中国语言学大辞典》，34 页；赵诚：《古文字发展过程中的内部调整》，《古文字研究》第 10 辑。

02.016 同源字

【正名】同源字

【释文】具有同一形体来源和字形分化关系的一组字。

【考释】“同源字”不仅是文字学使用的一个术语，从事语言学研究的学者也经常使用，不过大家对“同源字”的理解并不一致。

在语言学界，王力曾对“同源字”问题进行了深入研究，他的有关论述也最能代表语言学家的看法。他说：“凡音义皆近，音近义同，或音同义近的字，叫做同源字。这些字都有同一来源。”[①]从王力对同源字的论述以及王先生所著《同源字典》对若干同源字的分析看，他是从语言的角度对汉语同源词进行系统研究的，而在这些同源词的分析中又涉及若干文字学意义上的同源字。不过，在表述上他并未将“同源词”和“同源字”这两个概念严格地加以区分，仍旧使用“同源字”来指称“同源词”，表明他对同源字本身在文字学研究方面的重要性还未给予足够的重视[②]。

王力对“同源字”的解释，曾产生了很大影响。之后，许多人继续这样运用这个名实不很相符的术语。如陆宗达、王宁认为：“同源字是同源词的表现形式，同源字之间的本质联系是音近义通，与字的形体本来没有什么关系。”二位先生把同源字分为三种类型[③]：

---

① 《同源字论》，《中国语文》1978 年第 1 期。

② 郝士宏：《古汉字同源分化研究》，安徽大学出版社，2008 年。

③ 《浅论传统字源学》，《中国语文》1984 年第 5 期。

(1)形体无关的同源字；

(2)同声符的同源字；

(3)同形的同源字。

一些语言学工具书对于"同源字"也采取了类似这样的解释[①]。

但与此同时，也有学者对"同源字"的用法提出了不同意见。如陆锡兴说："因为字、词不能等同，所以研究词义，最好采用同源词的说法，若称作同源字，可能被看成在强调字形上的孳乳关系。"[②]王蕴智还分析了人们常把"同源字"与"同源词"混为一谈的两种原因："一是受传统小学、字源研究的影响，以为说字等于说词，二者毋须严格区分，同源词也是用字来表现的，故同源字与同源词乃二之为一的关系；二是科学的、以字形系统为整理对象的揭示汉字古今关系及其形义的同源字研究迄今还没有着实展开。这方面甚至存在着理论上的空白，而同源字之名不能空设，于是便约定俗成，戴同源字之名，行同源词之实。"[③]

近年来，随着汉字同源分化问题研究的不断深入，一些研究者开始对"同源字"作重新解释。如邵文利给"同源字"下了这样的定义："同源字是同源词的书写形式，是以分化和记录汉语同源词的根字(字根)与孳乳字的统称。"[④]王蕴智认为："凡具有同一形体来源和字形分化关系的字叫同源字。""同源字的着眼点主要在于字的形体来源及其形义关系上。"[⑤]郝士宏对古汉字同

① 《中国大百科全书·语言文字》，384页；《辞海·语言学分册》，70页；《中国语言学大辞典》，33～34页。

② 《急就集》，30页。

③ 《殷周古文同源分化现象探索》，13～14页。

④ 《试论同源字》，《内蒙古民族学院学报》1989年第2期。

⑤ 《殷周古文同源分化现象探索》，15页。

源分化现象进行了较为深入系统的研究，他这样解释“同源字”：“指汉字在发展过程中孳乳分化出来的一组在字义或构形上有意义联系的分化字。”①

我们认为，在理解作为文字学术语的“同源字”时，应抓住“同源”(形体之源)和“分化”(文字职务之分化)这两个关键词，将这两个方面结合起来考虑，才能对“同源字”获得更为全面、科学的认识。因此，我们基本赞同王蕴智给“同源字”所下的定义，并对有关问题作以下补充说明：

(1)与源字(分化字所从出的母字)有同一形体来源的分化字可称为“同源分化字”②，同源分化字属于分化字范畴，具体来说，包括两类：通过加注和改换偏旁形成的分化字和对源字稍加笔画上的细微改变而形成的分化字。

(2)“同源字”与“同源分化字”是两个不同的概念，“同源字”是源字和同源分化字的合称；“同源分化字”是与源字相对的概念，它不包括源字。

02.017 源　字

【正名】源字

【释文】汉字在发展过程中，相对于分化出的新字而言的原字。

【考释】人们指称“汉字在发展过程中，相对于分化出的新字而言的原字”这一概念时，使用了以下几种不同的名称：“源字”、

① 《古汉字同源分化研究》，安徽大学出版社，2008 年。

② 王凤阳：《汉字学》，591 页。

"原字"、"本原字"、"母字"。

首先看"源字"。陆宗达、王宁曾说："记录根词的字叫字根，记录源词的字叫源字。"①王宁在另一篇文章中说："形声字往往是源字加义符的分化字，因此源字便转化为声符。声符的示源作用还相当显著。"②李国英也使用了这个名词，他说："汉字孳乳的重要方式之一就是在记录源词的源字的基础上增加义符造出分化字来记录派生词。这是早期形声字的主要来源。"③

有人使用"原字"。如王凤阳说："产生'分化'现象时，原字经常是笔画(或线条)简单的，分出的字多是笔画较多的。"④郝士宏认为："不论是处于哪一孳乳分化阶段，凡是分化字所从出的字，都可称为原字。"⑤

还有人使用"本原字"。如杨润陆说："既然古今字反映的是文字职务的分化、合并和转移，那么就没有必要把仅仅反映文字职务分化的本原字和区别字称为古今字。"⑥

裘锡圭使用了"母字"。他说："我们把用来分担职务的新造字称为分化字，把分化字所从出的字称为母字。"⑦

比较以上四个名词，我们认为：

(1)"原字"比较普通，容易产生歧义，造成人们的误解；

(2)"母字"是一个较为通俗化的名词，从字面上看，其含义

---

① 《浅谈传统字源学》，《中国语文》1984 年第 5 期。

② 《汉字的优化和简化》，《中国社会科学》1991 年第 1 期。

③ 《小篆中的形声字》，37 页。

④ 《汉字学》，834 页。

⑤ 《古汉字同源分化研究》，安徽大学出版社，2008 年。

⑥ 《论古今字的定称与定义》，《古汉语研究》1999 年第 1 期。

⑦ 《文字学概要》，223 页。

不太容易把握；

(3)“本原字”使用的人较少；

(4)“源字”之“源”容易使人联想到字形的分化，相比较而言，“源字”更符合科学术语的要求。因此，我们赞成将“源字”作为正名。

举几个具体的字例来看什么是源字。“气”和“乞”是一组同源字，“乞”由“气”分化而出，则“气”为源字。“张”、“胀”、“帐”是一组同源字，“胀”、“帐”由“张”分化而出，则“张”为这一组同源字的源字。

【其他术语】

又称 原字；母字；本原字

02.018 字 原

【正名】字原

【释文】又称“字根”。构成汉字体系的基本字，也指一组具有亲缘关系的分化字所赖以派生的源头字。字原主要包括独体象形字和少数会意字。

【考释】古代学者所说的“字原”往往是指《说文》部首而言的。如唐代李腾撰《说文字原》(今佚)，后蜀林罕撰《字原偏旁小说》，宋代释梦瑛撰《偏旁字原》，元代周伯琦撰《说文字原》，清代蒋和撰《说文字原集注》、胡重撰《说文字原韵表》、张行孚撰《说文揭原》等等。这些著作取《说文》五百四十部首，随文训释，认为“盖文字之初止此五百四十而已”[①]。

---

① 周伯琦：《说文字原》自叙。

今天看来，这些著作虽名为“字原”，其实算不上真正的“字原”研究。清代王筠就曾批评了这样的“字原”研究。他说：“自唐李腾以其叔父阳冰书集为部首，谓之《说文字源》，见《崇文书目》及《金石录》。林罕因之，亦谓之‘字源’。此笃信许君而失其意者也。《说文》重别，故立部首以统之，若谓之字源，则惟象形、指事乃可谓之源耳。”[①]现代学者中或有人用“基础汉字”来指称古人所谓的“字原”——《说文》540部首[②]。

现代以来，古汉字研究的发达为汉字的字原研究提供了丰富的材料来源，很多学者对字原问题进行了有益的探讨，并重新对“字原”作出了解释。

高明说：“汉字的形体很多，而且非常复杂，但是，它们却都是由一定数量的偏旁符号所组成的。”“所谓‘字原’，是指构成汉字形体最基本的偏旁，主要是一些独体象形字和少数复体会意字。”“从部首中研究字原，必须严加分析和选择，更主要的是从古文字的资料中研究确定。”[③]

姚孝遂用“基本形体”指称我们所说的“字原”。他说：“文字是由基本形体，并通过这些基本形体的相互组合和变化而形成为一个复杂的符号系统。”“从甲骨文到小篆，虽然历经演变，但其基本形体一脉相承，并无根本上的差异。岛邦男《殷虚卜辞综类》归纳甲骨文的部首实际基本形体为一百六十四，较之《说文》减少了三百七十六。我们认为，其中仍有一部分尚可进一步合并。我们在《殷虚甲骨刻辞类纂》一书中，将甲骨文的基本形体

① 《说文释例》。

② 邹晓丽：《基础汉字形义释源》。

③ 《中国古文字学通论》，11页。

压缩为一百四十九。”[①]在《古汉字的形体结构及其发展阶段》中他说:“古代汉字的基本形体大约只有一百几十个。”[②]

黄德宽师在《汉语文字学史》一书中,指出了“字原”研究的科学方法及其意义:“字原的研究,应以古文字资料为依据,广泛收集独体初文,排列出独体初文与孳乳字的谱系,从中发现独体初文与孳乳字的关系,总结出文字孳乳繁衍的规律。在‘形声相益’的文字孳乳过程中,独体字的作用并不限于作部首,有的具备部首的职能,有的具备声符的职能,有的则二者兼而有之。组成会意字的独体字,则只起着和其他组合成分共同表义的作用。由独体字组合的新字(会意、形声)又可以部首或以声符的身份和另外的独体字组成新字。因此,字原的研究对于文字结构规律和文字发展规律的研究都有着重要意义。”[③]

总之,“字原”一词在汉字学发展史上其所指曾发生了很大的变化。我们现在所说的“字原”是从研究汉字孳乳繁衍规律的角度提出的概念,是指构成汉字体系的最基本字,也指一组具有亲缘关系的分化字所赖以派生的源头字。

根据古汉字资料考察,汉字字原的数量在150个左右,大抵包括以下几个方面:

(1)人和人的肢体与器官。如“人”、“儿”、“大”、“女”、“立”、“子”、“长”、“老”、“欠”、“肉”、“身”、“力”、“又”、“爪”、“止”、“彳”、“页”、“耳”、“目”、“口”、“心”、“言”、“音”等。

(2)动物形体。如“虎”、“马”、“牛”、“羊”、“犬”、“豕”、“鸟”、

① 《甲骨文形体结构分析》,《古文字研究》第20辑。

② 《古汉字的形体结构及其发展阶段》,《古文字研究》第4辑。

③ 黄德宽、陈秉新:《汉语文字学史》,160页。

“鱼”、“虫”等。

(3)植物形体。如“艸”、“木”、“禾”、“竹”等。

(4)生活器具、工具和武器。生活器具如“门”、“户”、“衣”、“巾”、“缶”、“皿”、“舟”、“车”;工具如“刀”、“斤”、“耒”、“网”;武器如“弓”、“矢”、“戈”、“殳”、“矛”。

(5)自然界事物的形体。如“日”、“月”、“云”、“雨”、“夕”、“山”、“水”、“火”、“土”、“阜”、“田”、“邑”、“金”、“石”等。

除了以上5类之外,还有一些有关精神意识方面的事物形体,诸如“巫”、“卜”、“示”、“鬼”等,但为数不多[①]。

【其他术语】

又称　基本形体;基础汉字;字源;字根

02.019　类　化

【正名】类化

【释文】汉字在发展演变过程中,形体的某一部分与其自身另一部分或与其他汉字的某一部分产生类同化形变的演变现象。

【考释】汉字在发展演变过程中,形体受上下文影响而使偏旁发生类化的现象古代学者早有认识。晚唐五代之际释可洪在《藏经音义随函录》前、后序中便已提到藏经文字“鞕骯之文为鞕骯”,“真珠转作瑱珠”等“类例偏旁”的情况,其实这就是受上下

① 高明:《中国古文字学通论》,58页。

文影响而产生的汉字形体类化[①]。20世纪40年代，王力在一篇题为《汉字的形体及其音读的类化法》的论文中[②]，首次使用了"类化"这一术语，指出语言学上有所谓"类化法"，"只要是同类的词，其形式往往趋于一致"，"因为由类推而发生变化，所以叫做'类化法'，至于汉字，却有不少类化的情况"[③]。此后，很多学者对汉字的类化问题发表过看法，现择其要者介绍如下。

唐兰曾把文字的这种类化现象称为"同化"，他说："许多繁化的字受了同化作用的关系，'戈'字下面斜曳，'平'字末笔也斜曳，这是同化。"[④]王凤阳把这种现象称为"类推律"，他说："在文字字形演进中，人们常常用熟悉的字形推衍不熟悉的字形、用简单的字形类推较繁复的字形，这种由此及彼的运动我们称之为'类推律'。"[⑤]

更多的学者使用的是"类化"这个名词。王梦华对"类化"问题作了专题研究，他认为："类化是汉字形体演进中的一种现象，是字形与字形之间互相影响的一种运动和结果。在字形的相互影响中，某些字把它们在形体结构上所共有的特点推及到别的字身上，使被影响的字在形体上也具有这个特点，这就是类化。换句话说，一个字和另一些字原来的形体结构是不同的，由于互相影响，使它们之间由原来的不同而变为一部分结构相同了，这种现象就是类化。汉字在漫长的历史演变过程中，从最初的象

① 潘重规：《敦煌卷子俗写文字之研究》，1990年敦煌研究院国际学术讨论会论文。

② 《龙虫并雕斋文集》第一册，407页。

③ 鲍善淳：《汉字字义类化初探》，《安徽师范大学学报》1990年第2期。

④ 《中国文字学》，133页。

⑤ 《汉字学》，776～777页。

形文字直至现代的简化汉字，每一次形体的变迁，都有类化的参与，它是从古至今贯穿始终的，是汉字演变各种方式当中的一种。”他还将“类化”分为五种类型[①]：

(1)形近类化——许多字被类化的部分都是结构相近，笔画相似，在演变中类化同一了。

(2)造字的类化——用同一个义符把许多字类聚在一起，为许多字标义，这样连类而及，类推扩大，使它们具有相同的偏旁部件，这便是形声字创制过程中的类化。

(3)词义相邻而在书写形式上的类化。

(4)双音节词中第二个字受第一个字影响或第一个字受第二个字影响而类化。

(5)其他——出于书写简便和字形的固定化、整齐化的需要，由一个偏旁部件概括了其他的不同写法。

王先生对类化现象的研究，特别是对类化类型的分析，对于我们理解“类化”概念是十分有益的。除此之外，陈初生注意到古汉字中的类化现象[②]，张涌泉在研究汉语俗字时也多次谈到类化问题[③]。

【其他术语】

曾称　类推律；同化

---

① 《汉字形体演变中的类化问题》，《东北师范大学学报》1982 年第 4 期。

② 《古文字形体的动态分析》，《暨南学报》1993 年第 1 期。

③ 《汉语俗字研究》，62 页；《敦煌文书类化字研究》，《敦煌研究》1995 年第 4 期。

03. 汉字的结构

03.001　汉字结构

【正名】汉字结构

【释文】汉字字形的结体构造，即汉字的线条、笔画、部件、偏旁等构形要素，依据一定的理据和规律在空间排列展开的组合和构造。

【考释】研究汉字的结构问题最早是从汉字书法上开始的，"结构"一词也是书法家们最先使用的。晋代书家卫夫人《笔阵图》云："结构圆备如篆法。"[①]明代赵宧光在谈到结字法和结构法的重要性时指出："书法昧在结构，独体结构难在疏，合体结构难在密，疏欲不见其单弱，密欲不见其杂乱。"[②]

现代以来，本作为书法术语的"结构"一词开始被借用到汉

---

① 张彦远：《法书要录》卷一。

② 傅永和：《汉字的结构》，《语文建设》1991 年第 9 期。

字研究领域中来[①]。如今,“结构”在汉字学中早已成为人们习用的重要术语之一。

在现代以来的汉字学著作中,还有人使用了“结体”[②]、“构造”[③]等名称。不过,这样使用的情况并不很多,这两个词至今也没有发展成为专用术语。

尽管“结构”一词在汉字研究中人们经常使用,但长期以来这个概念的内涵和外延均不是十分清晰,人们对它的认识也还不够全面。比如很多汉字学通论性著作在介绍“汉字结构”时,大多只是对传统的“六书说”、“四体二用说”以及现代学者的“三书说”等知识加以介绍和解说。除此之外,至多不过再介绍一些诸如笔画、偏旁、部位等方面的内容。总之,对汉字结构问题的研究在很多方面都还十分粗浅,缺乏理论的深度。诸如“结构”这一概念的内涵如何给予清晰界定,“笔画”、“偏旁”、“部位”等概念在“结构”这个大范畴内处于什么样的位置等等,这些问题都还有待回答。

近年来,一些学者在研究现代汉字的结构问题时,发现了传统汉字结构研究的不足。如苏培成在《现代汉字的构字法》一文中,提出要区分造字法与构字法。“造字法指的是字源的分析,构字法指的是现状分析”[④]。陶晓东在《现代汉字字形结构研究的三个平面》中,在造字法和构字法之外提出了构形法。她说:

---

① 1939 年蒋一前著《中国字之结构及其形母创说》,较早使用了“结构”一词;唐兰在《中国文字学》中多次使用了“结构”这个名词。

② 顾实:《中国文字学》,36 页。

③ 蒋善国:《中国文字之原始及其构造》1928 年自序。

④ 载《语言文字应用》1994 年第 3 期。

“构形法是现代汉字字形结构研究的又一个平面。构形法研究的对象是汉字的‘外部结构’，即纯粹的字形外观结构的研究，它研究汉字字形如何由最小的构字元件（笔画）逐层组合成平面方块形汉字，它研究汉字的构形单位、构形方式、构形过程，以及构形单位之间的拓扑关系。构形法研究通过对每个汉字的二维图形的解析，达到对汉字外形结构规律的认识。”[①]陶先生对汉字外部结构的揭示对于我们全面认识“汉字结构”这个概念很有启发。

我们认为，“汉字结构”这个概念从总体上可划分为两大部分：外部结构和功能结构[②]。

外部结构，即纯粹的字形外观结构，不涉及汉字的字音和字义层面。它又包括两个下位层级：汉字的外观结构层级和汉字的组合结构层级。外观结构中包含“独体”、“合体”、“左右结构”、“上下结构”、“上中下结构”、“左中右结构”、“融合结构”等概念。这些概念都是用来描述汉字的外观面貌、轮廓特征等最外层结构的。汉字组合结构层级包含了“线条”、“笔画”、“偏旁”、“部件”、“整字”等概念，这些概念分别是规格大小不等的、用来组建方块字形的建筑材料，并不涉及汉字的音义层面。

再看汉字的功能结构。我们所说的“功能结构”，相当于有些学者所说的“内部结构”[③]。我们觉得“功能结构”比“内部结构”可能更容易理解和把握，更能揭示概念的内涵。所谓“功能

① 载《语文现代化丛刊》第2辑。

② 我们这里不打算使用上面苏、陶二位先生所使用的“造字法”、“构字法”、“构形法”等术语，因为这三者对于一般使用者来说较难把握和区分。

③ 苏培成：《二十世纪的现代汉字研究》，284页。

结构”就是指从汉字字符记录音义功能的角度分析出的结构类别。它包含了两个方面的内容：字符和结构类型。前者中包括了意符、形符、义符、音符、形旁、声旁、记号等类型；后者涵盖了象形、指事、会意、形声等类型。这些概念共同揭示了汉字结构的深层内容。

此外，还有一点需要注意，就是对现代汉字进行功能结构的分析时，有两种分析方法：一种是字源层面的考察；另一种是现状层面的考察。也就是说，现代汉字的功能结构存在着两种分析的可能性，采用何种分析方法，应根据人们分析结构的目的而定：究竟是揭示字源还是考察现状。

【其他术语】

曾称　结体；构造

03.002　独体字

【正名】独体字

【释文】形体构造具有独立性，依据构形理据和一定的字形分析原则一般不能拆分为两个或两个以上音义完整的字符或部件的汉字，古代的独体字一般为象形字和指事字。汉字形体发生较大变化（如隶变和简化）前后，独体字的所指和范围有所不同：有的原为合体字后来变成了独体字，如“书”、“为”等；有的原为独体字后来变成了合体字，如“须”、“鹿”等。

【考释】“独体”一词为宋代学者郑樵最早使用，他在《通志·六书略》中说：“指事类乎会意，会意，字也，独体为文，合体为字。”

清代学者在著述中或把独体的文字称为“独体字”[①]。

“独体字”这个概念本来并不很复杂，古代学者对此也早有论述，但现代学者给“独体字”下的定义，却十分淆乱，没有形成统一的意见。下面介绍几条解释：

《辞海·语言学分册》“独体”条：“独体是囫囵一个字，分析不开的，大都是象形和指事的字。”[②]

《语言文字词典》“独体字”条：“指某一汉字只有一个单个形体，不能分拆开，它不是由两个或两个以上的形体组成的字。这类字大都是一些比较简单的象形字或指事字演变过来的汉字。”[③]

《实用中国语言学词典》“独体字”条：“汉字中只能用以组合成合体字而它本身不能分拆的字。一般是象形字和指事字。”[④]

《中国语言学大辞典》“独体字”条：“独立结构的字或由其附加某种符号组成的字。象形字和指事字一般属独体字。”[⑤]

《中国大百科全书·语言文字》“独体字”条：“指汉字的一个字只有一个单个的形体，不是由两个或两个以上的形体组成的。这种字大都是一些简单的象形字和表意字。”[⑥]

叶长青著《文字学名词诠释》“独体”条：“文也。凡字析开则不成字，谓之独体。成字，谓之合体。”[⑦]

---

① 王筠：《说文释例》。

② 《辞海·语言学分册》，69 页。

③ 《语言文字词典》，166 页。

④ 《实用中国语言学词典》，184 页。

⑤ 《中国语言学大辞典》，29～30 页。

⑥ 《中国大百科全书·语言文字》，59 页。

⑦ 《文字学名词诠释》，143 页。

林沄说:“有的字是一个不可分割的图形符号,即所谓‘独体字’。”①

裘锡圭说:“有些汉字从结构上看不能分析,一般称为独体字。”②

苏培成说:“由一个末级部件构成的字是独体字。”③

王凤阳认为:“这种从造字上看不能分解的字叫独体字。”④

我们认为把握“独体字”这个概念时,有这样几点需要注意:

第一,独体字最重要的特征是形体构造具有独立性。这种独立性的体现是:依据构形的理据或通常的字形分析原则,字的形体一般不可再拆分为具有完整音义的字符或部件,所以,古汉字层面的独体字一般为象形字和指事字。如果一定要对独体字作强行拆分的话,则只能拆分出线条、笔画或无实际意义的线条(笔画)结构块。例如,“人”、“上”、“下”、“口”、“五”等。

第二,判断一个字是否可拆时,必须依据明确、具体的规则来进行。这个规则既包含了汉字在长期的发展演变过程中所形成的形体结构的理据性约定,也包含了人们对于某一特定层面汉字体系分析的一般性原则认识。如果某个汉字能够依照这样的规则进行拆分,那么就不属于独体字。反之,违反这种既定的规则,将独体字随意进行拆分也是不对的。例如,把独体字“王”拆分为“一”和“土”,把独体字“夫”拆分为“二”和“人”,都是错误的。这样的分析方法,抹杀了独体与合体二者之间的界线,造成

① 《古文字研究简论》,62 页。

② 《文字学概要》,10 页。

③ 《现代汉字学纲要》,70 页。

④ 《汉字学》,888 页。

概念认识上的错误，应当引起我们的注意。

第三，在不同层面的汉字体系中，由于隶变或简化等原因，独体字的所指和范围会有所不同：有的原为合体字，后来变为独体字；有的原为独体字，后来变为合体字。例如，“更”、“及”原为合体字，隶变后变为独体字；“它”、“鱼”原为独体字，隶变后变为合体字。

【其他术语】

曾称 文；独体

03.003 合体字

【正名】合体字

【释文】主要指由两个或两个以上具有完整音义的字符组合而成的汉字，也包括由于隶变等字形变化、失去原有音义而成为记号的字符相互组合或与其他字符组合而成的汉字，如“奉”、“奏”、“春”、“塞”、“寒”等。古代的合体字一般为会意字和形声字，汉字形体发生较大变化（如隶变和简化）前后，合体字的所指和范围有所不同：有的原为独体字后来变成了合体字，如“龟”、“它”等；有的原为合体字后来变成了独体字，如“史”、“及”等。

【考释】“合体字”这一概念古时称为“合体”，宋代郑樵首创此名，他在《通志·六书略》中说：“指事类乎会意，会意，字也，独体为文，合体为字。”近现代以来，学者为了术语表述的清楚明白，在后面加上“字”，“合体字”遂逐渐成为一个使用频率很高的通行术语。

与上一条“独体字”情况类似，“合体字”的概念本身并不很复杂，但历来对它的解释却不够统一。现略举几例：

《实用中国语言学词典》"合体字"条："由两个或两个以上的独体字组合而成的字。也就是会意字和形声字。"①

《中国大百科全书·语言文字》"合体字"条："指由两个或两个以上的单个字组成的汉字。合体字有两种。一种是从组合的两个成分上来显示字义。……另外一种是两个字组合在一起，一个字表示义类，一个字表示字音。"②

王凤阳说："由几部分组成的可以分解的字叫合体字。"③

林沄认为："由两个以上的这种图形符号复合而成的，即所谓'合体字'。"④

裘锡圭认为："在汉字里，像'花'这样可以从结构上进行分析的字，一般称为合体字。"⑤

苏培成认为："由两个或两个以上末级部件构成的字是合体字。"⑥

杨润陆认为："合体字是由部件按照一定的结构类型构成的。"⑦

把握"合体字"这个概念时，同样也要注意以上"独体字"条所提的几点。由于汉字形体的隶变或简化等原因，在不同的汉字层面中，合体字的实际所指与范围也会有所不同：古汉字中的合体字一般为会意字和形声字。现代汉字中的合体字，有的原

---

① 《实用中国语言学词典》，184 页。
② 《中国大百科全书·语言文字》，210 页。
③ 《汉字学》，888 页。
④ 《古文字研究简论》，62 页。
⑤ 《文字学概要》，10 页。
⑥ 《现代汉字学纲要》，70 页。
⑦ 《现代汉字学通论》，132 页。

为独体字，如“龟”、“它”等；现代汉字中的独体字，有的原为合体字，如“史”、“书”等。

【其他术语】

曾称 字；合体

03.004 笔 画

【正名】笔画

【释文】构成汉字字形的各种点和线，是汉字构形和书写的最小单位。

【考释】“笔画”一词古人早已使用。宋代吕大临《考古图释文序》云：“古文三代之书，名也。书名所起将记言于简策，象物形而画之，故厥初以象形为主，不取笔画之均正。”古代学者或称“笔画”为“字画”。如明代张自烈在《正字通·凡例》中曾说：“旧本(指《字汇》)有字画讹省者；有非古文以为古文，非俗字以为俗字者；有字同训异，字异训同者；有前后注重复自矛盾者。”不过，“字画”在后来并未通行。

现代以来也有不少人使用“笔划”，其中既有在汉字学著作中使用的情况①，也有在一般的文章作品中使用的情况②。其实，“笔画”与“笔划”是一对读音相同、意义相同而书写形式不同

① 在汉字学著作中使用“笔划”这个名称的情况很多，如汤余惠：《略论战国文字形体研究中的几个问题》，《古文字研究》第15辑；李恩江：《略论汉字部件系统的演革》，《郑州大学学报》1993年第2期等等。

② 李行健主编：《现代汉语异形词规范词典》，28～29页。

的全等异形词。其中“笔画”之“画”与“笔划”之“划”是源字与分化字的关系。从古汉字构形来看，“画”的本义当指手持笔画出图形。《说文》云：“画，介也。”又云：“文，错画也。”所谓“错画”，即交错的笔画。可见，“画”引申而有“笔画”意很早就已出现了。《现代汉语异形词规范词典》对“笔画”和“笔划”这对“全等异形词”，在词频统计和源流考辨两方面进行了细致辨析，认为：“特指笔画时，‘画’字承袭古义，一些有影响的辞书，都倾向于用‘笔画’。《第一批异形词整理表》已确定‘笔画’为推荐词形。”[①]《现代汉语词典》、《新华词典》、《汉语大词典》等辞书也都以“笔画”作为主条。因此，无论是从构词的理据性，还是从实际的使用状况来看，我们都宜选用“笔画”，而尽量不用“笔划”。同时，像这样的异形词的存在也是“词汇中的歧异现象，骈枝赘疣，不利于语文的学习和应用，特别不利于语文的信息处理”[②]。

“笔画”既是现代汉语的常用词汇，又是汉字学中的重要术语，人们对“笔画”的含义也有广义和狭义两种理解。狭义的笔画仅指楷书中的点和线。如傅东华说：笔画“是汉字从篆书变到隶书之后才产生的。在古文和篆书的阶段，汉字都可说是由线条构成，直到隶书的阶段方才从线条变成笔画”[③]。《信息处理用 GB13000.1 字符集 汉字部件规范》(GF3001—1997)：笔画是“构成楷书汉字字形的最小连笔单位”。杨润陆说：“在工整地书

① 李行健主编：《现代汉语异形词规范词典》，29 页。

② 《现代汉语异形词规范词典》周有光序。

③ 《汉字书写法和字典查字法》，《文字改革》1962 年第 3 期。

写楷书的时候,从落笔到提笔就叫一笔或一画。”[①]

广义的笔画就是所有的汉字系文字(包括古汉字、现代汉字以及其他汉字系的文字)中用以构成形体的最小单位——各种点和线条,也就是有的学者所说的:“书写工具从和书写材料接触到离开,这期间书写工具的运动在书写材料上留下的线条就是笔画。”[②]在古汉字研究中有很多学者都是这样来使用“笔画”的,比如,唐兰曾有这样的表述:“远在商周时,侧垂的笔画,已经有顿笔加肥,折锋旁出的笔势了。”[③]这样的例子很多。

我们认为,如果仅仅从楷书汉字的角度来理解“笔画”这个概念,并不妥当。因为这样就把楷书汉字之外的文字(包括古汉字、隶书以及其他汉字系的文字)所使用的点画线条都排斥在“笔画”范围之外,这与现代学者的实际使用情况有很大差距。因此,对于“笔画”我们赞同持广义的观点。

【其他术语】

又称 笔划

曾称 字画

03.005 笔形;03.006 笔顺

【正名】笔形;笔顺

【释文】笔形:字形结构中各个笔画的具体形状。汉字笔形主要

① 《现代汉字学通论》。

② 苏培成:《二十世纪的现代汉字研究》,285 页。

③ 《中国文字学》,120 页。

有横、竖、撇、点、折等。

笔顺:书写汉字时适应生理特点和结构类型的要求而约定俗成的笔画书写顺序。

【考释】“笔形”这一概念本身并不复杂,无须多作说明。但是关于汉字笔形的分类问题,历来学者的意见并不一致,下面把这方面的情况简要介绍一下。

晋代卫夫人曾著有《笔阵图》,把汉字的笔形分成一丶丿丨乀乚𠃍七种,但没有给它们定过名称。唐代书法家创立著名的“永字八法”(一说为张旭所创,见《墨池篇》;一说为智永所创,见《书苑菁华》)[①],始定出了八种笔形的名称:侧、勒、努、趯、策、掠、啄、磔。其实,“永字八法”总结的是书法上运笔的要点,并不能算是真正的笔形分类。

现代学者对楷书的笔形进行了很细致的研究,但各家的分类和名称也还不完全一致。费锦昌选出四家的分类进行比较研究。这四家是:傅永和著《汉字结构和构造成分的基础研究》(以下称《研究》)[②]、张静贤著《现代汉字教程》(以下称《教程》)、李大遂著《简明实用汉字学》(以下称《简明》)、胡裕树主编《现代汉语》(增订本)(以下称《现汉》)。费先生说:“《研究》把现代汉字笔划分为两大类:平笔笔形 6 种和折笔笔形 23 种,折笔笔形又分为单折笔 12 种和复折笔 11 种,共计 29 种。《教程》分为基本笔形 6 种,派生笔形 25 种,共计 31 种。《简明》分为基本笔画 8 种和变体笔画 27 种,共计 35 种。《现汉》分为主要笔形 8 种和

① 王凤阳:《汉字学》,231 页。

② 陈原主编:《现代汉语用字信息分析》。

变化笔形25种，共计33种。”[①]汉字的笔形有二三十种之多，但有的场合没有必要细分，为了应用和研究的方便，把笔形适当归并很有必要。现在一般把笔形归为五大类：横、竖、撇、点、折。

下面再谈一谈笔顺。笔顺是笔画产生、字形固定之后，人们在长期写字的过程中为适应生理特点和结构类型的要求而约定俗成、总结出来的一套笔画安排经验。20世纪30年代，赵荣光著《汉字笔顺的研究》[②]，40年代黄觉民著《中国字笔顺标准的研究》[③]，较早地开展了汉字笔顺的研究。近年来汉字笔顺问题的研究趋于活跃，发表了一批论文，如高更生《汉字笔顺应执行统一的标准》[④]、许凤奇《关于汉字笔顺的思考》[⑤]、万业馨《汉字笔顺研究》[⑥]、毛惜珍《汉字笔顺规范问题》[⑦]等。

在“笔顺”这一概念中，笔顺的规则具有重要的地位，它是对众多汉字的笔顺进行抽象化概括的结果。王力在《正字法浅说》里介绍了关于汉字笔顺的二十字口诀：“先上后下，先左后右，先外后内，先横后竖，最后封底。”[⑧]王凤阳对笔顺作了深入的研究，提出了许多有价值的意见。他总结了汉字的8条笔顺规则：先上后下、先左后右、先横后竖、先撇后捺、先中后旁、先外后内、先进后关、逐单位写。他提出了汉字书写的“最短线路原则”，认

① 《现代汉字笔画规范刍议》，《世界汉语教学》1997年第2期。

② 载《中华教育界》22卷9～10期，1934年。

③ 载《东方杂志》41卷3期，1945年。

④ 载《语文建设》1992年第10期。

⑤ 载《语文建设》1995年第10期。

⑥ 崔永华主编：《词汇文字研究与对外汉语教学》。

⑦ 载《语文论丛》第5辑，上海教育出版社，1997年。

⑧ 《王力文集》，第19卷14页。

为："合理的笔顺就是写字时的合于最短线路的笔画安排；违背最短线路原则，即使笔画的安排合于笔顺规矩，这种安排也是不合理的。""最短线路原则才是规定笔顺规则的原则，缩短运笔线路才是笔顺的第一要义。""书法上，关于笔顺另有一套规定。……我们日常说的笔顺是不包括这些追求特殊需要而改变或歪曲了的笔顺的。"[①]王先生关于汉字笔顺的论述，对于我们正确理解"笔顺"这个概念很有帮助。

03.007　部　件

【正名】部件

【释文】现代汉字中由笔画或笔画组合构成的、能够独立运用且形式上相对独立的结构单位。它可以大于或等于笔画，如"旦"中的"日"、"一"，"亿"中的"亻"、"乙"；也可以小于或等于整字，如"江"中的"氵"、"工"，"记"中的"讠"、"己"。

【考释】[②]人们在分析汉字的形体时，发现在整字和笔画之间存在着中介部分，这部分对汉字字形的构成十分重要，有必要进行专门研究。20 世纪 50 年代，杜定友在《方块字的怪组织》一文中，把这一部分称作"字根"[③]；60 年代倪海曙在论文《偏旁和部

① 《汉字学》，247～256 页。

② 本条考释参考了苏培成著《二十世纪的现代汉字研究》第六章第二节。

③ 载《中国语文》1954 年第 12 期。

件》中，开始把它称为“部件”[1]；此外，还有人使用“字元”、“字素”、“构件”、“组件”、“形位”等多种名词，显得十分混乱。从目前的实际使用情况来看，有逐渐统一称为“部件”的趋势。

多年来，有许多学者对汉字的部件问题进行过研究，提出了十多个关于“部件”的定义[2]。这些看起来十分纷乱的意见，主要是由于在以下几个问题上存在分歧而造成的。

第一，单笔画是否属于部件。在这个问题上学者间的分歧比较大。苏培成、费锦昌等认为单笔画也可能作为部件。苏先生说：“有的笔画在一定条件下，可以成为部件，这时笔画和部件所指相同。最明显的是‘一’和‘乙’。这两个字都是由单部件构成的独体字，‘一’和‘乙’是部件，也是笔画。除了‘一’和‘乙’之外，处于分离状态的横、竖、撇、折，也单独构成部件。”[3]费先生主张：“从现代汉字字形的实际出发，把在字形中占有相对独立地位的单一笔画也定为可以切分的部件，不妨称之为‘单笔部件’。”[4]然而，傅永和、晓东等却不承认单笔画是部件。傅先生说：“部件是构成合体字的最小笔画结构单位，其下限必须大于基本笔画，上限小于复合偏旁。”[5]晓东认为：“我们可以规定：部件的下限必须大于基本笔画（无论是横笔还是其他笔画一律不算部件），部件只是指笔画的组合单位。‘旦’、‘旧’、‘蒙’、‘孔’等字，都是由部件与笔画共同构成的字。”[6]

---

① 载《光明日报》1965 年 10 月 13 日。

② 苏培成：《二十世纪的现代汉字研究》，310～315 页。

③ 《现代汉字学纲要》，63 页。

④ 《现代汉字部件探究》，《语言文字应用》1996 年第 2 期。

⑤ 《汉字的部件》，《语文建设》1991 年第 12 期。

⑥ 《也谈部件定义》，《语文建设》1993 年第 6 期。

第二，部件是否有层次性。很多学者认为部件有不同的层级，如高家莺等认为："部件是对汉字进行一次或多次分解后得到的基本结构单位。"①但也有学者认为部件的"上限小于复合偏旁"②，这样就把小于整字的部件组合排除在外，实际上对汉字字形的分析并没有好处。

第三，部件是否一定成字。有学者将"部件"理解成有音、有义的"对汉字进行结构分析的最后的最小的单位"，即认为应当是成字的③。但大多数学者认为部件中除了成字的部件外，还应当包括大量非成字的部件。关于这一点，基本上已成为学界的共识。

综合多数学者的意见，我们认为，应从以下三个方面把握"部件"这个概念：

第一，从其存在的形式看，汉字的部件应当是一个独立的书写单位，是相对独立的笔画结构块。一般来说，它大于或等于笔画，如"旦"中的"日"、"一"，"亿"中的"亻"、"乙"；小于或等于整字，如"江"中的"氵"、"工"，"记"中的"讠"、"己"。

第二，从其功能上看，部件具有组配汉字的能力，并不一定都具有音、义，成字的部件固然有音义，一些不成字的部件，包括特殊部件（构字率是1的部件），如"临"字的右下角、"所"字的左偏旁、"伞"字的下半部分等等，则其音义就无从谈起。

第三，从部件切分的方式来看，存在着平面切分和层次切分

① 《现代汉字学》，52页。

② 傅永和：《汉字的部件》，《语文建设》1991年第12期。

③ 李恩江：《略谈汉字部件系统的演革》，《郑州大学学报》1993年第2期。

两种情况。平面切分指一次切分出基础部件，层次切分指逐层切分，最后得到基础部件。

此外，按照不同的分类标准，“部件”可划分出不同的下位概念：以部件是否独立成字为标准，可将部件划分为成字部件[①]和非字部件[②]；根据部件是否具有可分性，可以将其分为基础部件[③]和合成部件[④]。所谓“成字部件”，就是能够独立成字的部件；所谓“非字部件”，就是只能依附于其他部件来体现构形意图，不能独立成字的部件。所谓“基础部件”，就是最小的不能再拆分的部件；所谓“合成部件”，就是由两个或两个以上的基础部件组合成的部件。

【其他术语】

又称 构件；构字部件

曾称 字根；字元；字素；组件；形位

① 张普：《汉字部件分析的方法和理论》，《语文研究》1984 年第 1 期；费锦昌：《现代汉字部件探究》，《语言文字应用》1996 年第 2 期；苏培成：《二十世纪的现代汉字研究》，316 页；杨润陆：《现代汉字学通论》，140 页。

② 傅永和：《汉字的部件》，《语文建设》1991 年第 12 期。

③ 费锦昌：《现代汉字部件探究》，《语言文字应用》1996 年第 2 期；杨润陆：《现代汉字学通论》，140 页；苏培成：《二十世纪的现代汉字研究》，318 页。

④ 苏培成：《二十世纪的现代汉字研究》，318 页；杨润陆：《现代汉字学通论》，140 页。

03.008 偏　旁

【正名】偏旁

【释文】构成合体字的直接构字单位。多数能独立表示完整音义，相同的偏旁因排列组合的不同可以构成不同的字形。例如，“沐”的偏旁“氵”、“木”，“花”的偏旁“艹”、“化”，“园”的偏旁“囗”、“元”。

【考释】“偏旁”是人们分析汉字结构时所使用的一个概念。作为专门术语，“偏旁”是从唐宋时期开始在学者间通行起来的。唐代张参《五经文字》序例中云：“近代字样，多依四声，传写之后，偏旁尽失。”宋代欧阳修《集古录跋尾》卷一：“大抵古字多省偏旁而趣简易。”等等，均是其例。不过，需要注意的是，古代学者所说的“偏旁”有时是用来指《说文》部首而言的[1]，这与现在人们所常说的“偏旁”当然是有区别的。

按传统说法，汉字从独体字发展到合体字便产生了偏旁。每个合体字至少由两个偏旁组成。因为汉字大部分是左右结构，故左边称“偏”，右边称“旁”。后来人们习惯于将左右上下不同部位都统称“偏旁”[2]。现代以来，有很多学者对汉字偏旁进

---

① 林沄：《古文字研究简论》，63 页。

② 目前，许多语言学工具书对“偏旁”一词的解释都采用类似这样的说法，如《中国语言学大辞典》，40 页；《语言文字词典》，171 页；《实用中国语言学词典》，184 页；《辞海·语言学分册》，71 页；《语言学百科词典》，549 页。

行了论述和解释，现选择几种意见简介如下：

叶长青对“偏旁”的解释是：“谓字之上下左右四方也。苏轼诗：‘强寻偏旁推点画。’程俱诗：‘我愧非子云，文书昧偏旁。’”[①]这样的解释自然还是比较模糊的。

林沄认为：“（偏旁）是泛指一切具有相对独立性的构字单位。举例来说，‘召’是可以分析为刀和口这两个最基本的构字单位的，刀和口当然都是偏旁。但在招、昭、诏、苕等字中，‘召’是作为一个整体承担音符的职能，所以‘召’也是偏旁。……把汉字分析为偏旁，是按汉字原有的结构来研究汉字，因而是合乎实际的，是科学的。既然众多的文字都是由数量少得多的偏旁构成的，在考察字形演变时，首先考察各个偏旁的形体演变，无疑是提纲挈领的好办法。”[②]林先生所说的“相对独立性”其含义也还不是十分明确。

杨润陆这样给“偏旁”定义：“偏旁是构成合体字的表意或表音的单位。”[③]这个定义的缺陷是没有照顾到现代汉字中那些既不表意也不表音的构字单位。

迟永长比较了现代汉字偏旁和小篆形体偏旁（他称之为“传统偏旁”），认为二者存在着两点明显的区别[④]：

(1)传统偏旁都能独立成字，都具有表意或表音功能；现代汉字偏旁有许多已不能独立成字，多数表意不清，表音不准，或根本既不表音也不表意。

---

① 《文字学名词诠释》，100 页。

② 《古文字研究简论》，64 页。

③ 《现代汉字学通论》，146 页。

④ 《偏旁与部首关系辨析》，《辽宁师范大学学报》1990 年第 5 期。

（2）传统偏旁包含形旁和声旁两部分；现代汉字偏旁包含形旁、声旁和记号三部分。

李大遂这样解释“偏旁”：“合体字中介于笔画和整字之间的结构单位。”[1]这样就没有把偏旁、部件等这些中间层次的结构单位区别开来。

高家莺等给“偏旁”下了这样的定义：“过去分析汉字，有一种传统的方法，就是把许多合体字分析为两个相离的部分，这两部分就叫偏旁。例如‘沐’字有‘氵’‘木’两个偏旁，‘花’字有‘艹’‘化’两个偏旁，‘圆’字有‘囗’‘员’两个偏旁。可见，偏旁就是用二分法对合体字进行一次切分而获得的结构单位。”[2]

下面再来简要谈一谈“偏旁”与另外两个相关概念——部首和部件之间的关系。

首先看看“偏旁”和“部首”之间的关系。“偏旁”和“部首”二者划分的角度不同：“偏旁”是对合体字进行直接分析时所提出的概念；“部首”是字典辞书中对汉字进行归类时所使用的一个概念。但两个概念的外延经常有包含或交叉的关系。若以《说文》为对象，即以传统的偏旁与部首概念为对象，那么二者间的关系应是包含与被包含的关系，即部首是包含于偏旁之中的。换句话说，所有的部首都是偏旁，但并非所有的偏旁都是部首，偏旁大于部首；若以《新华字典》为对象，即以现代的偏旁与部首概念为对象，那么二者之间应是交叉关系，部首偏旁之间有部分重合。换句话说，有些部首是偏旁，有些偏旁是部首。这就是二者重合的一部分，如“扌”、“氵”、“山”、“木”、“日”等。它们既是

① 《简明实用汉字学》。

② 《现代汉字学》，52页。

合体字中的偏旁，又是《新华字典》等现代辞书中统辖一组字的部首。偏旁与部首不重合的部分可表述为：有些部首不是偏旁，有些偏旁不是部首①。

其次，再看看偏旁与部件的关系。偏旁是用二分法对合体字一次切分而产生出来的构字单位；部件则是介于笔画和整字之间的相对独立的笔画结构块，具有层次性，包括一级部件、二级部件等等。从分析的结果看，偏旁大体相当于第一层部件。也就是说，部件与偏旁二者之间基本上是一种包含与被包含的关系。但同时我们也应看到，“偏旁”是汉字学的一个传统术语，它是针对合体字的各个直接组成部分而言的，传统汉字学的许多理论问题都是在这个概念的基础上生发出来的，因此，它在汉字理论体系中占有不可替代的重要位置。“部件”则是汉字研究中的新生术语，它主要是针对现代汉字形体结构的实际特点，为了深入认识汉字结构规律，便于汉字教学和汉字信息处理而提出来的一个概念。很显然，两个概念各自都有自己的适用范围，都有其自身存在的必要性。有学者曾建议，把“部件”和“偏旁”这两个术语的应用加以分化，“部件”专用于汉字的外部结构分析，具有层级性；“偏旁”专用于汉字内部结构分析，要研究它和字音、字义的联系②。应该说，这个意见确有一定道理，因为这样的分化至少对汉字的研究可能比较方便。

---

① 迟永长：《偏旁与部首关系辨析》，《辽宁师范大学学报》1990 年第 5 期。

② 苏培成：《二十世纪的现代汉字研究》，316 页。

03.009　部　首

【正名】部首

【释文】汉语辞书中，为含有相同形体部分的汉字依据规则分别归类而设立的字群标目。例如，《新华字典》给汉字归类、分别统率一组字的“丿”、“夂”、“冫”、“山”、“日”等。

【考释】部首之法始创于东汉许慎的《说文解字》。在《说文》中，许慎基本以汉字偏旁为线索，把 9353 文归并为 540 部，每部的首字即为部首。但《说文》一书并未出现“部首”一词。《说文叙》云：“分别部居，不相杂厕。”《后叙》中有：“此十四篇，五百四十部，其建首也，立一为端。”因此，有学者认为“部首”一词是后人合“部居”和“建首”二词而形成的①，此说大致可信。

除此，后代学者还曾使用过“建首”②、“部目”③等名称，不过，真正通行的还是“部首”。由于部首是具有字形归类作用的首字，因此，若以《说文》为据，应给部首这样定义：部首是按偏旁归类，用来统辖一组字的首字。

从东汉到现代，部首从含义到数量都发生了相当的变化。南朝顾野王撰《玉篇》，对《说文》部首进行了增删改易，立 542 部

---

① 叶全君：《论汉字部首系统产生的原因》，《福建论坛》（文史哲版）1996 年第 6 期。

② 清代学者曾纪泽曾撰有《说文解字建首五百四十字》，杨沂孙撰有《说文解字建首》，等等。

③ 见元代戴侗《六书故》凡例。

首。变化最大的是明代梅膺祚所撰《字汇》，此书从部首到正文均改用楷体，部首的含义明显不同于传统的《说文》，数量也省减归并为214部。其后的《康熙字典》、《辞源》、《辞海》等都沿承《字汇》，部首均为214部。

现在的《新华字典》[①]共设部首189个，其中有50多个现已不能独立成字，例如，“丨”、“丿”、“丶”、“亻”、“冂”、“宀”、“冫”、“勹”、“卜”、“卩”、“厶”等。如果现在仍然还用“部首是具有字形归类作用的偏旁，是字书中各部的首字”[②]、“汉语字典里属于同一偏旁的部目”[③]这样的定义去解释现代汉字的“部首”概念，显然与实际情况相悖，连字（甚至于偏旁）都不是，也就谈不上“首字”。有鉴于此，有学者给现代汉字的“部首”定义为：“部首是字书和词典中用来统辖一组字的构字成分。它们可以是笔画，也可以是成字或不成字的构字部件。”[④]如此，单笔部首和那50多个不成字的构字成分就都可以进入“部首”概念里面了。

近年来，有许多研究者已经注意到“部首”概念含义所发生的变化，在给“部首”定义时也采取了类似的观点。下举几条这样的解释：

李恩江说：“部首是字书编纂中使用的概念，若干字共有某一构造成分，则归为一部，编书时就让共有的构造成分打头，因称部首。”[⑤]

---

① 商务印书馆，1987年。

② 黄伯荣、廖序东主编：《现代汉语》，171页。

③ 《中国大百科全书·语言文字》，30页。

④ 迟永长：《偏旁与部首关系辨析》，《辽宁师范大学学报》1990年第5期。

⑤ 《略谈汉字部件系统的演革》，《郑州大学学报》1993年第2期。

《实用中国语言学词典》"部首"条："按照字形结构，将含有相同部分的字归为一部，使汉字分别部居，不相杂厕，其相同部分列于该部之首，是为部首。"

《语言学百科词典》"部首"条："文字学用语。从繁多的汉字形体结构中，分析归纳出某些相同的笔画构件，分别部类列于其统属字之首，称作部首，以为查检汉字的依据。"

综上所述，"部首"是字书词典编纂中所使用的概念，是辞书编纂者为含有相同形体部分的汉字依据规则分别归类而设立的字群标目。

【其他术语】

曾称　建首；部目

03.010　字　符

【正名】字符

【释文】依据构形功能而划分出来的、文字本身所使用的符号，包括意符、音符和记号。也指文字个体。

【考释】裘锡圭在研究汉字的性质时，提出了著名的"两层符号"理论。他说："文字是语言的符号。作为语言的符号的文字，跟文字本身所使用的符号是不同层次上的东西。""讨论汉字性质的时候，如果不把文字作为语言的符号的性质，跟文字本身所使用的字符的性质明确区分开来，就会引起逻辑上的混乱。""文字所使用的符号称为'字符'。""各种文字的字符，大体上可以归纳为三类：即意符、音符和记号。”[①]裘先生区分两个层次的理论见解、所提出的“字符”概念[②]，对于研究汉字的性质和结构都具有重要意义。

“字符”概念提出以后，很快得到学术界的认同，许多学者在著作中都曾使用过这个概念。例如，杨润陆说：“表音文字和表意文字的不同在于为文字所指定的字符的性质不同。字符大体上可以分为3类，即意符、音符、记号。”[③]钱乃荣主编的《现代汉语》也采用了这种字符理论：“汉字的字符可以分为四类：形符、义符、音符、记号。”[④]郝恩美试图采用裘先生的字符学说分析现代汉字，探讨各类字适用的教学方法[⑤]。万业馨在字符理论的基础上，探讨了字符的分工和部件教学的一些相关问题[⑥]。总之，类似这样运用字符理论，使用“字符”这个术语的例子还有很多。

“字符”一词还有其他含义。比如这个名称在汉字应用研究中可以指汉字个体。陈原说：“汉语的一个特点是字和词不是任何时候都一致的——一个方块字或者称之为一个‘字符’，可能是一个有独立完整语义的词，也可能只是一个词的构成成分（词

---

① 《文字学概要》，10～11页。

② 据裘先生在后来的回忆文章中说，“字符”这个名称是朱德熙先生给取的。详裘锡圭：《怀念我敬爱的朱德熙先生》，《裘锡圭学术文化随笔》，中国青年出版社，1999年。

③ 《现代汉字学通论》，7页。

④ 《现代汉语》，562页。

⑤ 《现代汉字教学法探讨》，《语言文字应用》1994年第3期。

⑥ 《汉字字符分工与部件教学》，《语言文字应用》1999年第4期。

素)。”[①]再者,“字符”一词在信息处理中还可以作为“电子计算机或无线电通信中字母、数字和各种符号的统称”[②]。当然,这样的用法已经超出了语言文字学领域。

下面谈一谈与“字符”关系较为密切的几个名词:偏旁、字素和形位。

有学者认为“字符”“也叫偏旁”,“偏旁”“有人叫做‘字符’”[③]。在一定程度上将“字符”和“偏旁”二者等同起来。我们认为这种观点是值得商榷的。因为前面说过,“字符”是普通文字学范畴内使用的概念,它是以文字的两层符号为理论基础,针对文字本身使用的符号及其类别而言的;而“偏旁”是在汉字学范畴内使用的一个传统名词,用以指称“能独立表示完整音义、构成合体字的直接组成单位”。因此,尽管二者从分析的结果上看可能较为接近,但在适用的范围、概念的实际内涵等方面均存在着很大区别。

近年来,学者在研究汉字的结构成分时,还提出了“字素”、“形位”等概念。例如,王宁认为:“成字构件在构字时可以承担标义与标音两方面的任务,我们称之为‘形位’。”[④]“汉字是由一批具有构字能量并能体现构意的最小元素为基础组合而成的,归纳这些最小元素——形素,得出形位。”[⑤]李玲璞提出了“字素”概念,他说:“汉字的字素是构成汉字的结构要素,是形与音

① 《现代汉语定量分析》,6 页。

② 《现代汉语词典》(第 5 版),1811 页。

③ 张玉金等:《汉字学概论》;苏培成:《二十世纪的现代汉字研究》。

④ 《汉字的优化和简化》,《中国社会科学》1991 年第 1 期。

⑤ 《汉字构形学讲座》第 12 讲,《中国教育报》1995 年 11 月 27 日。

义结合的最小单位。”[1]其实，“形位”说和“字素”说在很多方面并无太大分别，二者对于揭示汉字的结构特点和构形规律都有十分重要的意义。与上面所说的“偏旁”类似，二者与“字符”之间从分析的结果看，可能并没有很大差别，但是它们无论在研究的角度上，还是在适用的范围上都不相同。“形位”、“字素”这两个名称，从目前来看，还没有达到为学界广泛接受的程度。

按照构形的不同功能，字符可分出三种下位概念：“意符”、“音符”和“记号”。

03.011 意符；03.012 音符；03.013 记号

【正名】意符；音符；记号

【释文】意符：与文字所记录的词在意义上有联系的字符。

音符：与文字所记录的词在读音上有联系的字符。

记号：与文字所记录的词在读音及意义上都没有联系的字符。

【考释】在上面“字符”条的考释中我们已经介绍过，裘锡圭把各种文字的字符归纳为三类：意符、音符和记号。他说：“跟文字所代表的词在意义上有联系的字符是意符，在语音上有联系的是音符，在语音和意义上都没有联系的是记号。拼音文字只使用音符，汉字则三类符号都使用。”[2]如前所述，裘先生所提出的字符理论，将字符划分为意符、音符和记号三类的观点，不仅对汉

---

① 《说字素》，《语文研究》1993 年第 1 期。

② 《文字学概要》，11 页。

字结构、汉字性质等方面的研究有帮助，对普通文字学研究也有很重要的指导意义。

实际上，“意符”、“音符”、“记号”在裘先生使用之前，很早就有人提出了。只不过名称虽同，但含义有别。例如，20 世纪 20 年代沈兼士在《文字形义学》一书中曾使用“意符”、“音符”等称谓。他说：“综考今日世界所用之文字，种类虽甚繁多，我们把他大别起来，可以总括为两类：(1)意符的文字，亦谓之意字。(2)音符的文字，亦谓之音字。”①30 年代刘大白在《文字学概论》中论“文字的构成”时，也使用过“意符”、“音符”。“记号”建国以前就有学者在文字学著作中使用。例如，唐兰曾说：“图画文字和记号文字本来是衔接起来的，图画演化得过于简单，就只是一个记号。”②40 年代陈奇猷曾发表论文《六书宜增“记号”一书为七书说》③。

“意符”和“音符”有些语言学工具书还将它们分别作为形声字“形旁”、“声旁”的异称④，但实际上真正这样使用的情况并不普遍。我们建议，为避免因术语使用不统一而造成理解上的混乱，最好不再用“意符”、“音符”来分别指称形声字中表示意义类属和读音的部分，而统一使用“形旁”和“声旁”这样的术语。

---

① 《沈兼士学术论文集》，386 页。

② 《中国文字学》，109 页。

③ 天津《益世报》人文周刊新 41 期，1948 年 2 月 23 日。

④ 《中国大百科全书·语言文字》“意符”条：“汉字形声字的表意部分。也称形旁”；《辞海·语言学分册》“意符”条：“也叫‘义符’、‘形旁’。形声字的结构中表示意义的部分，对声符而言”；同书 71 页“声符”条：“也叫‘音符’、‘声旁’。形声字的结构中表示读音的部分，对意符而言。”

下面举几个具体的字例来看什么是“意符”、“音符”、“记号”。

(1)意符。在古汉字层面,象形字、指事字、会意字、形声字的形旁均使用意符。例如,作为象形字的“日”、“月”、“山”、“水”,作为指事字的“二”、“三”、“本”、“寸”。组成会意字“相”字的“木”、“目”,组成会意字“及”字的“人”、“又”,等等。在现代汉字层面,意符主要指构成会意字的组成部分和形声字的形旁等。例如,“尖”字的“小”、“大”,“拿”字的“合”、“手”,“地”字的“土”,“肤”字的“月”,等等。

(2)音符。汉字的假借字和形声字的声旁均使用音符。例如,汉语中借“花草”之“花”来表示动词“花费”、“花钱”之“花”,后者所用字符就是音符。“荷”字的声旁“何”、“狮”字的声旁“师”等,也都是音符。

(3)记号。古汉字中表数的“×(五)”、“∧(六)”、“十(七)”、“八(八)”等。由于汉字字形的演变,许多表意字的字形丧失了表意作用,而变成了记号,如“日”、“月”、“土”、“立”、“表”、“年”等。有些形声字的声旁丧失了表音作用,变成了记号,如“特”、“雪”、“急”等。

总之,把握汉字的“意符”、“音符”、“记号”概念时,一定要用发展的眼光,在不同的发展阶段和汉字层面上来认识和理解这三种字符。

03.014 义 符

【正名】义符

【释文】依靠自身的字义来起表意作用的字符。如“歪”字所使用的字符“不”、“正”。

【考释】裘锡圭于“意符”之下，又分出了“义符”这个下位概念。他说：“意符内部还可以分类。有的意符是作为象形符号使用的，它们通过自己的形象来起表意作用……有的意符不是依靠自己的形象来起作用的。这种意符通常都是由已有的字充当的表意偏旁，它们依靠本身的字义来表意。”“在有必要区分上述两种意符的时候，可以把前一种称为形符，后一种称为义符。在汉字变得不象形之后，形符基本上就不使用了。”①

我们认为，裘先生根据字符表意方式的不同，提出的“形符”、“义符”的概念很有价值，可以帮助我们认识汉字的结构和构形规律。近年来，这种“形符”、“义符”概念已被越来越多的学者所认同，有些研究者还将它们运用于汉字结构的研究实践中②。

下举几个“义符”的例子。“尖”字从小从大，会上小下大之意，则“小”、“大”为义符；“歪”字从不从正会意，“不”、“正”为义符；简化字“宝”从宀从玉，会室中有玉之意，“宀”、“玉”为义符；简化字“笔”从⺮从毛会意，“⺮”、“毛”为义符。

在实际使用中，“形符”和“义符”有时候被用来表示形声字

① 《文字学概要》，11～12页。

② 钱乃荣主编《现代汉语》将汉字字符分为四类：形符、义符、音符和记号。认为“形符是古汉字特有的，记号的绝大多数是汉字隶变后产生的，义符、音符则是古汉字、现代汉字都有的。”他按字符组合方式的不同，把合体字分为五种类型。郝恩美著《现代汉字教学法探讨》也采取了类似的字符组合方法，划分出现代汉字合体字的五种类型，《语言文字应用》1994年第3期。

的“形旁”[①]。的确，“形旁”这个概念的异称有很多，使用的情况也很混乱，之所以会出现这样的情形，主要是由于长期以来对术语的规范不够严格，使用者只是根据自己的使用习惯来决定术语的取舍（详见“形旁”条的考释）。

为保持术语的规范使用，避免引起不必要的混乱，我们建议，表示形旁时最好不用“义符”这样的名称，而专门用它来指称普通文字学研究中的概念：依靠自身的字义来起表意作用的字符。

03.015 结构类型

【正名】结构类型

【释文】在共时层面上进行静态分析而归纳总结出来的汉字结构类别。

【考释】所谓“结构类型”，是指在共时层面上对汉字的功能结构进行静态的分析后归纳出来的类别。张玉金说：“关于结构类型，过去也没有很好地探讨，主要原因是人们没有分清‘结构法’

① 《实用中国语言学词典》“形符”条：“又称‘形旁’，亦作‘义符’或‘义旁’，‘意符’或‘意旁’。形声字结构中表示意义的部分，与‘声符’相对。”蒋维崧著《汉字改革和汉语规范化》（《文史哲》1956 年 7 月号）、蒋善国著《汉字的组成和性质》、李国英著《论形声字的义符系统》（《中国社会科学》1996 年第 3 期）等著作中使用“义符”指称形声字的形旁；李燕等著《现代汉语形声字研究》（《语言文字应用》1992 年第 1 期）、康加深著《现代汉语形声字形符研究》（陈原主编《现代汉语用字信息分析》）等著作中使用“形符”指称形声字的形旁。

和'创造法'这两个概念。结构类型,应该是人们对汉字静态的结构进行分析后归纳出来的类别。"[①]黄德宽师指出:"分析汉字的构成,实际涉及两个有着密切联系又有一定区别的概念:构形方式与结构类型。构形方式是汉字形体符号的生成方式,结构类型则是对用不同构形方式构成的汉字进行共时的、静态的分析归纳的结果。"[②]

此外,类似这样使用"结构类型"这个术语的例子还有一些[③]。"结构类型"的异称很多,大致有:造字法[④]、构造法[⑤]、造字

① 《对近百年来汉字学研究的历史反思》,《辽宁师范大学学报》1991年第3期。

② 《汉字构形方式:一个历时态演进的系统》,《安徽大学学报》1994年第3期。

③ 陈燕:《汉字学概说》;王平:《汉字散论》;林志强:《汉字的阐释》,79页。

④ 苏培成、高家莺等、孙钧锡、郑慧生等在著作中都使用过这个名词,详苏培成:《现代汉字的构字法》,《语言文字应用》1994年第3期;高家莺等:《现代汉字学》;孙钧锡:《汉字通论》;郑慧生:《中国文字的发展》。"造字法"这个名称使用者较多,是一个传统而通俗化的名词,其含义并不十分确定。严格来说,它并不符合科学术语的要求,而且我们不用这个名词,也完全能够把汉字的结构问题说清楚,用它来指称汉字结构的静态分类更不合适,因此,我们建议"造字法"一词最好不用。

⑤ 邓志瑗:《中国文字学简说》。

原则[①]、结构规律[②]、结构类别[③]、结构模式[④]、构造法则[⑤]、汉字结构[⑥]、创造类型、构成类型等等。在以上这些异称中，有的虽然使用者较多，但用来指称汉字功能结构静态分类的类别并不恰当，有的则由于使用者很少，没有成为通行术语。

"结构类型"一词有的学者给它赋予了其他含义——用来指称"部件间的方位关系"。如苏培成说："在合体字里几个部件之间存在着一定的方位关系，这种方位关系构成了合体字的结构类型。这种类型可以画成框图，一目了然。合体字的结构类型又有两类，要分别研究。一类是第一级部件间的方位关系，另一类是基础部件间的方位关系。"[⑦]李公宜、刘如水也有类似这样的用例[⑧]。实际上，对于"部件(偏旁)之间的方位关系"，人们一般用"部位"来指称，称做"结构类型"的情况并不多见。因此，为了术语使用的规范，我们建议，称"方位关系"时最好只用"部位"(偏旁部位)，而用"结构类型"专指汉字功能结构的静态分类。汉字功能结构的静态分类主要包括指事结构类型、象形结构类型、会意结构类型和形声结构类型这样四类。

---

① 何仲英：《新著中国文字学大纲》。

② 石玉成：《汉字学初探》。

③ 许锬辉：《文字学简编·基础篇》。

④ 王宁以"结构模式"指称"构件以其不同的功能组合成字从而体现构意的诸多样式"，《汉字构形学讲座》第六讲，《中国教育报》1995年6月9日。

⑤ 林庆勋等：《文字学》。

⑥ 有很多人直接用汉字结构来指称结构的类型，如钟业枢等：《文字学基础》；杨五铭：《文字学》；刘志成：《汉字学》。

⑦ 《二十世纪的现代汉字研究》，352页。

⑧ 《汉字信息字典》，1071页。

下面顺便介绍一下“字式”和“构形方式”：

“字式”是王力首先提出来的[①]。他说：“关于字形，应该分为两方面来看：第一是字体的变迁；第二是字式的变迁。字体是文字的笔画姿态，字式是文字的结构方式，二者是不能混为一谈的。”“由小篆到隶书，不但字体变了，连字式也发生了很大的变化。……从隶书到楷书，字式很少变化。特别是唐代以后，由于科举制度要求正字法，字式更是基本上稳定了一千多年。”[②]王先生虽然没有对字式问题展开更为深入细致的论述，但是，他提出的“字式”概念对于汉字结构问题的深入研究，具有很重要的启发意义。

传统汉字学所谓“六书”大体指的是汉字的结构方式，属于“字式”的范畴；古文、小篆、隶书、楷书等则因文字的形态风格不同而异其称，指的是字体（或称为“书体”）。字体是文字的表层结构，字式则是其深层结构。对汉字字体的研究，是通过笔画姿态的分析，阐明汉字作为一个符号系统的发展演变，以及它所遵循的规则；对汉字结构方式，即字式的研究，则主要是通过对汉字的发生和创造机制进行探讨，从而揭示出汉字字形的构成及其功能。以上两方面的研究互相因依，对字体的体察入微，是分析字式的基础和前提；对字式的正确把握，则是阐明字体发展变化的根本依据[③]。

黄德宽师在《汉字构形方式：一个历时态演进的系统》一文

---

① 《汉语史稿》（上），39 页。

② 《汉语史稿》（上），39 页、43 页。

③ 黄德宽：《古汉字形声结构论》前言。

中①,对汉字的字式问题进行了深入的研究,但黄先生使用的是“构形方式”。他指出:“分析汉字的构成,实际涉及两个有着密切联系又有一定区别的概念:构形方式与结构类型。构形方式是汉字形体符号的生成方式,结构类型则是对用不同构形方式构成的汉字进行共时的、静态的分析归纳的结果。”“汉字构形方式是一个随着汉字体系的发展而发展的动态演进的系统。在汉字发展的不同历史层面,构形方式系统也有着相应的发展和调整。这种发展反映在汉字体系中,即是不同结构类型的汉字分布情况的消长变化。”

总之,“字式”(构形方式)指的是从汉字的发生和创造机制角度总结出来的关于汉字构造的各种方式,揭示的是潜藏在汉字结构内部深层的动态演进系统。“结构类型”是指在共时层面上对汉字的功能结构进行静态的分析后归纳出来的类别,二者关注的层面不同,考察的方法有别,揭示的规律也就不同,因此并不是一回事。

03.016 六 书

【正名】六书

【释文】传统汉字学关于汉字构造和分类的基本理论,即象形、指事、会意、形声、转注和假借。

【考释】“六书”是汉字学中最为常用的术语之一。“六书”一语最早见于《周礼》。《周礼·地官·保氏》载:“保氏掌谏王恶,而养国

① 载《安徽大学学报》1994 年第 3 期。

子以道，乃教之六艺：一曰五礼，二曰六乐，三曰五射，四曰五驭，五曰六书，六曰九数。”但《周礼》并未具体说明六书的内容。

汉代学者始把“六书”解释为关于汉字构造的六种基本原则。郑玄注《周礼》引郑众说：“六书，象形、会意、转注、处事、假借、谐声也。”班固《汉书·艺文志》也说：“古者，八岁入小学，故周官保氏掌养国子，教之六书，谓象形、象事、象意、象声、转注、假借，造字之本也。”许慎《说文叙》说：六书，一曰指事，二曰象形，三曰形声，四曰会意，五曰转注，六曰假借。三家说“六书”皆本《周礼》，只是具体名目和顺序小异，实质无别，许慎还为“六书”分别下了定义，并举了例字。

汉代以后谈“六书”者，基本上不出三家轨范，均推《周礼》为言“六书”之始。对于《周礼》“六书”之名，是否即如汉代学者所理解的六种构字原则，现代以来虽有学者表示过怀疑①，但也提不出否定的充分证据。

将《周礼》“六书”的内容进行比较，“六书”无疑属于语言文字方面的知识。这样看来，周代已能将零散的汉字结构的分析系统化、理论化，概括出基本原则和条例。《周礼》成书不迟于东周惠王时代②，因此，学者认为“六书”之名及其指称的关于汉字构造的六种原则至迟在东周早期就已经形成了③。

“六书”是一个什么样的概念呢？现代人如何来理解它呢？首先，“六书”是古人在对早期汉字（汉代及汉代以前）总体面貌

① 张政烺：《六书古义》，《中央研究院历史语言研究所集刊》第十本；裘锡圭：《文字学概要》。

② 朱谦之、洪诚、金景芳说，参《经书浅说》，42～46页。

③ 黄德宽、陈秉新：《汉语文字学史》，5页。

进行研究分析的基础上总结出来的汉字分类概念，是中国传统语言研究的基础理论之一。其次，"六书"所总结的既可理解为汉字构造生成的方法，又可理解为汉字的静态分类和用字方法，关键是从哪个层面和角度去理解和认识它。最后，无论是对汉字构造生成的总结，还是对汉字共时层面的静态分类，"六书"的方法都不是完美无缺的。换句话说，有些汉字无法纳入"六书"体系当中，例如一些记号字、变体字等，因此，用"六书"的框框来套所有的汉字就不一定合适。像古人那样，把"六书"奉为金科玉律，不可越雷池一步，这是不对的。"六书"只不过是古人在当时的历史条件下，对当时的汉字面貌进行考察分析，然后总结出来的关于汉字构造和分类的一种理论认识。我们既要看到其具有相当强的适用性，也要看到其局限性，特别是用"六书"理论来分析古汉字和现代汉字时，其不适应的一面就很明显地暴露出来。

顺便说明一下，"六书"在汉字学史上还有另一个含义：指王莽时期的六种字体。《说文叙》亦称此为"六书"，即古文、奇字、篆书、左书、缪篆、鸟虫书。不过，这样使用"六书"的情况本来就很少。

03.017 象形；03.018 指事；03.019 会意；03.020 形声；03.021 转注；03.022 假借

【正名】象形；指事；会意；形声；转注；假借

【释文】象形："六书"之一。用简洁的线条描摹物体形状来构成汉字的汉字构形方法。

指事："六书"之一。以抽象性符号组合字形或在象形字上增加抽象性符号以标指字义的汉字构形方法。古代又称"象事"、"处事"。

会意："六书"之一。依靠两个或两个以上字符的形体组合关系或意义组合关系来表现新字意义的汉字构形方法。

形声："六书"之一。用表示意义或起标示作用的形旁和表示读音的声旁组合成字的汉字构形方法。

转注："六书"之一。归于同一部类而字义可以互为训释的汉字使用方法。历史上因为对转注的理解不同从而产生了数十种不同的说法。其中最主要的有"形义转注说"、"互训转注说"和"同族转注说"三种。

假借："六书"之一。借用读音相同或相近的字来记录语言中有音有义而无字的词或代替既有的音同而形义皆不同的另外一个字的汉字使用方法。

【考释】汉代班固、郑众、许慎三家说"六书"皆本《周礼》，虽同出一源，但名称与次序上却存在一定差别，情况如下表：

班固	1.象形	2.象事	3.象意	4.象声	5.转注	6.假借
郑众	1.象形	4.处事	2.会意	6.谐声	3.转注	5.假借
许慎	2.象形	1.指事	4.会意	3.形声	5.转注	6.假借

从上表可以看出，除象形、转注、假借，三家所用名称相同外，其余三类则不尽一致。其中，"会意"班固称为"象意"，若仔细推敲，这两个名称是有区别的。如果从小篆以前的文字看，称为"象意"也许比较合适，如果从隶书以后的文字看，把它叫做"会意"比较好。

顺便说一下学者对于"会意"之"会"的理解。过去的学者有两种不同的意见：一派认为应作“会合”解，会意就是“合二字三字之义，以成一字之义”，如王筠《说文释例》；另一派则认为“会”是“使人观之而自悟”的意思，如杨桓《六书统》。其实两种说法都有问题。古汉字中有许多会意字本身虽然很像一幅图画，但是它也必须通过语言起作用，并不能孤立地“合二字三字之义”就可以“成一字之义”，或简单地“观之而自悟”。一个人如果不掌握这个字表达的词，是绝不可能“合二字三字之义成一字之义”或者“观之而自悟”的[①]。

此外，“象声”这个名称比较笼统，而且容易引起歧义，不能把半形半声的构形特点表现出来，至少它并不比“形声”表现得更好些。郑众使用的“谐声”一词后世倒有不少人沿用。如宋代郑樵《六书略》、元代周伯琦《六书正讹》、元代戴侗《六书故》、明代赵撝谦《六书本义》等，但总的来说，用“形声”者仍然较多，特别是在清代“说文学”兴起之后。段玉裁就不同意使用“谐声”这个名称，他说：“郑众作‘谐声’，谐，詥也，非其义。”[②]

另外，“象事”、“处事”显然没有“指事”那么明确和清楚。段玉裁云：“指事即象事，郑众作‘处事’，非也。”[③]因此，后人使用“六书”时，多数袭用许慎提出的“六书”术语。

下面简要解释这六个术语的含义。

(1)象形。许慎《说文叙》的解释为：“画成其物，随体诘诎，‘日’、‘月’是也。”所谓“画成其物”，就是把字形画成它所代表的事物的样子；所谓“随体诘曲”，就是让字形的线条笔画随着事物

① 梁东汉：《汉字的结构及其流变》，102～103页。

② 《说文解字注》，755页。

③ 《说文解字注》，755页。

的形状而折屈。甲骨文“日”字有方圆形的外廓，正是太阳的形状，“月”字画作一弯新月形，以表现其特征。可见，象形是最直观、最简单易行的构形方法。当然，象形不可能像画画那样细致描绘，它要用简练的线条笔画将事物的特征表现出来。所以，我们说象形是用简洁线条描摹物体形状来构成汉字的汉字构形方法。

(2)指事。“视而可识，察而见意，‘上’、‘下’是也”，这是许慎《说文叙》的解释。指事以象形为基础，通常有一部分是象形字，所以，看到字形会有似曾相识的感觉，这就是所谓“视而可识”；但所指的含义要通过特定的抽象性符号提示出来，经过仔细观察才能理解，这就是所谓“察而见意”。“木”下面加点作标记，指示根本之所在，“刀”口之处加点作标记，指示刀刃之所在。除此之外，指事还可以指以抽象性符号来组合字形的方法。例如，以一横为标准线，上面加一点或短画，表明“上”的意思；下面加一点或短横，表明“下”的意思。因此，指事的含义应当是以抽象性符号组合字形或在象形字上增加抽象性符号以标指字义的汉字构形方法。

(3)会意。“比类合谊，以见指㧑，‘武’、‘信’是也”是许慎的解释。意思是把几个相关的字排比在一起，由它们的联合形式而呈现出新字的意义来。许慎所举的两个字例“武”、“信”都有问题，“武”字从止表示行为，从戈表示行为的性质，会合而表征伐用武的意思，当然并非“止戈为武”之义；现代学者大都认为“信”字是“从言人声”的形声字，因为金文的“信”字或从“千”，或从“身”，而“人”、“千”、“身”三字古音相近。会意包括形体组合和意义组合两种，前者如甲骨文、金文中的“比”、“从”、“及”、“采”等，后者如古汉字中的“明”、“雀”以及后来出现的“烦”、“劣”、“尘”、“籴”

等。因此,会意可解释为依靠两个或两个以上字符的形体组合关系或意义组合关系来表现新字意义的汉字构形方法。

(4)形声。许慎给“形声”下的定义是“以事为名,取譬相成”,意思是根据事类造字,然后再选取一个同音字来譬喻读音以配合成字。显然,形声的构成有两部分:一部分是表示字的意义和类属的形旁,一部分是表示字的读音的声旁。例如《说文·邑部》的“郡”、“都”、“鄙”、“郊”、“邸”等,《日部》的“晤”、“昧”、“晚”、“晓”、“昕”等,“邑”和“日”都是形旁,“邑”左侧的“君”、“者”、“啚”、“交”、“氐”等,“日”右侧的“吾”、“未”、“免”、“尧”、“斤”等,都是声旁。

(5)转注。许慎对转注的解释很抽象:“建类一首,同意相受,‘考’、‘老’是也。”“建类一首,同意相受”是什么意思呢?这个“类”和“首”究竟是指什么?其含义比较含混。所以后世关于转注的解释争论最多,产生了数十种不同的说法,大体上有三种意见:一种意见主要从形体偏旁部首来说明转注意义,可称为“形义转注说”,南唐徐锴等主张此说。另一种意见认为文字辗转相互训释,或数字同训为一义即为转注,可称为“互训转注说”,清代戴震、段玉裁等主张此说。第三种意见以反映语言孳乳的造字为转注,可称为“同族转注说”,章炳麟等主张此说。高明认为,三派所涉及的问题,实际上已经超出了转注的范围,深入到汉字形、音、义的发展和相互作用的研究。了解三派意见,不要拘泥于对转注的考辨,应当从中吸取三派不同的研究方法和成果①。裘锡圭则明确指出:“今天研究汉字,根本不用去管转注这个术语。不讲转注,完全能够把汉字的构造讲清楚。至于旧有的转注说中有价值

① 《中国古文字学通论》,56页。

的内容，有的可以放在文字学里适当的部分去讲，有的可以放到语言学里去讲。总之，完全没有必要卷入到无休止的关于转注定义的争论中去。”[①]这个意见是很有道理的。

(6)假借。《说文叙》给“假借”下的定义是“本无其字，依声托事”，意思是说语言中的某个词，书面中尚未产生出记录它的文字，于是就借用某个同音的字，通过声音来寄托它的意思。例如，甲骨文“来”，本是小麦的象形，假借为“来去”之“来”；甲骨文“其”，本是簸箕的象形，假借来记录代词或语气词。一般来说，假借也包含另一种情况：代替既有的音同而形义皆不同的另外一个字。例如，“皮球”之“球”本字作“毬”，《说文》大徐本新附字中收入“毬”字，“球”字从玉求声，本当一种美玉讲。后世借“球”为“毬”。再如，“艸”是“草木”之“草”的本字，“草”字本义是栎树的果实，即草斗。后世借“草”为“艸”。

【其他术语】

曾称

指事——处事、象事

会意——象意

形声——象声、谐声

03.023 象形字；03.024 指事字；03.025 会意字；03.026 形声字；03.027 转注字；03.028 假借字

【正名】象形字；指事字；会意字；形声字；转注字；假借字

① 《文字学概要》，102 页。

【释文】象形字：用象形的方法造出的汉字。例如，甲骨文“(目)”象人眼睛之形，“(齿)”象牙齿之形，“(水)”象水流之形。

指事字：用指事的方法造出的汉字。例如，金文“本”字写作“”，在“木”下部加点标注，以示根本之所在。

会意字：用会意方式造出的汉字。例如，甲骨文“饗”写作“”，会二人对坐共宴之意；金文“莫”写作“”，会日影落入草丛之意，这些是依靠字符形体组合关系表现新字意义的会意字。“尖”，会上小下大之意；“歪”，会不正之意，这些是依靠字符意义组合关系表现新字意义的会意字。

形声字：用形声方式造出的汉字。例如“枫”、“巅”、“圈”、“返”等。

转注字：被认为运用六书转注方法构成的汉字。学者对转注的理解不同，所说的转注字也不同。

假借字：由于音同或音近而被借用来记录语言中“本无其字”的词或代替本字的汉字。例如“其”、“之”、“奚”(借表本无其字的古汉语虚词和代词)和“球”、“荷”(分别代替表示本义的“毬”、“何”)等。

【考释】(1)象形字。前面已经对“象形”作了解释，那么象形字当然就是用象形的方法造出的汉字。过去研究文字学的学者往往区分象形字为“独体”和“合体”等，实际上这种分类没有必要，如段玉裁所谓“合体之象形”，王筠所谓“象形兼意”或“象形兼意又兼声”。段氏所举字例有“眉”、“箕”等。其实，“眉”本为象形字，金文作“”、“”，眉与目为一整体象形，无目就无以体现眉的形状。“箕”字甲骨文作“”，为簸箕之象形，后增加声旁“丌”变为形声字，后又在其上加注形旁“⺮”，因此根本不能称为“合体象

形”。再如，王筠以“为”字为例来说明所谓“象形兼意”者，他说：“不以爪表之不可知为猴也，有头有腹，短尾四足。”其实，“为”字甲骨文从又从象，会以手牵象之意，是个会意字。王氏以为“猴”，本误，又以此作为“象形兼意”的例证，更谬。通过以上的分析，可作这样的总结：象形字是采用描摹物体外形的方法创造出来的汉字，它是最早创造的一种汉字结构类型，后来逐渐变图形为象征性线条或符号。由于它原本就为完整的图形，所以必然是个整体，根本不存在“象形兼意”或“象形兼声”的问题[①]。

(2)指事字。许慎关于指事字的解释，过于含混笼统，与象形、会意的界线不甚清晰，因此后世学者对指事字的理解颇多分歧。例如王筠在《说文释例》中把指事分为正例和变例，变例又分为八项细目，立论可谓繁琐。他的本意只是想把指事与形声、会意的界线分得更清楚一些，但实际效果恰好相反，弄得更加混乱。如他在正例中所举的“甲”、“乙”二字，原本都是象形字，因为后来假借作干支用字，本义丧失，类似这样的字并不能称为“指事字”。

所谓“指事字”，实际上是在用象形的方法难以表示事物特点和意义的情况下，利用标注抽象记号的方法来指出所表示事物的特殊含义。例如，“刀”是象形字，“刃”必须依赖“刀”才能体现，于是在刀口加注一标记符号，写作“”。“木”为象形字，根本之“本”只能通过“木”才能体现，于是在“木”下加注标记符号，写作“”。总之，用指事方法造字的局限性很大，指事字的数量不多，皆属于早期所造，后来基本不用此法创造新的指事字了。

(3)会意字基本上可以分为两类：一类通过构字字符的形体

① 高明：《中国古文字学通论》，48页。

组合表现新字的意义。例如,甲骨文“饗”写作“”,会二人对坐共宴之意;金文“莫”写作“”,会日影落入草丛之意;甲骨文“宿”写作“”,表示人睡在屋里的簟席上。另一类通过构字字符的意义组合表现新字的意义。例如,“尖”,会上小下大之意;“歪”,会不正之意;鲜少之“鲜”的本字小篆写作“”,《说文》:“尟,是少也……从是、少。”“尟”还有一个异体字作“尠”,从甚、少会意。第一类会意字自有其局限性:当汉字进入隶楷阶段以后,采用这种形体组合的方式已无法体现会意的内容,因而隶书盛行以后,就不再创造这类会意字了。第二类会意字采用意义组合的方式,所以尽管汉字由篆体变为隶体,但并没有影响从意义方面构成会意的内容。因此,隶书盛行之后,利用会意创造汉字的方法并没有完全被淘汰,第二种形式的会意字仍时有产生。

(4)形声字。从理论上说,形声字概念并不复杂,它指用表示意义或起标示作用的形旁和表示读音的声旁组合而成的汉字。但是有一点我们应注意,人们现在所说的形声字通常把那些字源意义上的“形声字”包括在内,如有人依据字源,把“年”、“春”等这样的字都算做形声字,这些字由于隶变等原因,形声结构已遭到破坏。有些所谓形声字,从现代汉语的层面看,表音、表义的特点已不存在了,如“等”字所从的“⺮”、“寺”。也就是说,由于语音的发展、形体的演变,有些字源上本属形声字的汉字已经失去了形声结构,严格说来已成为非形声字了。

(5)转注字。由于对转注的理解不同,不同的研究者会把不同的字当做转注字。如南唐徐锴认为可与形旁互训的字为转注字,他在《说文解字系传·通释》中说:“‘寿’、‘耋’、‘耄’、‘耆’可谓之‘老’,‘老’亦可同谓之‘耆’,往来皆通。”清代戴震、段玉裁等认为文字辗转相互训释,或数字同训为一义就是转注,如《尔雅·释诂》同训为"始也"的"初"、"哉"、"首"、"基"、"肇"、"祖"、"元"、"胎"、"俶"、"落"、"权舆"。章炳麟主张彼此音相转而义相通，即使字形没有联系，同样也可以看做是转注字，如"屏"与"藩"，"亡"与"无"等。

(6)假借字。关于假借字，首先要说明的是古代学者所谓的"假借字"往往是把记录词义引申义的字也算在内的。《说文叙》所举的假借字例是"令"、"长"，其实"令"、"长"只能说明词义的引申现象，而不能用来说明借字表音的假借现象。裘锡圭说："清代以前的文字学者绝大多数是把引申包括在假借里的。即使是已经比较明确地认识到词义引申和借字表音这两种现象的不同性质的人，多数也还是这样做。"[①]

假借字是指由于音同或音近而被借用来记录语言中"本无其字"的词或代替本字的汉字，它包括两类：一类是本无其字而借字。如金文中"须"字写作""，本指面上的胡须，假借为"必须"之"须"，甲骨文"萬"字写作""，本是蝎子的象形，假借为"千万"之"万"。另一类是有本字不用而借字，如我们在上面所举的字例"球"和"草"等。

03.029　指事符号

【正名】指事符号

【释文】指事字中用以标指字义的抽象性点画符号。

【考释】指事字中用以标指字义的抽象性点画符号，现代以来，

① 《文字学概要》，103页。

学者一般称之为“指事符号”[①]。如“本”字中于“木”的底部所加的短横；“末”字中于“木”的顶部所加的圆点或短横；“刃”字中表示刀口意思的“、”；“亦”字中在正立人形的两侧所加的表示腋部的两点，均是其例。

除了“指事符号”外，这个概念还有几个异称：“指示符号”[②]、“指示性符号”[③]、“象征性符号”[④]。

比较以上几个名词，“指事符号”不仅使用者多，而且可与传统术语“指事”、“指事字”形成整齐的术语系列，同时又不另外增加新的名词，所以，我们赞同把“指事符号”确立为正名。

【其他术语】

又称 指示符号

03.030 亦 声

【正名】亦声

【释文】某些会意字中意符兼有标音作用的结构现象。

---

① 梁东汉：《汉字的结构及其流变》，99页；杨五铭：《文字学》；林尹：《文字学概说》，103页；《辞海·语言学分册》，69页，等等。此例至多。

② 裘锡圭使用了“指示字”这个术语，因此，他把“指示字”中用以示意的点画符号称为“指示符号”，《文字学概要》，120～121页。韩伟在《指示符号是“指事”的根本标志》一文中说：“上述两类指事字中，都有抽象符号。这种符号，我们称之为指示符号。”《信阳师范学院学报》1997年第4期。

③ 《中国语言学大辞典》，30页。

④ 《实用中国语言学词典》，181页。

【考释】“亦声”是许慎在《说文解字》中创立的一个术语。如《说文·一部》:“吏,治人者也。从一从史,史亦声。”《土部》:“坪,地平也。从土从平,平亦声。”《示部》:“禮,履也,所以事神致福也。从示,从豊,豊亦声。”《女部》:“婚,妇家也。礼:娶妇以昏时,妇人,阴也,故曰婚。从女,从昏,昏亦声。”以“婚”字为例,“婚”字从“女”从“昏”会意,其中的意符“昏”也兼有标音的作用。其实,把《说文》所谓的这些亦声字看做是一类特殊的形声字也未尝不可,它们往往是为了记录某个词的引申义而造出的分化字。《说文·女部》“从女从取,取亦声”的“娶”字就是从“取”字分化出来的,古书中多以“取”为“娶”。如《诗经·齐风·南山》:“取妻如之何?匪媒不得。”又《陈风·衡门》:“岂其取妻,必齐之姜?”

“亦声”这个概念并不复杂,但后世学者对其理解却不尽相同,现略举几例:

段玉裁说:“凡言亦声者,会意兼形声也,凡字有用六书之一者,有兼六书之二者。”[①]王筠认为:“言亦声者凡三种:会意字而兼声者一也;形声字而兼意者二也;分别文在本部者三也。”[②]叶长青《文字学名词诠释》“亦声”条:“会意字兼形声者为亦声。”[③]《辞海·语言学分册》“亦声”条:“汉字中合体字的意符兼有声符的作用。”总的来说,学者多数以段玉裁的界说为是。

① 《说文解字注》,1页。

② 《说文释例》。

③ 《文字学名词诠释》,57页。

03.031　省形;03.032　省声

【正名】省形;省声

【释文】省形:形声字构形中形旁的笔画有所省略的结构现象。

省声:形声字构形中声旁的笔画有所省略的结构现象。

【考释】"省声"这个名词是许慎在《说文解字》中创立的。如"夜"字,《说文》分析为"从夕,亦省声"。"齋"字分析为"从示,齊省声"。等等,均是其例。近年来,陈世辉和何九盈对《说文》"省声"现象进行过专题研究[①]。据何九盈考察,大徐本共有310条省声,他认为其中158条不可信。

比较而言,"省形"的情况比较少。《说文》对"省形"现象进行分析时,并未使用"省形"这个名词,而是用"省"来表示的。如"耆"字分析为"从老省,旨声"。"弑"字分析为"从殺省,式声"。均是其例。不过,"省"在《说文》中有时指形旁的部分省略,有时指声旁的部分省略,这要由具体字例来断定[②]。"省形"一词是后人仿照"省声"这个术语而造出来的。当然,如今这两个词均早已成为汉字学的常用术语了。

造字或用字的人"省形"和"省声"的目的何在?总体来说,其目的无非有两个:一是为了追求字形的整齐匀称,二是为了求得书写的方便。

① 陈世辉:《略论〈说文解字〉中的"省声"》,《古文字研究》第1辑;何九盈:《〈说文〉省声研究》,《语文研究》1991年第1期。

② 陈世辉:《略论〈说文解字〉中的"省声"》,《古文字研究》第1辑。

省声的情况大体上可以分成三类：

(1)把字形繁复或占面积太大的声旁省去一部分。如，“襲”字《说文》分析为“从衣，龖省声”，所录籀文从“龖”不省；“珊”字《说文》分析为“从玉，删省声”，“姗”字《说文》分析为“从女，删省声”，等等。

(2)省去声旁的一部分，空出的位置用来安置形旁。如，《说文》分析为“从夕，亦省声”的“夜”，“从糸，微省声”的“徽”，“从足，寒省声”的“蹇”，等等。

(3)声旁和形旁合用部分笔画或一个偏旁。如，“羆”字《说文》分析为“从熊，罷省声”，其实，“羆”字中间的“能”既可看做“熊”的上部，也可看做“罷”的下部。这类字的情况本来是介于省声和省形之间的，不过习惯上都按照《说文》的办法，把它们当省声处理。

省声字其实并非都是一开始就省声的，有些字是在使用过程中由一般的形声字改成省声字的。例如小篆的“袭”字、“秋”字，就是由较早的一般形声字省略而成的。还有不少字在小篆里没有省声，到隶书或楷书里，才变成省声字。如“蠹”、“岛”、“釜”、“蔷”等①。

省形的情况大体上可以区分为两类：

(1)把字形繁复的形旁省去一部分。如，本“从晶，生声”的“曐”(星)，形旁省为“日”。

(2)省去形旁的一部分，空出的位置用来安置声旁。如，《说文》分析为“从老省，旨声”的“耆”字，省去形旁“老”的下部，以安

① 裘锡圭：《文字学概要》，162页。

置声旁“旨”[①]。

03.033 形旁;03.034 声旁

【正名】形旁;声旁

【释文】形旁:又称“形符”、“义符”。形声字中对字的意义范围或类属起标示或区分作用的偏旁。

声旁:又称“声符”、“音符”。形声字中表示字的读音的偏旁。由于字音的发展演变及其他原因,许多形声字中的声旁已经不能表音或者不能准确表音。

【考释】形声字中对字的意义范围和类属起标示和区分作用的部分,有多种异称,大致有“形旁”、“形符”、“意符”、“义符”、“义旁”等多种。从目前来看,使用比较混乱,很不统一。

“形旁”是个传统称谓,使用的人较多[②]。使用“形符”的情况也比较多见[③]。使用“意符”、“义符”、“义旁”的例子虽有,但

---

① 小篆“老”字的下部与“旨”字的上部不同,楷书则混而不分。所以,楷书“耆”字可以看做是形旁和声旁合用部分笔画的形声字。

② 用例有很多,这里略举几种:杨润陆:《现代汉字学通论》,146 页;胡双宝:《声旁的表义作用》,《语文研究》1985 年第 1 期;陈涛:《文字学浅说》;裘锡圭:《文字学概要》,6 页;林涛:《现代汉字形声字形旁的分布特点及成因》,《语文现代化论丛》第 2 辑。

③ 这里略举几例:施正宇:《现代形声字形符表义功能分析》,《语言文字应用》1992 年第 4 期;康加深:《现代汉语形声字形符研究》,陈原主编《现代汉语用字信息分析》;王凤阳:《汉字学》,445 页。

并不多见[①]。比较来说，我们赞成将“形旁”作为正名，理由有二：

(1)“形旁”作为一个传统名称，影响较大，使用者较多；

(2)“意符”、“义符”等已经被用来表示普通文字学范畴内的其他概念（见“意符”、“义符”条考释）。

因此，我们认为用“形旁”来专门指称形声字中表意的部分是较为合适的。

关于形声字中形旁的作用和性质，过去有一种比较流行的观点认为“形声字的意义，是从它的形的部分产生的”[②]，这其实是一种误解。黄德宽师对这个问题做了很好的分析和总结。他认为能表示或大致表示字义的形旁在数量上是微乎其微的，大多数形旁仅不严格地标明类属意义，或从某一方面与字义发生一定的联系，而且还有一部分形旁表意模糊不清。在对形旁的特点，形旁与字义的关系，以及其产生发展的事实作了全面分析的基础上，他得出这样的判断：从作用上看，形旁通过物质符号刺激人们的视觉，规定、指示人们联想的方向，以达到对相同语音符号的区别；就其性质而论，它只是一种与字义相关的约定俗成的标志性（或区别性）符号[③]。这一论断对我们理解形旁概念很有帮助。

形声字中的表音部分有这样几种不同的名称：“声旁”、“声

① 用“意符”的有：《中国大百科全书·语言文字》“意符”条，449页；《语言文字词典》“意符”条，169页。用“义符”的有：蒋善国：《汉字的组成和性质》，228页；林沄：《古文字研究简论》，26页；郑慧生：《中国文字的发展》；梁东汉：《汉字的结构及其流变》，39页。

② 《马叙伦学术论文集》。

③ 《古汉字形声结构论》，71～72页。

符"、"音符"、"音旁"。

"声旁"是个传统术语，使用者较多①。"声符"的使用虽不及"声旁"普遍，但用者不少②。使用"音符"、"音旁"者总的说来不算太多③。比较这几个名词，"声旁"显然使用者最多，作为一个传统名称也容易被人接受，且可与"形声字"、"形旁"、"偏旁"等形成整齐的术语系列，符合术语命名的系统性原则。"声符"虽然使用者不少，但在通行程度和命名要求的系统性方面均逊于"声旁"。"音符"一词，很多学者同意用它来指称普通文字学范畴的另外一个概念——与文字所代表的词在语音上有联系的字符，因此，我们建议不再使用它指称形声字中表示读音的偏旁这个概念。"音旁"的使用者很少，可废止不用。总之，我们认为以"声旁"作为正名是比较恰当的。

声旁是形声字中表示字的读音的偏旁。从理论上说，声旁的功用在于标指字音，它与形声字所代表的语音应当是一致或基本一致的。至少在古汉字阶段，形声字的声旁是具有较强表音作用的，它基本上与形声字的读音相契合。随着语音的发展，

① 略举几例：裘锡圭：《文字学概要》，6 页；陈涛：《文字学浅说》；杨润陆：《现代汉字学通论》，146 页；胡双宝：《声旁的表义作用》，《语文研究》1985 年第 1 期。

② 参见郑慧生：《中国文字的发展》；蒋善国：《汉字的组成和性质》，228 页；《语言学百科词典》，246 页；班吉庆：《汉字学纲要》，30 页；康加深：《现代汉语形声字声符研究》，陈原主编《现代汉语用字信息分析》，87～97 页；蒋维崧：《汉字改革和汉语规范化》，《文史哲》1956 年 7 月号。

③ 参见梁东汉：《汉字的结构及其流变》，39 页；林沄：《古文字研究简论》，26 页。

形声谱系内部的读音也逐渐出现差异，声旁表音的功能相对减弱，至少在东汉时期这种差异已经发生了，从许慎《说文》"读若"的材料中已能看出这种读音的分歧。[①]

在现代汉字层面，许多传统的形声字的声旁读音与其字音已有或大或小的差距，如"霜"、"逃"、"蛇"、"刻"等。从这个角度出发，有人将现代汉字的形声字区分为两类：广义的形声字和狭义的形声字。前者指的是古代字书中的形声字，或者说具有形声结构的字，如"江"、"河"等；后者指的是声旁表音、形旁示意的形声字，如"湖"、"榆"等。[②]

【其他术语】

又称

形旁——形符；义符

声旁——声符；音符

03.035　右文说

【正名】右文说

【释文】历史上关于形声字声旁可兼表字义的一种汉字理论学说。此学说由宋代学者提出，后世学者不断发展，逐渐成为一种传统语言学理论。

【考释】"右文说"为北宋王圣美（子韶）所倡。宋代沈括《梦溪笔谈》卷十四有如下记载：

---

① 黄德宽：《古汉字形声结构论》，95页。

② 苏培成：《现代汉字学纲要》，76页。

王圣美治字学，演其义以为“右文”。古之字书皆从“左文”。凡字，其类在左，其义在右。如木类，其左皆从木。所谓“右文”者，如“戋”，小也，水之小者曰“浅”，金之小者曰“钱”，歹而小者曰“残”，贝之小者曰“贱”。如此之类，皆以“戋”为义也。

此外，宋人张世南在《游宦纪闻》中列举了从“青”得声的“晴”、“清”、“睛”、“精”等字例，王观国在《学林》中列举了从“盧”得声的“鑪”、“𥗋”、“矑”等字例，来说明这种“右文”“以类相从”（张世南语）的观点。所谓“右文”即指形声字的声旁，因形声字多为左形右声结构，故古人特以“右文”称之，如宋人所举字例“浅”、“钱”、“残”、“贱”所从声旁“戋”，“晴”、“清”、“睛”、“精”所从声旁“青”，“鑪”、“𥗋”、“矑”所从声旁“盧”。他们提出，因“戋”有小义，则从“戋”之字，既有戋声亦有小义；“盧”有黑义，从“盧”之字，既有盧声又有黑义；“青”有精明之义，从“青”之字，既有青声亦有精明之义。

正式提出“右文说”这个名词的是沈兼士[①]。1933 年在《右文说在训诂学上的沿革及其推阐》这篇著名的论文中[②]，沈氏不仅在批判传统声训与右文理论缺失的基础上，提出了建立科学汉语字族学的思想，分析总结了字族分化的途径，还创立了训诂学和汉字学研究中至今仍被广泛使用的术语——右文说。

毫无疑问，“右文说”对汉语言文字的声义关系有所发现，在

① 梁冬梅：《右文说探源》，《贵州文史论丛》1998 年第 2 期。

② 收入《沈兼士学术论文集》。

汉语文字学史上占有重要地位。主要表现在[①]：

(1)“右文说”指出了“声旁”兼含意义的现象，揭示了汉字孳乳过程中具有同源关系的形声字的派生源流关系，这样就把汉字形体的研究与语言本身直接联系了起来。

(2)“右文说”把研究的着眼点放在形声字形旁、声旁在表意中各自承担的功能上，这比以往对形声字的研究更加深入了一步。

(3)“右文说”理论思想对后世的汉语言文字研究影响很大。清代学者研究形声谱系，探讨形声字字源都和“右文说”的影响分不开。

总之，宋代创立的“右文说”尽管有失之绝对的一面，但其总体价值是不可低估的，在汉字学基本术语中，“右文说”应有其一席之地。

目前，学者给“右文说”所下的定义不够统一，例如：

(1)“右文说”是研究汉字形声字声符表义问题的一种学说[②]。

(2)所谓“右文说”，就是这样一种理论：在形声字中，声符本身兼有表示特定的意义，因而同声符之字意义相通[③]。

(3)从声符推求字义的一种文字学见解[④]。

(4)根据右边的声符说字义的这种学说就称为“右文说”[⑤]。

(5)文字学上从声符求字义的学说[⑥]。

---

① 黄德宽、陈秉新：《汉语文字学史》，117 页；姚孝遂主编：《中国文字学史》，187～188 页。

② 姚孝遂主编：《中国文字学史》，185 页。

③ 梁冬梅：《右文说探源》，《贵州文史论丛》1998 年第 2 期。

④ 《语言学百科词典》，105 页。

⑤ 《中国大百科全书·语言文字》，465 页。

⑥ 《辞海·语言学分册》，76 页。

这些解释都似乎不够全面和准确，因此，我们赞同给“右文说”这样下定义：历史上关于形声字声旁可兼表字义的一种汉字理论学说。

03.036 会意兼形声字

【正名】会意兼形声字

【释文】兼有会意和形声两种结构特点的汉字。例如，“娶”，“娶”字之“取”既为声旁，又兼有“取得”义；又如“驷”，“驷”字之“四”既为声旁，又兼有数量“四”之义。

【考释】《说文》分析汉字形体常言“从某、某，某亦声”。如《说文·女部》“婚”下云：“妇家也。《礼》娶妇以昏时。妇人阴也，故曰婚。从女、昏，昏亦声。”这种兼有会意和形声双重结构特点的汉字构形现象，后世学者称之为“会意兼形声”。段玉裁《说文解字注》“钩”字注解说：“钩镶、吴钩、钓钩皆金为之，故从金。按句之属三字（引者按：指拘、笱、钩）皆会意兼形声。”[①]王国维《观堂集林·释旬》：“军字从车、从勹，亦会意兼形声也。”这种构形现象，有时也称作“形声兼会意”、“形声包会意”[②]。

比较起来，“会意兼形声”一词使用的人更多，其影响也较大[③]，能够比较准确地反映出以会意为主的构形特点，因此，我

① 《说文解字注》，88 页。

② 段玉裁：《说文解字注》，277 页。

③ 现代学者多称之为“会意兼形声”，如：裘锡圭：《文字学概要》，125 页；经本植：《古汉语文字学知识》。

们建议将它确立为正名。

【其他术语】

又称　形声兼会意字

03.037　形　借

【正名】形借

【释文】只借用字形而不取其原来音义的汉字使用方法。形借的借字与被借字互为同形字。

【考释】借用已有的某个字形（不管它原来的音、义），来记录另一个词的汉字使用现象，裘锡圭称为“形借”。他说：“以‘隻’表{只}是‘隻’（获）字已经使用了很久以后才发生的事，所以可以把这一现象解释为对已有的文字的一种比较特殊的借用。假借一般只取被借字原来的音，这种借用则只取被借字的形而不管它原来的音、义。我们可以称之为‘形借’。”[①]

“形借”概念的提出，揭示了一种特殊而重要的汉字使用现象，在汉字学界引起了学者的重视[②]。

也有人不同意使用“形借”这个术语，理由是这样的现象可以归入同形字的范畴，而不必使用“形借”这一术语；另外，“形借说”的产生，扩大了假借的范围，可能引起概念上的混淆[③]。

我们认为这种反对的理由其实并不充分，因为：

---

① 《文字学概要》，125 页。

② 张玉金、夏中华：《汉字学概论》，175 页。

③ 李茂康：《形借说浅析》，《古汉语研究》1997 年第 3 期。

(1)“同形字”与“形借”本身并不是同一层面上的概念，可以说，“形借”现象只是产生同形字的原因之一[①]。

(2)“形借”与“假借”是具有明确界限的两个不同概念，形借的实质是只借字形，不取音义；假借的实质是只借其音，依声托事，因此，形借之说的提出根本不会导致假借范围的扩大，也不会造成两个概念的混淆。

03.038 通　假

【正名】通假

【释文】古代文献中借用一个音同或音近(双声或叠韵)的汉字来代替本字或另一个通常使用的字的用字现象。

【考释】“通假”这个术语来源于“假借”。“假借”本为“六书”之一，许慎《说文叙》对“假借”的界说是：“假借者，本无其字，依声托事，‘令’、‘长’是也。”比许慎稍晚的经学大师郑玄也用过“假借”这一术语，但指称的对象不同。他说：“其始书之也，仓卒无其字，或以音类比方假借之，趣于近之而已。”[②]

到了清代，一些学者开始明确认识到许、郑“假借”概念的区别。段玉裁认为：“本有字而代之，与无本字有异。”[③]王引之对两种假借的区别也有详尽的阐述：“至于经典古字，声近而通，则有不限于无字之假借者，往往本字见存，而古本则不用本字，而

① 裘锡圭：《文字学概要》，210页。

② 陆德明：《经典释文·叙录》引郑玄语。

③ 《说文解字注》，756页。

用同声之字。学者改本字读之，则怡然理顺，依借字读之，则以文害辞。”[①]嗣后，侯康提出了“本无其字”的造字假借和“本有其字”的用字假借的区别，并正式使用了“通假”这一术语。他说：“何谓本？制字之假借是也；何谓末？用字之假借是也。二者相似而实不同。制字之假借是本无其字而依托一字之声，或事以当之以一字为二字者也。用字之假借是既有此字复有彼字，音义略同因而通假，因而通假合二字为一字者也。”[②]侯康把“用字假借”称作“通假”，这个说法影响很大，至今仍被广泛采用。例如王力说：“所谓古音通假，就是古代汉语书面语言里同音或音近的字的通用和假借。”[③]《辞海·语言学分册》“通假”条：“也叫‘通借’。用音同或音近的字来代替本字。”

“通假”也称“通借”。“通借”的说法最早见于方以智的“字之纷也，即缘通与借耳。”[④]但“通借”之名不如“通假”使用得普遍。

通常来说，“通假”有广义、狭义之分。广义的“通假”和“通用”所指的文字现象的范围是相同的；狭义的“通假”指假借一个音同或音近的字来表示一个本有其字的字或另一个通常使用的字。我们所说的“通假”就是这种狭义的“通假”。为了避免跟狭义的“通假”（有本字的假借）相混，最好不要使用广义的“通假”，而使用“通用”这个术语[⑤]。

---

① 《经义述闻》卷三十二。

② 《说文假借例释》。

③ 《古代汉语》，541 页。

④ 《通雅·疑始》。

⑤ 裘锡圭：《文字学概要》，265 页。

关于通假，我们想着重强调三点：

第一，通假是一种古代文献中存在的汉字使用现象。人们解释文献中某种通假现象时，常说“甲通乙”，这种甲、乙之间因音同音近而相通的关系，它存在的语境是在古代典籍文献当中，且往往有着一定的使用条件，如人们的使用习惯等。

第二，通假可能是借用一个音同或音近的字来代替本字。如《荀子·劝学》：“若挈裘领，诎五指而顿之。”杨倞注：“诎与屈同。”此“诎”字被借来代替本字“屈”。

第三，通假也指借用一个音同或音近的字来代替另一个通常使用的字，在这样的情况下，借用的字和被代替的字都非本字。如古籍中“胥”、“须”常通假，二者皆为借字。《史记·廉颇蔺相如列传》：“胥后令邯郸。”《索隐》：“‘胥’、‘须’古人通用。须，待也。”再如“否”、“鄙”可通假，《论语·雍也》：“予所否者，天厌之！”《论衡·问孔》“否”作“鄙”。

【其他术语】

又称 通借

03.039 通假字

【正名】通假字

【释文】又称“借字”。古代文献中由于字音相同或相近，而常被借用来代替本字或通常使用的那个字的汉字。例如，古代文献中常用“罢”代替“疲”，用“蜚”代替“飞”，“罢”和“蜚”分别为“疲”和“飞”的通假字。

【考释】“通假字”也称“借字”，是汉字学的一个传统术语，但目前对于“通假字”这个概念的理解，研究者仍存在分歧，例如：

(1)称本有本字或有后起本字的假借字为通假字①。

(2)通假字是通用字和假借字的简称②。

(3)通假字是因音同或音近而用来替代本字的字③。

对以上三种意见，我们在此略加评述。

第一种意见把本有本字和有后起本字的假借字称为通假字是正确的。因为本有本字的假借是典型的通假现象；本字后造的假借，在后起本字出现之后，假借字如果还继续使用，就应该看做是通假字④。不过，这种意见还需要做一点补充：借用一个音同或音近的字来代替另一个通常使用的非本字也应看做是通假字，这样的字例我们在上面已经举过了。

第二种意见认为把“通用字”跟“假借字”合起来就是“通假字”，并不恰当⑤。因为所谓“通假”并不是“通”与“借”概念的简单相加，而是一种概念的综合；况且他们把假借字排斥在通用字之外，这跟前人使用通用字这个术语的情况也是不相合的⑥。

第三种意见没有把有后起本字的和代替非本字的情况考虑在内，因而是不完整的。因此，我们同意这样解释“通假字”：古代文献中由于字音相同或相近，而常被借用来代替本字或通常

① 裘锡圭：《文字学概要》，188页。

② 刘又辛：《大型汉语字典中的异体字、通假字问题》，《中国语文》1979年第4期。

③ 《中国语言学大辞典》，33页；《实用中国语言学词典》，183页。

④ 裘锡圭：《文字学概要》，187～188页。

⑤ 陆锡兴：《假借字、通用字、通假字、本字、正字、古今字通辩》，《急就集》。

⑥ 裘锡圭：《文字学概要》，266页。

使用的那个字的汉字。

【其他术语】

又称 借字

03.040 本字

【正名】本字

【释文】与假借字或通假字相对的、表示本义的字或通常使用的那个字。

【考释】“本字”这个词唐宋学者已开始使用。颜师古《匡谬正俗》卷四:“襄五年楚公子王夫,字子辛。今之学者以其字子辛,遂改‘王夫’为‘壬夫’,同是日辰名字相配也……固当依本字读为‘王夫’,不宜穿凿改易为‘壬’也。”然而唐宋学者所谓的“本字”为泛指原字,事涉释读、正字,基本上是训诂家的用语。

近代所用“本字”多指与借字相对的概念。段玉裁说:“汉人作传注不外转注、假借二者,必得本字而后可说其假借。欲得其本字,非许书莫由也。”①

王念孙说:“训诂之旨,存乎声音。字之声同声近者,经传往往假借。学者以声求之,破其假借之字而读以本字,则涣然冰释。”②

现代以来,用“本字”这个术语指称与假借字或通假字相对的、表示本义的字或通常使用的那个字,已成为学者的共识。语

① 《说文解字注》,492 页。

② 《经义述闻序》引。

言学工具书对“本字”的解释基本上较为一致[①]。

有两点要说明一下：

(1)由于“本字”之“本”是多义字，所以有人把“本字”理解为早起的“初文”[②]，此现象虽不多见，但应注意纠正。

(2)清代学者还常常用“正字”一词来指称与“借字”相对而言的“本字”。如段玉裁《说文解字注》“踶”字下：“按许踶为形貌，跧训动也，然则《礼》言行容者皆踶，为正字，跧为假借字。”[③]严章福《说文校议议》“裯”下云：“盖经典多假借，《说文》皆正字。”

【其他术语】

曾称 正字

03.041 后起本字

【正名】后起本字

【释文】为“本无其字”而借用他字记录的词后造出来的专用字。

【考释】“后起本字”是“本字”的下位概念。有的词本来用假借字表示，但是人们后来又为这个词造了本字，一般称这样后造的本字为后起本字[④]。

---

① 《中国大百科全书·语言文字》，19页；《实用中国语言学词典》，183页；《辞海·语言学分册》，69页；《中国语言学大辞典》，32页。

② 陆锡兴：《急就集》，63页；《语言文字词典》，165页。

③ 《说文解字注》，81页。

④ 裘锡圭：《文字学概要》，181～182页。

例如，云谓之“谓”本来借“胃”字表示（东周时代的吉日壬午剑铭文及长沙楚帛书都有借“胃”字表示云谓之“谓”的例子），后来才加“言”旁造出本字“谓”（“谓”字已见于秦简和《说文》），这个“谓”字就是一个后起本字。忧戚之“戚”本来借用当斧类兵器讲的“戚”字表示，如《论语·述而》：“小人长戚戚。”后来才加“心”旁造出本字“慼”，《说文》作“慽”。

“后起本字”早先有学者或称之为“后起专字”。王筠《说文释例》卷二十：“案许君以‘绘’为画，可以《尚书》作‘会’决之，谓许君用本字，《尚书》则省形存声字可也，即谓《尚书》为古文假借字，许君之‘绘’，则后起之专字，亦可也。”

【其他术语】

曾称 后起专字

03.042 表意字

【正名】表意字

【释文】字形本身与所记录的词的意义有联系、与词的语音没有联系的汉字，包括象形字、指事字和会意字。

【考释】裘锡圭提出“三书说”，他的“三书说”把汉字分成表意字、假借字和形声字三类。他说：“表意字使用意符，也可以称为意符字。”“凡是字形本身跟所代表的词的意义有联系，跟词的语音没有联系的字，包括前面讲过的‘鹿’、‘射’、‘亖’、‘大’各类字，我们都称为表意字。”①

---

① 《文字学概要》，107页、3页。

林沄也提出了与裘先生类似的概念，不过他使用的是“表义字”这个名称。他说：“这些不同角度的种种差别，显然不是旧有的‘指事’、‘象形’、‘会意’三分法所能够妥善区别的。因此，我们把凡是字形与所记录语词的意义有关连而不包含其他标音成分的字，统称为‘表义字’。表义字的进一步分类，可从不同的角度作多方面分析，如囿于旧的三分法，只能导致无谓的争论。”[①]

显然，“表意字”概念的提出，为便于此类汉字的研究，避免针对指事、象形、会意三者如何区分而引起的无谓争论，从宏观上把握汉字结构的类型，无疑是很有意义的。从实际使用来看，“表意字”一词用得较为普遍，因此，我们建议将它确立为正名。

有些汉字学者给“表意字”赋予了另外的含义。如姜亮夫说：“表意字的主要意义，是‘文字意识’已超过了依类象形的阶段，也即是超过了抱着一个形来死啃的阶段，而把物事的‘德’与‘用’提高一步，来作为文字的主要意义的成分。也就是说，不能单就形的外表现象而定其义。……所以‘信’字不单是人形加言，加的不是象形，也不是象事，而是要‘比类合谊，以见指撝’。此之谓表意字。”[②]很明显，姜先生的“表意字”就是“由义符构成的会意字”，与我们上面所说的“表意字”显然不同，这是我们应该注意的。

---

① 《古文字研究简论》，22～23 页。

② 《古文字学》，95～96 页。

03.043 变体字

【正名】变体字

【释文】通过改变某一个字的字形来表意的汉字。改变字形的方法包括增减笔画、改变方向或形态。如“片”、“孑”、“叵”等。

【考释】所谓“变体字”，就是用改变某一个字的字形的方法来表意的字。改变字形的方法主要有两种，即增减笔画（一般是减笔画）、改变方向或形态[①]。

由增减笔画构成的“变体字”有“片”、“爿”、“孑”、“孓”等。“木”字篆文取其右半边便成“片”字，取其左半边便成“爿”字，“子”省去右臂而成“孑”，省去左臂而成“孓”。

由改变方向构成的“变体字”有“今”、“叵”等字。“今”大概是“吟”（噤）的初文，本义是闭口不作声。字形大概是倒写“曰”字而成的，但是为书写方便，圆顶变成了尖顶。“可”字反写就变成了表示“不可”的“叵”字。

“变体字”有人也称作“变例字”[②]，从这个概念的实际所指来看，我们认为称为“变体字”是较为合适的。

【其他术语】

又称 变例字

---

① 裘锡圭：《文字学概要》，139页。

② 《中国语言学大辞典》，32页。

03.044　表音字

【正名】表音字

【释文】使用音符构成的汉字,也指各种表音的汉字,如形声字、假借字等。

【考释】裘锡圭在《文字学概要》中提出了“表音字”概念。他说:“(字符)跟它所代表的词只有语音上的联系,没有意义上的联系,所以我们把它叫做表音字。”①

在汉字中,这种使用音符构成的表音字主要包括假借字、两声字、变体表音字、合音字这样几种,有时也把一般使用音符的形声字包括在内。假借字是使用音符的,人们在假借某个字来表示一个跟它音同或音近的词的时候,通常并不要求它们原来在意义上有什么联系,因此,假借字应该属于表音字的范畴。例如古汉字中借用“”(簸箕的象形)来表示语气词“其”,“箕”、“其”这两个词在意义上就毫无关系。近代假借花草之“花”这个形声字来表示“花费”之“花”,这两个“花”在意义上也是毫无关系的。因此,尽管“”本来是表意字,“花”本来是形声字,在它们被假借来表示语气词“其”和动词“花”时,都是纯粹作为音符来起作用的②。两声字、变体表音字和合音字详见后文的考释。

---

① 《文字学概要》,11 页。

② 裘锡圭:《文字学概要》,12 页。

03.045 两声字

【正名】两声字

【释文】由两个都是音符的字符组成的汉字。

【考释】所谓"两声字",即是指由都是音符的两个偏旁组成的字[①]。

例如"啎"字就是一个"两声字"。古代曾假借"午"字表示啎逆之"啎","啎"是在假借字"午"上加注音符"吾"而成的一个字。此外,见于古汉字中的"觪"("台"和"司"古音相近)、"曩"等字,都属于这类"两声字"。这里有一个问题:两声字中原来的音符已可表音,为何又要再加注一个音符呢?我们认为再加注一个音符的目的可能主要是为了达到区别字形的目的。比如"啎"字,原本假借"午"字表示,由于"午"字还承担记录它词的职务,为了区别字形,更准确地记录词义,后来又在"午"旁加注了另一个音符"吾",造出了这个两声字。

林义光《文源》卷十二有所谓"二重形声字",实际上指的就是我们所说的"两声字"。但林氏所收"二重形声字",有一些恐怕不是真正的"两声字"。

"两声字",近年来也有人称之为"纯双声符字"[②],不过这样的使用不够普遍。

---

① 裘锡圭:《文字学概要》,108页。

② 袁家麟:《汉字纯双声符字例证》,《南京师范大学学报》1988年第2期。

【其他术语】

又称 双声符字

03.046 变体表音字

【正名】变体表音字

【释文】通过稍微改变某字的字形而造出的、读音与原来的字音近似的汉字。例如“乒”、“乓”、“刁”等。

【考释】对某一字形稍加改变而造出新字，用来表示与原来的字读音相近的音，这样造成的字，学者称之为“变体表音字”[①]。

最典型的字例是：对“兵”稍加改变，省去一笔而造出的“乒”、“乓”，对“刀”稍加改变而成的“刁”字。过去有人一律把这些字都称作“分化字”[②]，实际上并不恰当。

03.047 合音字

【正名】合音字

【释文】读音由构成该字的两个字符反切拼读而成的汉字。例如“甭”、“羟”、“羰”等。

【考释】所谓“合音字”，就是指字音由用作偏旁的两个汉字反切

① 裘锡圭：《文字学概要》，107页。

② 梁东汉：《汉字的结构及其流变》，164～165页。

拼读而成的字[①]。

中古时期为翻译佛经，就曾造过一些这样的“合音字”，来表示汉语所没有的音节。如“䊵”（名养反）、“䟚”（亭夜反）等[②]。在现代使用的汉字里，表示“不用”的“甭”，表示吴方言中“勿要”、“勿曾”之义的“嫑”、“朆”，既可以看做为“会意字”，也可看成“合音字”。化学用字中表示氢氧基的“羟”、表示碳氧基的“羰”，性质上也属于这类“合音字”。

“合音字”，以前或被称作“合声字”[③]。不过，“合声字”的名称并没有通行开来。

【其他术语】

曾称 合声字

03.048 记号字；03.049 半记号字

【正名】记号字；半记号字

【释文】记号字：只使用记号字符的汉字。例如古汉字中“五”、“六”、“七”、“八”等表数的字以及隶变或简化后意符、音符失去作用的“我”、“年”、“乐”等这一类汉字。

半记号字：由记号与音符或意符组成的汉字。例如现代汉字中的“急”、“泉”、“耻”等。

【考释】所谓“记号字”，就是只使用记号字符（与文字所代表的

---

① 裘锡圭：《文字学概要》，108页。

② 梁东汉：《汉字的结构及其流变》，150页。

③ 梁东汉：《汉字的结构及其流变》，51页。

词在语音和意义上都没有联系的字符）的汉字①。“记号字”从其形成的途径看，可分为两大类：一类是在汉字形成初期就被吸收到文字体系中的“记号字”。如古汉字中的“五”、“六”、“七”、“八”等数字；另一类是由于种种原因，原来的意符和音符变成了记号，由表意字、形声字等字演变而成的“记号字”。如现代汉字中的“日”、“表”、“年”、“我”等字都属于这类记号字。

所谓“半记号字”，是指既使用“记号”，又使用“意符”或“音符”组成的汉字②。“半记号字”一般是在汉字发展演变过程中产生的，而不是一开始就有的。它也可以分为两类：一是记号意符字，二是记号音符字③。

记号意符字的主要来源是古代形声字、古代会意字和古代复体象形字。这些字变为记号意符字的原因有二：一是字形的演变或简化，二是字义或字音的变迁。如，“急”原是一个从心、及声的形声字，但现在声旁“及”演变为“刍”，成了记号，“心”仍是意符；“烛”原是从火、蜀声的形声字，而现在声旁“蜀”被简化成了“虫”，变为记号，“火”仍是意符；“念”原来也是形声字，从心、今声，但如今“今”跟“念”的读音已不相近，成了记号，“心”仍是意符；“灰”原是会意字，从火、从又，但如今“又”已演变成为“𠂇”，成了记号，但“火”仍是意符。

记号音符字的主要来源是古代形声字、古代会意字和后起的两声字。这些字演变为记号音符字的原因跟记号意符字产生的原因是一样的。如，“笨”的本义是竹子内的白色薄膜，原是从

① 裘锡圭：《文字学概要》，13～14 页。

② 裘锡圭：《文字学概要》，14 页。

③ 张玉金、夏中华：《汉字学概论》，192 页。

竹、本声的形声字，而现在其本义已不用，其常用义是不聪明、不灵巧，“竹”已不能表义，成了记号，“本”仍是音符。“喬”的本义是“高而曲”，从夭、从高省，但今天其基本义仅是“高”，字也被简化为“乔”，其中的“川”是记号，而“夭”可看成音符。“耻”字本来是从心、耳声的形声字，在东汉碑刻中已经写作“耻”[①]，现在“耳”已不能表音，成了记号，而“止”仍是音符。

03.050 六书说

【正名】六书说

【释文】传统汉字学最重要的一种汉字分类学说。主张将汉字划分为象形、指事、会意、形声、假借和转注六类。

【考释】“六书”这个名词很早就已使用，但是“六书说”一词是在现代才出现的。

唐兰在《中国文字学》中创立了著名的“三书说”理论——把汉字分为象形文字、象意文字、形声文字三大类型。为了便于称说，他于是把汉代学者所创立的关于汉字构造和分类的传统学说称为“六书说”[②]。此后，有很多著名学者在著作中都曾使用过这个名词[③]，“六书说”一词遂逐渐成为了一个汉字研究的常用术语。

---

① 裘锡圭：《文字学概要》，15 页。

② 《中国文字学》，72 页。

③ 陈梦家：《殷墟卜辞综述》，75 页；梁东汉：《汉字的结构及其流变》，90 页；蒋善国：《汉字学》；裘锡圭：《文字学概要》，98 页。

03.051　三书说

【正名】三书说

【释文】现代以来在“六书说”基础上发展形成的汉字分类学说。有的主张将汉字划分为象形、象意和形声三类，有的主张划分为表意、形声和假借三类。

【考释】“三书说”是唐兰最早使用的。他说：“我在《古文字学导论》里建立了一个新的系统，三书说：一、象形文字，二、象意文字，三、形声文字。”[①]此后，“三书说”使用得越来越普遍，目前它已成为汉字学的一个通行术语，有的语言学辞书已经将其收录在正式的词条中[②]。

提出过“三书说”的学者有唐兰、张世禄、陈梦家、林沄、裘锡圭等。他们所提出的虽然都属于“三书说”，但又各有不同。

唐兰的“三书说”是在20世纪30年代提出来的，这“三书”是：象形文字、象意文字和形声文字。关于象形文字，唐先生认为要具备下面三个条件：(1)一定是独体字；(2)一定是名字；(3)一定是在本名之外不含别的意义。唐氏的象意文字，包括旧时所谓“合体象形字”、“会意字”和“指事字”的大部分。至于形声文字，他认为是由象意、象语(指引申义)和象声(指假借来的字)演变而成的。他对自己的“三书说”充满自信。他说：“象形、象

① 《中国文字学》，75～76页。

② 《语言学百科词典》13页“三书说”条：“唐兰倡导的说解汉字构造、演变的一种见解。”

意、形声叫做三书，足以范围一切中国文字。不归于形，必归于意；不归于意，必归于声。”

唐氏“三书说”的提出影响很大。今天看来，此“三书说”仍存在不少问题[①]。但是在当时人们十分迷信“六书说”的历史条件下，根据自己占有的材料，批判了“六书说”，提出了汉字基本类型划分的新构想是难能可贵的，对文字学的发展起了促进作用，因此有很大的历史贡献[②]。

张世禄在20世纪40年代提出了他的“三书说”：写实法、象征法和标音法[③]；张氏的写实法大体相当于传统的象形，他的象征法包括一般所谓的指事、会意，他的标音法则兼指会意兼形声、形声和假借。

陈梦家在20世纪50年代中期提出了他的象形、假借、形声的“三书说”，认为象形由形得义，假借由音得义，形声由形和音得义[④]。陈氏的象形，大体包括了许慎的象形、指事和会意。他认为，不管文字所像的是物是事是意，都是用形象表达出语言的内容，所以他把三者合而为一。陈氏的假借，就是许慎的“本无其字，依声托事”。他的形声，与许慎的“形声相益”的方法相当。

林沄在《古文字研究简论》一书中提出了“以形表义”、“以形记音”、“兼及音义”的“三书说”[⑤]；林先生的“以形表义”，相当于陈梦家的象形；他的“以形记音”，相当于陈梦家的假借；他的“兼

---

① 裘锡圭：《文字学概要》，105～106页。

② 姚孝遂主编：《中国文字学史》，520页。

③ 《中国文字学概要》，第四章。

④ 《殷墟卜辞综述》，77～81页。

⑤ 《古文字研究简论》，14页。

及音义”，相当于陈梦家的形声[①]。

裘锡圭在《文字学概要》一书中提出了他的“三书说”：表意字、假借字和形声字。这“三书”与陈梦家的“三书”基本一致，只是把象形改成了表意。为什么要这样改呢？裘先生解释说：“陈氏的‘三书说’基本上是合理的，只是象形应该改为表意，这样才能使汉字里所有的表意字在‘三书说’里都有它们的位置。”[②]

03.052　四体二用说

【正名】四体二用说

【释文】传统汉字学的一种汉字分类学说。主张“六书”中的象形、指事、会意、形声四者为汉字的构形类别，转注、假借二者为汉字的使用方法。

【考释】最早明确提出“六书”中前四者（象形、指事、会意、形声）与后两者（转注、假借）之间有体、用之别的，现在一般认为是清代学者戴震。在《答江慎修先生论小学书》中，他说：“大致造字之始，无所凭依。宇宙间事与形两大端而已，指其事之实曰指事，‘一’、‘二’、‘上’、‘下’是也；象其形之大体曰象形，‘日’、‘月’、‘水’、‘火’是也。文字既立，则声寄于字，而字有可调之声；意寄于字，而字也可通之意：是又文字之两大端也。因而博衍之，取乎声谐曰谐声；声不谐而会合其意曰会意。四者，字之体止此矣。由是之于用，数字共一用者，如‘初’、‘哉’、‘首’、

① 张玉金、夏中华：《汉字学概论》，160页。

② 《文字学概要》，106～107页。

‘基’之皆为始，‘卬’、‘吾’、‘台’、‘予’之皆为我，其义转相为注曰转注；一字具数用者，依于义以引申，依于声而旁寄，假此以施于彼曰假借。所以用文字者，斯其两大端也。”

段玉裁完全赞同“四体二用说”，在给《说文》作注过程中他也持这样的观点。他曾明确地说：“戴先生曰：指事、象形、形声、会意四者，字之体也。转注、假借二者，字之用也。圣人复起，不易斯言矣。”[①]“四体二用说”划清了构字方法与用字方法的界限，使研究汉字的本义与引申义之间的关系有了明确的界说，其影响是巨大的[②]。此后，“四体二用说”一词遂逐渐通行开来，今天，它已成为汉字学中的一个常用术语。

03.053 六书三耦说

【正名】六书三耦说

【释文】传统汉字学的一种汉字分类学说。主张按照虚实对应关系将“六书”划分为象形与指事、会意与形声、假借与转注三类。

【考释】“六书三耦说”的最早提出者是五代时南唐的著名学者徐锴。

徐锴在《说文解字系传》卷一“上”字注下说：“大凡六书之中，象形、指事相类，象形实而指事虚；形声、会意相类，形声实而

① 《说文解字注》，755页。

② 黄孝德：《汉字研究中“四体二用”说的确立及其应用》，《武汉大学学报》1981年第6期。

会意虚。转注则形声之别，然立字之始类于形声，而训释之义与假借为对。假借则一字数用，如'行'(茎)、'行'(杏)、'行'(杭)、'行'(沆)；转注则一义数文，借如'老'者直训老耳，分注则为'耆'、为'耋'、为'耄'、为'寿'焉。凡六书为三耦也。""六书三耦说"的价值在于人们第一次不再浑沌不分地把"六书"看做同一层面的事物，而是从其形义结合的不同特点出发，以虚实为标准，将其划分为不同的类型，这就在一定程度上触及了"六书"的内部规律①。

就"六书三耦说"这个名词来说，则是后人对这种理论的概括性称说，如今，它是人们经常使用的一个汉字学术语。

① 古敬恒:《"六书三耦"说与汉字的形体分析》,《徐州师范学院学报》1995 年第 4 期。

04. 汉字的形体

04.001 形　体

【正名】形体

【释文】泛指汉字的外形和体态。一般包括汉字的字形和字体。

【考释】在汉字学中，“形体”一词有着特定的含义，是一个常用术语。请看这样一些用例：

“从形体上看，汉字主要经历了由繁到简的变化。这种变化表现在字体和字形两方面。”①

“汉字形体自古至今发生了许多变化，有许多字已经失去构字理据。”②

“古汉字的形旁数量并不很多，但因时间的推移和地区的差异，形体变化非常复杂。”③

类似这样的用例可以举出很多。作为一个常用的汉字学术

---

① 裘锡圭：《文字学概要》，28页。

② 苏培成：《现代汉字学纲要》，93页。

③ 高明：《中国古文字学通论》，60页。

语，我们当然不能无视它的存在，而应当给它一个合适的定义或解释。根据目前人们对这个词的使用习惯和理解，我们认为汉字学中的“形体”一词通常是用来泛指汉字的外形和体态的，具体来说一般可包括汉字的字形和字体两个方面。

04.002　字　体

【正名】字体

【释文】根据不同时期、不同书写工具和介质汉字的字形结构特点和总体风格，总结划分出来的汉字形体类别，主要包括甲骨文、金文、小篆、隶书、楷书等。也指根据字形特点和风格划分出来的，用于印刷、电子显示或手写的汉字形体类别，主要包括宋体、仿宋体、楷体、黑体等。

【考释】对字体这个术语的界定一直以来不是十分统一。王力说：“字体是文字的笔画姿态。……古今字体只有两大类：第一类是刀笔文字。其笔画粗细如一，不能为撇捺；第二类是毛笔文字，其笔画能为撇捺，粗细随意。”①启功曾说：“所谓字体，即是指文字的形状，它包含两个方面：其一是指文字的组织构造以至它所属的大类型、总风格……其二是指某一书家、某一流派的艺术风格。”②

从历史上关于“字体”的用法来看，其含义大体有这样三种：

(1)表示文字体势的“大类型、总风格”。如汉字有篆书、隶

---

① 《汉语史稿》，39 页。

② 《古代字体论稿》，1 页。

书、楷书、草书、行书等。汉代蔡邕《篆势》:“思字体之俯仰,举大略而论旃。”晋代王羲之《题卫夫人笔阵图后》云:“若欲学草书,又有别法,须缓前急后,字体形势,状等龙蛇,相钩连不断。”唐代韩愈《石鼓歌》云:“辞严义密读难晓,字体不类隶与科。”其中的“字体”都是这样的含义。

(2)表示某一书家、某一流派所形成和展现出来的风格独特的书体。如通常所说的“赵体”、“颜体”、“柳体”、“魏碑体”、“仿宋体”等。《南史·萧子云传》:“自云善效钟元常、王逸少而微变字体。”

(3)文字的形体构造。清代陈康祺《郎潜纪闻》卷三云:“殿廷考试尤重字体。”

那么,从文字学的角度考虑,我们应当取“字体”的哪一种含义为宜呢?应当看到,汉字在实现记录汉语功能的过程中,处于认读和书写两个衔接起来不可分离的矛盾统一体中,汉字在这个过程中具有了结构属性和书写属性。字体属于书写属性,应当和结构分立。而“表示某一书家、某一流派独特风格的书体”,过于微观,比较偏重于书法分类,纯文字学难以把握[①]。此外我们也要注意,在现代人的使用习惯中,“字体”一词也常用来指包括宋体、楷体、黑体这样根据字形和风格来区分的,用于印刷、电子显示或手写的汉字形体类别。

“字体”以前又称作“书体”。《晋书·卫恒传》:“杜氏结字甚安,而书体为瘦。”近人马叙伦曾作《书体考始》[②],陆丹林著《中

① 王宁:《汉字字体研究的新突破》,《三峡大学学报》2001年第3期。

② 载《国粹学报》第5册29~30期,1907年。

国书体沿革》[1]，等等，皆是其例。

有一点我们需要注意："字体"一词在有的文字学著作中是被用来指"字形"而言的。例如张世禄在《中国文字学概要》中，论述文字学的范围时说："无论哪种文字，它的实质，总是声音和意义；它的形式，就是各个字体。"这里的"字体"实际上指的是"字形"。

【其他术语】

又称　书体

04.003　甲骨文

【正名】甲骨文

【释文】汉字字体之一。主要指商周时代刻写在龟甲兽骨上的占卜记事文字，也指非占卜用的骨器上其他性质的文字。

【考释】"甲骨文"指契刻在龟甲、兽骨上的古汉字。

在实际使用中，"甲骨文"一词有三种含义[2]：

一是狭义的，特指殷墟出土的甲骨文；

二是发展的含义，指包括郑州、殷墟两地出土的商代甲骨文；

三是广义的，兼指商代和西周的甲骨文。

我们赞同按第三种含义来理解"甲骨文"这个术语，理由如下：

---

① 载《大众(画报)》第5期，1934年。

② 赵诚：《甲骨文字学纲要》，6页。

(1)当前一些重要的语言学辞书都是按广义来理解"甲骨文"这个名词的[①]。

(2)一些通论性著作实际上也是按照广义来介绍"甲骨文"的[②]。

(3)若将"甲骨文"限定为商代甲骨文,那么解放后在山西省洪洞县坊堆村,北京市昌平县白浮和陕西省岐山、扶风二县之间的周原遗址所发现的西周时代的甲骨文,严格来说就被排斥在"甲骨文"范围之外,这样显然与实际情况不相符。

因此,我们认为将"甲骨文"明确界定为兼指商代和西周时期契刻在龟甲兽骨上的古汉字是较为合适的。

"甲骨文"一词,是现在经过约定俗成之后的通行称法。在甲骨文发现之初及此后的相当一段时间内,学者们从出土地点、刻写方式、记录的内容等方面,分别给予不同的称名,命名很不统一,大体有这样一些叫法:"贞卜文字"、"殷墟文字"、"殷契刻辞"、"龟卜文"、"契文"、"甲骨刻辞"、"殷墟卜辞"、"贞卜文"、"殷契"、"殷墟书契"、"殷商文字"、"甲文"、"龟甲文"、"甲骨文"等等[③]。

"甲骨文"一词约从20世纪20年代初就有人开始使用[④],目前,这一名称早已被学术界所公认。其之所以能被公认,当然是约定俗成的结果,而这个约定俗成的主要原因是,其称名同我国

① 《中国大百科全书·语言文字》,223～224页;《辞海·语言学分册》,72页;《中国语言学大辞典》,5页;《实用中国语言学词典》,176页。

② 裘锡圭:《文字学概要》,46页;张玉金、夏中华:《汉字学概论》,73页。

③ 赵诚:《甲骨文字学纲要》,7页;蒋善国:《汉字形体学》,18页。

④ 李圃:《甲骨文文字学》,1页。

其他出土文献文字的称名保持了一致性。凡出土文献文字,多以质料称名,如陶质的称“陶文”,龟甲兽骨质的称“甲骨文”,青铜质料的称“金文”,等等。

【其他术语】

又称 卜辞;甲骨刻辞

曾称 贞卜文字;殷墟文字;殷契刻辞;龟卜文;契文;贞卜文;殷契;殷墟书契;殷商文字;殷墟卜辞;甲文;龟甲文

04.004 金 文

【正名】金文

【释文】又称“青铜器铭文”、“钟鼎文”、“吉金文字”、“彝器款识”。铸刻在古代青铜器上的汉字。

【考释】“金文”是“吉金文字”的简称①,“吉金”的名称来源于古代铜器上常见的“易(赐)吉金”和“择其吉金”之类的铭文。

古铜器的种类很多,过去通常分为乐器和礼器两大类,乐器、礼器以钟、鼎为大宗,因而古人习惯上用钟和鼎来代表古铜器的总名称,把钟鼎上面的文字叫做“钟鼎彝器款识”、“钟鼎文字”、“钟鼎文”。但古铜器里面,除了钟鼎外,还有爵、盘、簋等数十种之多,因此,“钟鼎文字”或“钟鼎文”实际上不能包括所有铜

---

① 清代吴大澂《说文古籀补》自序云:“百余年来吉金文字日出不穷,援甲证乙,真赝厘然。”

器上的文字，而“金文”这个名称却可以包括“钟鼎文”在内[①]。于是，“钟鼎文”这个名称后来逐渐被“金文”替代，现在使用“钟鼎文”或“钟鼎文字”这样名词的人已经不多了[②]。

现代学者中，还有人有时候使用“铜器铭文”或“青铜器铭文”来指称铸刻在古代铜器上的文字，但无论如何，“金文”仍是目前最为通行常用的术语。

当前学者对“金文”这个概念的界定仍然不够统一，主要有以下两种意见：

一是以商周时期铸刻在青铜器上的文字为“金文”[③]。

二是以铸刻在商周至秦汉时期铜器上的文字为“金文”[④]。

为了避免不必要的混乱和纷扰，我们建议把“金文”定义为“铸刻在古代青铜器上的汉字”。

【其他术语】

又称 铜器铭文；钟鼎文

曾称 钟鼎彝器款识；钟鼎文字；吉金文字

① 清代开始，学者使用“金文”这个名称的情况渐多。如孙诒让《古籀拾遗》自序云：“汉许君作《说文》，据郡国山川所出鼎彝铭款以修古文，此以金文说字之始。”潘祖荫《攀古楼彝器款识》同治十年自序：“古来最博于金文者，无过许叔重，张敞、郑众无论也。”

② 蒋善国：《汉字形体学》，66页；梁东汉：《汉字的结构及其流变》，175页。

③ 高明：《中国古文字学通论》，344页；《辞海·语言学分册》，72页；何九盈：《中国现代语言学史》，465页。

④ 《语言学百科词典》，340页；《语言文字词典》，156页。

04.005 族名金文

【正名】族名金文

【释文】又称“氏族文字”、“族徽符号”。商周金文中表示族氏名号的徽志性文字。

【考释】早期青铜器上表示族氏名号的徽志性文字,学者的称法目前还不够统一,主要有“氏族文字”、“族徽符号”、“族徽”、“族名金文”、“族氏文字”、“氏族标志文字”、“徽号文字”、“族徽文字”等。请看以下几个用例:

郭沫若最早称之为“族徽”,他说:“凡图形文字之作鸟兽虫鱼之形者乃图腾之转变,盖已有相当进展之文化,而脱其原始畛域者之族徽也。”[①]

裘锡圭称之为“族名金文”,他说:“在金文里,一部分主要用作族名的金文(以下称族名金文),象形程度显著地高于用于记事的一般金文。……族名金文不管是见于早期铜器的,还是见于晚期铜器的,都比早期甲骨文还要象形。”[②]

《中国语言学大辞典》称之为“族氏文字”,并对它作这样的解释:“也叫族徽。表示族氏名号的徽志。”

《汉语文字学史》一书称之为“氏族标志文字”[③]。

---

① 《殷彝中图形文字之一解》,《殷商青铜器铭文研究》。

② 《文字学概要》,43 页。

③ 黄德宽、陈秉新:《汉语文字学史》,252 页。

王伯熙曾称之为“徽号文字”①。张懋镕称之为“族徽文字”②。

在以上这些名称中，我们认为“族名金文”一词可能更为准确恰当一些。因为“族名”二字代表了其表示的是族氏名号，“金文”则标明了其属于铜器铭文范畴的特点。

【其他术语】

又称 氏族文字；族徽符号；族氏文字；族徽；族徽文字；氏族标志文字

04.006 鸟虫书

【正名】鸟虫书

【释文】春秋战国时期流行于南方楚越地区，字形中夹以鸟虫图案作修饰或字形线条呈鸟虫状婉曲变形的美术化字体。

【考释】春秋晚期到战国早期，在南方的楚、宋、吴、越等国流行过一种特殊的金文美术字体，其特点是在文字上加上鸟形、虫形或其他图案作为装饰，这样的美术字体人们习惯上称之为“鸟虫书”。

一般来说，“鸟虫书”的形式有两类：一类在笔画上附加鸟虫图案或半圆点，一类把文字嵌在鸟兽形图案之内。段玉裁说：

① 《文字的分类和汉字的性质》，《中国语文》1984年第2期。

② 《试论商周青铜器族徽文字独特的表现形式》，《文物》2000年第2期。

"此曰鸟虫书，谓其或象鸟或象虫。"[①]一些工具书在解释"鸟虫书"时，也说鸟虫书"因字形像鸟虫之形而得名"[②]，实际上这都是不准确的。

"鸟虫书"之名汉代已有，许慎《说文叙》记"秦书八体"，其中"四曰虫书"；又记"新莽六书"："六曰鸟虫书，所以书幡信也。""鸟虫书"除了又称为"虫书"外，还有"鸟书"、"鸟篆"[③]、"鸟虫体"[④]等其他异称，在这些名称中，"鸟虫书"无疑最为通行常用。

【其他术语】

又称　鸟书；虫书；鸟篆

04.007　战国文字

【正名】战国文字

【释文】战国时期及部分春秋晚期古汉字的统称。

【考释】"战国文字"之名清末学者已有使用。王国维《〈说文〉所谓古文说》云："然无论壁中所出与张苍所献，未必为孔子及邱明手书。即其文字，亦当为战国文字，而非孔子及邱明时之文字。"[⑤]在同篇文章中，他又称之为"战国古文"。20 世纪 50 年代以后，战国文字资料的大量出土，为战国文字研究提供了重要的

① 《说文解字注》，761 页。

② 《辞海·语言学分册》，74 页；《实用中国语言学词典》，185 页。

③ 裘锡圭：《文字学概要》，48 页；李学勤：《古文字学初阶》，36 页；《语言文字词典》，152～153 页。

④ 《中国语言学大辞典》，16 页。

⑤ 《观堂集林》卷七。

条件，战国文字研究进入了全面发展时期[①]。这一时期，"战国文字"一词逐渐发展成为专用术语[②]。

究竟什么是"战国文字"，学者对此认识尚不尽一致。

董莲池说："战国文字是指始自春秋终至秦灭六国时期的汉字。"[③]何琳仪对"战国文字"进行了全面细致的解释，他说："战国文字是汉语古文字的晚期书写形式。从字体而言，战国文字既包括笔画圆转的篆书，也包括笔画方折的古隶；从书写材料而言，战国文字既包括金属、石器、陶器、木器、漆器，也包括丝织品。""古文字学中所谓'战国文字'，是指春秋末年至秦统一以前这段历史时期内，齐、楚、燕、韩、赵、魏、秦等国曾使用过的一种古文字。战国文字在汉字发展史中是上承春秋金文，下启秦汉篆隶的重要环节。"[④]李学勤列举了"战国文字"的材料种类：包括"金文、货币文字、古玺、封泥、陶文、石刻、简帛等多项"[⑤]。《中国语言学大辞典》"战国文字"条："战国时期古文字的总称。包括竹简文、帛书、石刻文、货币文、陶文、古玺文以及传抄古文等。"《实用中国语言学词典》"战国文字"条："一般指战国时代除

① 黄德宽、陈秉新：《汉语文字学史》，272页。

② 这一时期很多学者在著作中都曾使用了这个术语，如：1956年李学勤发表了论文《谈近年新发现的几种战国文字资料》，《文物参考资料》1956年第1期；1959年商承祚在《石刻篆文编》自序中说："至于战国文字，亦属宝贵遗产之一：如玺文、货币文、陶文，以及近年出土的帛书、竹简等丰富的材料。"

③ 《二十世纪中国学者的战国文字研究》，《古汉语研究》2000年第4期。

④ 《战国文字通论》，1～2页。

⑤ 《古文字学初阶》，47页。

金文以外的文字材料。包括刻石文字、玉简文字、帛书文字、竹简文字、木椟文字、符节文字以及货币文字、玺印文字和陶器文字等。”

比较各家观点，我们赞同这样解释“战国文字”：战国时期及部分春秋晚期古汉字的统称。其类别主要有战国金文、石刻文字、简帛文字、货币文字、古玺文字、陶文以及传抄古文等。

【其他术语】

又称　战国古文

04.008　秦系文字

【正名】秦系文字

【释文】春秋战国时期流行于西部秦国地区的文字以及秦代通行的小篆。其字体端庄规整，与宗周文字一脉相承。

【考释】把周秦之间的汉字分为秦文字（西土文字）和六国文字（东土文字）二系，始自王国维。在《史籀篇疏证序》中，他说：“则《史籀篇》文字、秦之文字，即周秦间西土之文字也。至许书所出古文，即孔子壁中书，其体与籀文、篆文颇不相近，六国遗器亦然。壁中古文者，周秦间东土之文字也。”[①]唐兰分古汉字为四系，并首次使用了“秦系文字”这个名称，谓“秦系文字，大体是承两周”。把秦系文字的上限划在战国之初[②]。裘锡圭说：“秦系文字时代的上限是春秋，内容跟西周春秋文字有部分的重复。”“这样划分的

① 《观堂集林》卷五。

② 《古文字学导论》，32～33 页。

确能反映出古文字形体演变过程的一些重要特点，并且对于介绍古文字资料颇为方便。”“秦系文字指春秋战国时代的秦国文字以及小篆。”[①]总之，“秦系文字”作为汉字研究中的一个重要术语，现在已为广大学者所熟悉和常用。

对于“秦系文字”的下限问题，目前尚没有明确统一的看法。唐兰虽把“秦系文字”划到秦代小篆，但他又说：“汉以后的铜器、碑刻、印章，凡作小篆和缪篆者，应附入秦系。”裘锡圭在《文字学概要》第四章中介绍秦系文字资料时称：“为了叙述的方便”，“把秦代隶书的资料也放在这里一并介绍”。在“隶书的形成”一节里又说：“按理说，隶书既然由战国时代秦国文字的俗体发展而成，它的字形构造，就应该是属于秦系文字的系统的。”这样看，裘先生又是赞同把“秦隶”划入“秦系文字”之中的。

对于这一问题，黄德宽师认为：“秦系文字，是与六国文字区别很大的一系文字。按照它形成独特风格和行用的时间计算，上限始于春秋末战国初，下限可到西汉前期。”其范围“包括战国时期的秦篆和秦始皇时经过整理的小篆，还应当包括秦隶或古隶”[②]。这一意见是颇有道理的。对于“秦系文字”这个概念，我们认为可作如下概括：春秋战国时期流行于西部秦国地区的文字以及秦代通行的小篆。其字体端庄规整，与宗周文字一脉相承。秦系文字包括春秋战国时期秦国文字、秦代小篆以及秦至西汉前期的秦隶。秦系文字的资料主要有金文、石刻文字、玺印文字、陶文、简帛文字等。

顺便说一下“篆文”这个术语。

---

① 《文字学概要》，40页、59页。

② 《汉语文字学史》，294页。

“篆文”一词从传统的用法上看，不是一个十分成熟的术语，其涵义并不很清晰固定。例如《后汉书·张衡传》：“（候风地动仪）形似酒尊，饰以篆文山龟鸟兽之形。”此“篆文”指“篆体字”而言。许慎《说文叙》云：“今叙篆文，合以古籀。”王国维说：“然篆文者，乃秦并天下后所制定之文字。”[①]王氏在《史籀篇疏证序》中又说：“考战国时秦之文字，如传世秦大良造鞅铜量，乃孝公十六年作。其文字全同篆文。大良造鞅戟亦然。新郪虎符作于秦并天下以前，其符凡四十字，而同于篆文者三十六字。”[②]此“篆文”则明指“小篆”而言。

此外，“篆文”一词也容易与另一个传统术语“篆书”（大篆、小篆的统称）[③]相混淆。

有鉴于此，我们建议最好不要使用“篆文”一词来指称“秦系文字”，以免造成不必要的术语混乱。

【其他术语】

曾称 西土文字

04.009 六国文字

【正名】六国文字

【释文】战国时期流行于齐、楚、燕、三晋等东方六国地区的汉字。其字形大多草率简省，地域特征明显。

---

① 《〈说文〉今叙篆文合以古籀说》，《观堂集林》卷七。

② 《观堂集林》卷五。

③ 《辞海·语言学分册》，74页。

【考释】“六国文字”之名，最早见于清代学者的著述中。例如，光绪四年（1878 年），陈介祺在致吴大澂的信中有这样的话：“……朱文铜玺，前人谓之秦印，不知是三代，今多见，亦似六国文字。”[①]王国维在《战国时秦用籀文六国用古文说》一文中说：“故自秦灭六国以至楚汉之际十余年间，六国文字遂遏而不行。”[②]

20 世纪 30 年代唐兰把古文字分为四系，将战国时东方各国的文字称为“六国系文字”[③]。在后来出版的《中国文字学》中，他又多次使用了“六国文字”这个名称。以后，“六国文字”便逐渐发展成为汉字学的一个专门术语，至今仍为学者所常用。

“六国文字”或被称为“六国古文”、“东土文字”[④]，但后二者均不如前者通行。

“六国文字”大多草率简省，地域特征明显，文字资料主要有金文、玺印文字、货币文字、陶文、简帛文字等。

【其他术语】

曾称　六国古文；东土文字

① 五册本《簠斋尺牍》第五册戊寅四月二十二日札。

② 《观堂集林》卷七。

③ 《古文字学导论》，32～33 页。

④ 王国维：《战国时秦用籀文六国用古文说》，《观堂集林》卷七；《中国语言学大辞典》，23 页。

04.010　简帛文字

【正名】简帛文字

【释文】战国秦汉时期书写在竹简和绢帛上的汉字。

【考释】所谓“简帛文字”，是指战国秦汉时期用笔书写在竹简、木简或绢帛上的文字[①]。

我国在使用植物纤维纸之前，长期以简和帛为主要书写材料。简至迟在商代就已使用，帛用为书写材料也许要稍迟一些[②]。

古代称用来书写文字的竹简、木牍为“竹书”、“简牍”、“简策”。文献的记载如《晋书·束皙传》：“太康二年，汲郡人不准盗发魏襄王墓，或言安厘王冢，得竹书数十车。”杜预《春秋经传集解序》：“大事书之于策，小事简牍而已。”《管子·宙合》：“是故圣人著之简策，传以告后进。”

文字写在绢帛上，古称“帛书”。如《史记·封禅书》：“乃为帛书以饭牛。”《汉书·苏武传》：“言天子射上林中，得雁，足有系帛书。”

古书中也常见“竹帛”二字连用。许慎《说文叙》云：“著于竹帛谓之书。”《墨子·明鬼篇》：“故书之竹帛，传遗后世子孙。”《汉书·东方朔传》：“讽诵诗，书百家之言，不可胜数，著于竹帛。”

由于竹简、木简文字与帛书文字在书写特点上往往有较多

---

① 黄德宽、陈秉新：《汉语文字学史》，268 页。

② 裘锡圭：《文字学概要》，53 页。

的相似之处，所以，现代以来的古汉字学者为了研究和称说的方便，常把二者合在一起称为“简帛文字”[1]。目前，“简帛文字”这个术语已得到学术界的普遍认同。

04.011 陶 文

【正名】 陶文

【释文】 先秦时期刻写、模印在陶器上的汉字。

【考释】 目前，对“陶文”这个概念的理解有这样几种：

(1)以战国时代陶器上的文字为陶文[2]。

(2)以古代刻写或模印在陶器上的文字符号(包括文字及刻划符号)为陶文[3]。

(3)以刻写、钤印在陶器上的古文字为陶文[4]。

(4)先秦及秦汉以后刻写、钤印在陶器上的文字均为陶文[5]。

以上第一种意见仅把“陶文”限于战国时期，范围过于狭窄。

---

① 很多古汉字学者都曾在著作中使用过这一名称，例如，曾宪通《四十年来古文字学的新发现和新学问》，《学术研究》1990年第2期；裘锡圭《文字学概要》，53页、61页；黄德宽、陈秉新《汉语文字学史》，268页、297页；滕壬生《楚系简帛文字编》。

② 《辞海·语言学分册》，72页。

③ 《语言文字词典》，157页。

④ 《中国语言学大辞典》，27页。

⑤ 高明：《论陶符兼谈汉字的起源》，《北京大学学报》1984年第6期。

第二种意见混淆了“陶文”、“陶符”的界限，已为学界所不取[①]。第三种意见把秦汉以后陶器上的文字排斥在“陶文”范畴之外，并不恰当。最后一种意见，把“陶文”的范围扩大到秦汉以后，未免过于宽泛。根据一般的使用情况，综合多数学者的意见，我们认为可以这样理解“陶文”：先秦时期刻写、模印在陶器上的汉字。

除了“陶文”这个现今通行的名称之外，清代学者早先曾使用过“古陶文字”、“古陶文”这样的名词。他们以为所发现的这些陶文出于“三代”（实际上大都属于战国时代），故在“陶文”之前加上“古”字。吴大澂就曾撰有《三代古陶文字释》、《簠斋古陶文字考释》、《读古陶文记》等著作[②]。还有学者称之为“陶器文字”[③]，但此名并不常用。

【其他术语】

又称　古陶文字

曾称　古陶文；陶器文字

04.012　玺印文字

【正名】玺印文字

【释文】战国秦汉时期篆刻在玺印上的汉字。包括古玺文字、秦印文字和汉印文字。

---

① 参高明：《论陶符兼谈汉字的起源》，《北京大学学报》1984年第6期。

② 刘志成：《中国文字学书目考录》，498页。

③ 唐兰：《中国文字学》，151页。

【考释】所谓“玺印文字”，主要指战国及秦汉时期印章上铸刻的文字。它包括古玺文字(秦以前官私印玺上的文字，属于战国文字体系[①])、秦印文字(战国时期及统一后的秦印上的文字)以及汉印文字(汉魏时期印章上的文字)等等。

玺印文字的研究取得较大进展，始于清代乾嘉时期。这期间，“古玺”、“秦印”、“玺印”、“印文”之类的名称，开始见诸古文字学者的笔端[②]。

现代以来，“玺印文字”一词在学者的著作中使用得较为普遍[③]，已成为本学科的一个基本术语。

【其他术语】

曾称 印文

04.013 石刻文字

【正名】石刻文字

【释文】古代刻写在玉器、碑石以及岩崖上的汉字。

【考释】“石刻文字”一般是指古代刻于玉器、摩崖、碑石上的文字。如石鼓文、诅楚文、秦泰山石刻、魏晋碑铭等，是金石学的重要研究对象。

---

① 黄德宽、陈秉新:《汉语文字学史》,271 页。

② 《中国大百科全书·语言文字》,105 页;桂馥:《缪篆分韵》自序;《续文献通考》卷二六八。

③ 唐兰:《中国文字学》,151 页;姚孝遂主编:《中国文字学史》,401 页;黄德宽、陈秉新:《汉语文字学史》,296 页;《语言文字词典》,159 页;裘锡圭:《文字学概要》,53 页。

对于“石刻文字”这个概念，还有一种狭义的理解，认为它特指“先秦石刻文字”[①]。实际上真正这样用的情况并不多见。因此，在这里我们取前一种观点，这样比较符合人们通常的使用习惯。

“石刻文字”，有时又被称为“石刻文”、“刻石文字”，但后二者均不如前者常用。我们建议统一以前者作为规范的正名。

学者或用“玉石文字”这个名称来指称“刻在或写在玉、石上的文字”[②]。我们觉得，作为书写材料之用的玉、石本多相似，《说文》云：“玉，石之美，有五德。”因此，“玉石文字”这个名称是否也可以考虑并入“石刻文字”之中，以减少因概念纠缠而造成的不必要的纷乱。

【其他术语】

又称　石刻文

04.014　墓志文字

【正名】墓志文字

【释文】古代刻写在埋藏于死者墓里的石板或方砖上，记载死者家世和生平梗概的汉字。

【考释】墓志是为死者撰写的刻在砖石上、放进墓中的传记，内容多记叙死者姓氏、籍贯、生平等。所谓墓志文字就是指这些刻写在墓志上的文字。由于墓志的材料有的用石，有的用砖，所以

① 《中国语言学大辞典》，25 页。

② 姚孝遂主编：《中国文字学史》，450 页。

"石刻文字"这个名称并不能涵盖全部的墓志文字,"墓志文字"这个术语仍有保留的必要。

墓志文字的上限可追溯到秦汉。秦汉时代刑徒之类人的墓葬里,就曾发现过刻记死者身份、籍贯、名字的砖瓦,这可以看做是原始的墓志。亲属在死者墓中放置墓志的风气,是从晋代才流行起来的。南北朝时期墓志盛行,形成了比较固定的规格,一般都把墓志文字刻在石质或砖质的方板上,内容记载死者家世和生平梗概,文后往往还有一段用韵文写成的、统括全篇的铭,墓志和铭在一起称"墓志铭"。

东晋及南北朝时期的墓志文字,是研究新隶体和楷书的重要资料①。

04.015　碑别字

【正名】碑别字

【释文】古代碑刻中所出现的讹误字和俗体字。

【考释】所谓碑别字,就是历代各种碑刻中不见于字书之别字。

"碑别字"一词大概最早见于清代罗振鋆、罗振玉兄弟的著作中。罗振鋆曾撰有《碑别字》五卷,取两汉至宋代碑版之别构字,讹体、坏体兼收,分韵列字,搜罗宏富。后来罗振玉又在此基础上撰有《碑别字补》五卷,清光绪间二书皆有刻本行世。后来罗振玉合并二书成《增订碑别字》五卷,于1928年印行。所采碑别字数倍于赵之谦《六朝别字记》等书所收,全为"碑版别构字之

① 裘锡圭:《文字学概要》,75页。

不载字书者"(罗振玉序中语)。

现代学者秦公著有《碑别字新编》一书[①]。是书采辑碑、碣、墓志、摩崖、石经、造像等两千种之别字,上起秦汉下至民国,又援引罗氏《增订碑别字》等书,共收字头2528个,别字12844字。此书材料丰富,大大超过罗氏所辑,字形虽未摹原碑,但异构情况清楚,且皆明出处。其价值诚如启功所说:"盖不独为读碑之助,亦足为探究文字演变者之鉴。"[②]

"碑别字"一词,目前还未见语言学工具书对它作出解释。那么,碑别字之"别字"究竟是什么样的文字呢?

《中国大百科全书·语言文字》"别字"条曾作了简略的解释:"凡当写某字,而写为另外一个音同或音近的字,这个字就称为别字。……清代赵之谦《六朝别字记》,近代罗振玉《碑别字》,都是采录古代碑刻中别字的书。"张涌泉对于"别字"的这种解释曾提出了批评。他认为"碑别字"之间只有形体之变,而与"音同音近"无关,"既然编写者认为'别字'就是因音同或音近而误写的字,怎么又可以把《六朝别字记》、《增订碑别字》称为采录'别字'的书呢?显然,这是很不妥当的。"[③]

实际上,所谓"别字"在古人心目中有两个方面的含义[④]:一是指广义的异体字而言,包括俗体、古体、或体、讹体等在内。如《颜氏家训·书证篇》云:"夫行陈之义,取于陈列耳,此六书为假借也,《苍》、《雅》及近世字书,皆无别字;唯王羲之《小学章》独阜

① 文物出版社,1985年。

② 《碑别字新编》序。

③ 《"别字"正名》,《语文建设》1989年第4期。

④ 《"别字"正名》,《语文建设》1989年第4期。

旁作车，纵复俗行，不宜追改《六韬》、《论语》、《左传》也。"其中的"别字"，就是指异体字而言的。二是指误书、误读的字。清代凌霞《六朝别字记序》云："世俗以字之误书、误读者谓之别字，'弄麞'、'伏猎'，此类是也。"《增订碑别字》、《碑别字新编》等书当然都是属于前一种含义的别字汇编。

04.016 封泥文字

【正名】封泥文字

【释文】古代用玺印模印在密封书简的黏土上的汉字。

【考释】中国古代使用植物纤维纸之前，公私文书信札大都写在竹简、木札上，封发时用绳捆缚，在绳端或交叉处封以粘土，然后按上玺印以昭信用并防止中途被拆阅。这种按有印记的粘土便叫封泥。封泥上的印文称为封泥文字。因此，封泥文字和玺印文字在性质上实际是一致的。

汉代的封泥文字现在已有大量发现，战国时代的封泥文字虽有发现，但数量很少[①]。

封泥文字也称"封泥文"，或简称"封泥"。近现代以来，著录、集存封泥文字的著作主要有清代吴式芬、陈介祺藏辑，翁大年考编的《封泥考略》、刘鹗辑《铁云藏封泥》一卷、陈宝琛辑《澂秋馆藏古封泥》、罗振玉辑《齐鲁封泥集存》一卷、吴然辑《封泥汇编》、王献唐辑《临淄封泥文字》。

---

① 裘锡圭：《文字学概要》，61页。

【其他术语】

又称　封泥文

俗称　封泥

04.017　货币文字

【正名】货币文字

【释文】主要指先秦时期铸于金属货币上的汉字。也泛指各个历史时期货币上的汉字。

【考释】通常对"货币文字"有两种理解：一种意见是把历代铸于货币上的文字都称为货币文字。另一种则仅指先秦时期的金属铸币上的文字[①]。

第一种意见似乎更有道理，因为"货币文字"作为一个概念，似乎不应将其范围仅局限于先秦时期。但应该注意的是，由于汉代以后的货币文字，字体包括篆、隶、行、楷等，大都不难辨认，从文字学角度来说研究的价值不大，因而，作为文字学研究对象的货币文字，主要是指先秦时期货币上铸造的文字。

"货币文字"还有多种异称，主要有"泉文"、"钱文"、"古泉文"、"货布文"、"货币文"等。"货币文字"一词清代学者已开始使用，如清代马昂曾撰有《货币文字考》四卷[②]。现代以来，该名

---

① 《中国语言学大辞典》，27页。

② 参刘志成《中国文字学书目考录》，498页。

词在学者间较为通行[①],以它作为正名,应无异议。

【其他术语】

又称 货币文

曾称 泉文;钱文;古泉文;货布文

04.018 瓦当文字

【正名】瓦当文字

【释文】秦汉时期瓦当上模印的汉字。

【考释】瓦当,俗称瓦头。古代屋顶筒状瓦的档头呈圆形或半圆形,在这圆形或半圆形的范围内,所刻写的文字就是瓦当文字。

瓦当文字字体多用篆书,多随势屈曲,促长行短,互为避就,内容多为吉祥语,如"千秋万岁"、"长乐未央"、"长生无极"之类。字数少则一二字,多则十余字。瓦当文字在秦时出现,汉代达到鼎盛[②]。

对瓦当文字进行著录和研究,清代学者发其端。清代程敦著《秦汉瓦当文字》一卷续一卷,孙星衍也曾著有《秦汉瓦当文字》一卷,王福田著《竹里秦汉瓦当文存》[③]。"瓦当文字"作为一个汉字学术语就此逐渐通行起来。

---

① 唐兰:《中国文字学》,151页;《中国大百科全书·语言文字》,105页;裘锡圭:《文字学概要》,53页;黄德宽、陈秉新:《汉语文字学史》,270页。

② 《中国语言学大辞典》,28页;《辞海·语言学分册》,73页。

③ 参刘志成:《中国文字学书目考录》,500~501页。

“瓦当文字”有时又被称为“瓦当文”[①]。

【其他术语】

又称　瓦当文

04.019　古　文

【正名】古文

【释文】历史上对战国时期东方六国地区所使用汉字的习惯性称谓，如孔子壁中藏书、《说文解字》、《三体石经》、《汗简》等收录或使用的“古文”。

【考释】“古文”是汉字研究中具有悠久历史而又十分重要的一个术语。但“古文”的含义自古以来却经历了不小的变化。

许慎《说文叙》云：“及宣王太史籀著大篆十五篇，与古文或异。至孔子书六经，左丘明述《春秋传》，皆以古文，厥意可得而说。”由此可见，许慎是以“古文”来指称早于籀文的古字体的。为何叫“古文”呢？这是因为许慎等汉代经学家看到孔子壁中书这样的文字与籀文不同，而且前所未见，所以把它们当做比籀文更古的文字而称作“古文”。许慎等古文经学家认为，虽然古文经书的书写时代晚于《史籀篇》，它们所用的字体却早于籀文，因为孔子等人有意用比较古的字体来写经书。许慎等汉代学者对“古文”的看法对后世产生了很大的影响，直到现代，仍有不少学者持此种观点[②]。

---

① 《中国语言学大辞典》，28 页；《辞海·语言学分册》，73 页。

② 参马宗霍：《文字学发凡》，11 页；叶长青：《文字学名词诠释》，34 页。

近代以来古文字学兴起，古文早于籀文的说法遭到了怀疑。吴大澂在《说文古籀补》的自序中，根据《说文》古文与周代金文不合的现象，提出了许慎所谓古文实际上是周末文字的看法。他说："窃谓许氏以壁中书为古文，疑皆周末七国时所作，言语异声，文字异形，非复孔子六经之旧简。虽存篆籀之迹，实多讹伪之形。"陈介祺在为《说文古籀补》写的序里也说："疑孔壁古经亦周末人传写……古文则多不似今之古钟鼎。"后来，王国维又根据大量资料断定所谓古文应是战国时代东方国家的文字[①]。近几十年来出土的大量六国文字资料，印证了王国维对古文的看法[②]。

从目前来看，学者对"古文"这个概念仍然没有十分统一确定的认识。总体来说，主要有以下两种观点：

(1)从广义的角度理解"古文"。或指战国以前的古文字[③]；或指秦统一文字以前所有的文字[④]；或指与隶书相对而言的先秦古文字[⑤]。

(2)从狭义的角度理解"古文"。或指秦以前写本的书籍中

---

① 其说见《桐乡徐氏印谱序》(《观堂集林》卷六)、《战国时秦用籀文六国用古文说》(《观堂集林》卷七)等文。

② 裘锡圭：《文字学概要》，54～55页。

③ 蒋善国：《汉字形体学》，127页。

④ 《中国大百科全书·语言文字》，102页；高明：《中国古文字学通论》，3页；启功：《古代字体论稿》，16页。

⑤ 何琳仪：《战国文字通论》，40页；姚孝遂主编：《中国文字学史》，212～213页。

的文字[①]；或指战国时的六国文字[②]；或指以《说文》古文为主，包括诸如石经古文、《汗简》古文等转抄于战国文字的字体[③]；或指流传到汉的战国时人用通行于当时的字体写在简册上的文字[④]。

通过比较，并根据当代学者对“古文”一词使用的实际情况，我们给“古文”做出这样的解释：历史上对战国时期东方六国地区所使用汉字的习惯性称谓，如孔子壁中藏书、《说文解字》、《三体石经》、《汗简》等收录或使用的“古文”。这里有两点应引起注意：

第一，文字学中的“古文”一词，是历史上沿用下来对这种特定文字的习惯性称谓，从现代研究者的角度来说，可不必使用该术语，因为我们现在有“战国文字”、“六国文字”等更为准确、含义更为清晰的术语可以使用。

第二，“古文”的所指有一定范围，即包括《说文解字》、《三体石经》、《汗简》等古代字书或文献中收录或使用的此类具有特定范围的文字。

“古文”还有“科斗文”、“科斗书”、“科斗文字”这样的别名。“科斗”亦作“蝌蚪”，用作书体之名始于汉末。汉末卢植上书有“古文科斗近于为实”之语，郑玄《尚书赞》云：“书初出屋壁，皆周时象形文字，今所谓科斗书。”然而，“科斗文”、“科斗书”之名的真正盛行，乃始于魏晋以后[⑤]。“古文”之所以被称为“科斗文”，

① 启功：《古代字体论稿》，16 页。

② 《中国语言学大辞典》，24 页；王凤阳：《汉字学》。

③ 何琳仪：《战国文字通论》，40 页；裘锡圭：《文字学概要》，54 页；《中国大百科全书·语言文字》，102 页。

④ 姚孝遂主编：《中国文字学史》，213 页。

⑤ 王国维：《科斗文字说》，《观堂集林》卷七。

是因为古文的笔道一般都写得前粗后细，或两头细中间粗，形状略像蝌蚪的缘故。《晋书·束皙传》云："科斗文者，周时古文也，其头粗尾细，似科斗之虫，故俗名之焉。"

【其他术语】

曾称 科斗文；蝌蚪文；科斗书；科斗文字

04.020 籀 文

【正名】 籀文

【释文】 历史上对传说由周宣王太史籀编纂的《史籀篇》里所使用汉字的习惯性称谓。其书已佚，《说文解字》尚保留 220 余字，字体风格大抵与西周晚期或春秋早期的金文相当。

【考释】 根据传统的说法，史籀是周宣王（前 827～前 782）的史官，《史籀篇》是他编写的一部字书。《史籀篇》早已亡佚，但其中的一部分字形仍保存在《说文》中。许慎《说文叙》云："今叙篆文，合以古、籀。""古、籀"指的就是古文和籀文。

根据《汉书·艺文志》、《说文叙》等古代文献的记载，"籀文"应该是西周晚期的文字。近代古文字学兴起之后，一些学者对籀文的时代产生了怀疑。清末的吴大澂、陈介祺已经提出了《说文》所收籀文里有时代较晚的文字的看法（见《说文古籀补》吴氏自序和陈氏序）。近人王国维和唐兰都曾明确提出籀文为东周时代文字的主张[①]。裘锡圭通过详细的字形比对和考证，证明

① 王国维：《战国时秦用籀文六国用古文说》，《观堂集林》卷七；唐兰：《中国文字学》，155 页。

了王、唐二家把籀文时代推迟是缺乏充分根据的，认为“《史籀篇》应如汉人所说，是周宣王太史籀所作的一部字书，籀文就是周宣王时代的文字，只不过在后来的传抄过程中已经产生了一些讹误。近人把籀文时代推迟的说法似不能成立”[①]。

目前，在有些语言学工具书和学者的著作中，对“籀文”的解释不够准确和恰当，这是应该注意纠正的。如有人认为“籀文”是春秋战国时期通行于西部秦国一带的文字[②]。还有人说“它是春秋到战国初年间使用的‘大篆’的一种，是一种结构比较繁复的文字”[③]。

“籀文”，古时又称为“籀书”[④]。

下面说一下“大篆”这个名称。“大篆”本来是指籀文这一类时代早于小篆而作风跟小篆相近的古文字而言的。但是，从汉代开始，学者就常常在“籀文”与“大篆”之间划上等号，如《汉书·艺文志》自注和《说文叙》就是把“籀文”又称作“大篆”的[⑤]。这种说法对后世的影响很大。段玉裁说：“大篆之名上别乎古文，下别乎小篆而为言。曰史篇者，以官名之；曰籀篇籀文者，以人名之。”[⑥]

现代学者使用“大篆”这个名称的情况更加混乱。裘锡圭曾对此作了这样的概括：“有人用大篆概括早于小篆的所有古文字（古人也有这样用的），有人称西周晚期金文和石鼓文等为大篆

① 《文字学概要》，48～51页。

② 《中国语言学大辞典》，23页；《语言学百科词典》，654页。

③ 梁东汉：《汉字的结构及其流变》，179页。

④ 如晋人卫恒《四体书势》。

⑤ 马宗霍：《文字学发凡》，15～16页。

⑥ 《说文解字注》，757页。

（这也是比较旧的办法，由于石鼓有些字的写法跟籀文相合，过去很多人把它看做周宣王时的刻石），有人根据王国维的说法把春秋战国时代的秦国文字称为大篆，唐兰先生则按照他自己的观点把'春秋时到战国初期的文字'称为大篆。"为此，裘先生建议，为了避免误解，最好干脆不要使用"大篆"这个名称①。我们认为这个意见值得重视。

【其他术语】

曾称 籀书；大篆

04.021 奇 字

【正名】奇字

【释文】历史上对战国时期流行于东方六国地区的某些形体奇特汉字的习惯性称谓。

【考释】古代文献中，把某些形体怪异的古文称为"奇字"。

《说文叙》称王莽时六书："二曰奇字，即古文而异者也。"《隋书·经籍志》著录东汉郭显卿著《古今奇字》一卷，今亡。清代姚振宗《隋书经籍志考证》："按《汉书·艺文志》曰：'六体者，古文、奇字。'注：'古文谓孔子壁中书，奇字即古文而异者也。'《扬雄传》云：'刘歆子棻尝从雄学作奇字。'《文心雕龙·练字篇》云：'扬雄以奇字训纂。'《吴志·虞翻传》注：'山阴朱育少好奇字。'奇字者，盖汉小学六体之一也。"

"奇字"为"古文"的特异写法，盖出于古文逸经，应属于古文

① 《文字学概要》，51页。

一类，也应归于战国文字范畴[①]。《说文》中注明为奇字的，有“仓”字下之“仺”，“涿”字下之“”等。

04.022　传抄古文

【正名】传抄古文

【释文】传写抄录在古代字书及其他文献中的战国文字。

【考释】所谓“传抄古文”，就是指以《说文》古文为主，包括诸如《三体石经》古文、《汗简》古文等传写抄录在古代字书及其他文献中的战国文字。利用传抄古文资料与出土战国文字互勘来考释战国文字，已经成为近年来战国文字研究的一个重要方法。不仅《说文》古文和《三体石经》古文常被征引，连过去被斥为“芜杂滋疑”、“大抵不能用”的《汗简》、《古文四声韵》也逐渐受到战国文字研究者的重视[②]。

何琳仪全面论述了《说文》、《三体石经》、《汗简》和《古文四声韵》中古文的来源及其与战国文字的关系。在对传抄古文资料进行具体分析之后，他明确指出：传抄古文虽是第二手资料，但往往可以和第一手战国文字资料对译，“传抄古文以隶释古的体例，实际上起到战国文字字典的作用。另外，传抄古文还保存了丰富的形符互换和古音通假材料。凡此为考释战国文字提供了极其珍贵的参证”[③]。曾宪通也肯定了传抄古文对于战国文

---

① 黄德宽、陈秉新：《汉语文字学史》，30页。

② 黄德宽、陈秉新：《汉语文字学史》，284页。

③ 《战国文字与传抄古文》，《古文字研究》第15辑。

字研究的作用:“要解开战国文字中某些难解之谜,也离不开对古文资料的研究与运用。”[①]

由于历代的传抄转录,我们现在所见到的许多传抄古文的字形都与战国文字中的字形有程度不同的出入。例如,“君”字《说文》古文作“”形,三体石经古文作“”,战国文字“君”字或作“”、“”,字形有所差异。

04.023 隶定古文

【正名】隶定古文

【释文】传写抄录于古代字书及其他文献中用楷书或隶书笔法转写的战国文字。

【考释】所谓“隶定古文”,是相对于篆体古文而言的,指用隶书或楷书的笔法来写定的古文字形[②]。伪孔安国《尚书序》对隶定古文的起因有明确的记述。《序》曰:“科斗书废已久,时人无能知者,以所闻伏生之书,考论文义,定其可知者,为隶古定,更以竹简写之。”唐代陆德明《经典释文》卷一《序录·注解传述人》所记大体本此:“皆科斗文字,博士孔安国以校伏生所诵,为隶古写之。”陆氏又于卷三《尚书音义》上注曰:“隶古,谓用隶书写古文。”这些记载基本上反映了“隶定古文”这个概念的由来。楷书通行以后,以楷书转写古文也称为“隶定”,所以一般学者所称的

---

① 《三体石经古文与〈说文〉古文合证》,《古文字研究》第7辑。

② 徐在国:《隶定古文疏证》,1页。

"隶定古文",实际上即指的是用隶书或楷书笔法转写的古文①。

隶定古文大多散见于传世字书、韵书中,其情况比较复杂。有的隶定古文是后人根据传抄古文而隶定,有的是由隶古定本辗转流传而来,有的则是来自对新发现的古文资料的隶定(如汲冢古书),也有的是取自后人所仿写的古文资料。对隶定古文进行整理和研究,近年来已引起了一些学者的重视。如潘重规曾著《龙龛手镜及其引用古文之研究》②,李道明曾著《隶古定古文刍论》③,徐在国著《隶定古文疏证》更是对隶定古文进行系统整理和研究的一部专著。

对隶定古文资料的整理和研究不仅有助于古汉字考释,对于汉语俗字的研究、大型字典辞书的编纂以及汉字发展史的研究,都具有很重要的意义。

04.024　三体石经

【正名】三体石经

【释文】又称"正始石经"、"三字石经"。曹魏正始年间由官方用古文、小篆、隶书三种字体对照刻写在石碑上的《尚书》、《春秋》等儒家经书。

【考释】"三体石经",也叫"正始石经"、"三字石经"、"魏石经",是曹魏正始二年(241年)刻石刊立的国定经书写本。内容为

① 黄德宽:《隶定古文疏证》序。

② 国际中国古文字学研讨会论文,1983年,油印本。

③ 《于省吾教授百年诞辰纪念文集》,吉林大学出版社,1996年。

《尚书》、《春秋》及《左传》的一部分，每个字都用古文、小篆和隶书三种字体书写。其中的"古文"，同《说文》、《汗简》所收古文大体相近，当系辗转相传至魏人手中的六国文字。"三体石经"是汉字研究的重要资料，对于战国文字研究参考价值很大。

在上面提到的几个名称当中，"三体石经"一词是目前最为通行的术语[①]，因此，我们认为应该以它作为正名。

【其他术语】

又称 三字石经

曾称 正始石经；魏石经

04.025 小 篆

【正名】小篆

【释文】汉字字体之一。在春秋战国时期秦文字的基础上逐渐演进而来，秦统一后经过整理规范，其线条婉曲规整，粗细一致，笔画疏密匀称。

【考释】秦始皇统一中国后，进行了"同文字"的工作，《说文叙》这样介绍当时的这项工作：

> 秦始皇初兼天下，丞相李斯乃奏同之，罢其不与秦文合者。斯作《仓颉篇》，中车府令赵高作《爰历篇》，太史令胡毋敬作《博学篇》，皆取史籀大篆，或颇省改，所谓小篆者也。

① 一般的语言学辞书都以"三体石经"一词作为正名，如《辞海·语言学分册》，73页；《中国语言学大辞典》，26页；《语言文字词典》，161页；《实用中国语言学词典》，186页。

这段话似乎给人这样一种印象：秦始皇用来统一文字的小篆，是李斯等人通过对籀文进行简化而制定出来的一种字体。实际上，“从有关的古文字资料来看，籀文并不是秦国在统一全中国前夕所用的文字，小篆是由春秋战国时代的秦国文字逐渐演变而成的，不是由籀文‘省改’而成的。《说文叙》的说法是不妥当的。”“春秋战国时代的秦国文字是逐渐演变为小篆的，小篆跟统一前的秦国文字之间并不存在截然分明的界线。”[①]目前，有些语言学辞书在解释“小篆”时，仍然持小篆是“在籀文的基础上加以省改而成”这样的旧观点[②]，这是应该注意纠正的。

“小篆”又称为“秦篆”，如《汉书·艺文志》云：“文字多取《史籀篇》，而篆体复颇异，所谓秦篆者也。”唐代张怀瓘《书断》上：“案小篆者，秦始皇丞相李斯所作也，增损大篆，异同籀文，谓之小篆，亦曰秦篆。”或称为“篆文”，如许慎《说文叙》云：“今叙篆文，合以古籀。”或称为“篆书”，如段玉裁云：“小篆，《艺文志》作秦篆，凡许书中云篆书者，小篆也；云籀文者，大篆也。”[③]

作为通行名称的“小篆”之名起于何时？对于这个问题，蒋善国曾做过考证，他说：“小篆这个名称，西汉时还没有；所以新莽时甄丰等校定六书，第三是‘篆书’，不作‘小篆’。刘歆《七略》在‘篆’字上加上朝代名称，写作‘秦篆’，《汉志》也沿用了‘秦篆’的名称，直到东汉《说文叙》方标出‘小篆’，可见小篆这个名称起于东汉。《说文叙》在‘小篆’上面加上‘所谓’两字，又看出‘小篆’这个名称，本是当时习惯的名称，不是许慎定的。他说的‘秦

① 裘锡圭：《文字学概要》，64～65 页。

② 《实用中国语言学词典》，185 页。

③ 《说文解字注》，758 页。

书八体，二曰小篆'，也都是追述的话，在秦时不但没有'小篆'的名称，并且连'秦篆'的名称也没有的。"[①]马宗霍也有类似的看法[②]。

【其他术语】

又称 秦篆

曾称 篆文；篆书

04.026 隶 书

【正名】隶书

【释文】又称"佐书"。汉字字体之一。在秦系文字的基础上用方折的笔画改变篆书圆转的线条，字形方正平直、笔画形态有波磔变化。形成于战国晚期，通行于两汉。

【考释】《汉书·艺文志》和《说文叙》都说隶书出现于秦代，是为了应付当时繁忙的官狱事务而造的一种简便字体。此外，从汉代开始，还广泛流传着关于程邈为秦始皇造隶书的传说。这些说法并不符合实际情况。

事实上，从考古发现的秦系文字资料来看，战国晚期已是隶书开始形成的时期了。在战国晚期秦国文字的俗体中，用方折的笔法改变正规篆文的圆转笔道的做法颇为流行。有些字形由于这样的变化，而带上了浓厚的隶书意味。因此，隶书显然是在战国时代秦国文字俗体的基础上逐渐形成的，而不是秦始皇让

---

① 《汉字形体学》，16～17 页。

② 《文字学发凡》，19 页。

某一个人创造出来的。当然，在隶书逐渐形成的过程里，经常使用文字的官府书吏一类人一定起过重要的作用，程邈也许就是其中起作用较大的一个[①]。

此外，战国时代六国文字的俗体也有向隶书类型字体发展的趋势。郭沫若曾指出，楚国的简帛文字“体式简略，形态扁平，接近于后世的隶书”[②]。

隶书可分为“秦隶”和“汉隶”两种。所谓“秦隶”，不仅指秦代隶书，也包括西汉早期的隶书在内，所以，称之为“古隶”可能更为合理。所谓“汉隶”，即指西汉武帝以后逐渐成熟起来的、结体扁方而规整、用笔有一套成规的隶书。张政烺对“隶书”的划分与此不同，他认为“隶书分秦隶、汉隶和八分”[③]。也就是说，他将“汉隶”和“八分”区分为两个不同概念，这与许多学者对这两个概念的理解是不同的[④]。

关于“隶书”的得名，历来有两说。一说隶书是由于“施之于徒隶”而得名，见《汉书·艺文志》；一说隶书是由于秦官府“令隶人佐书”而得名，见晋代卫恒《四体书势》。现代学者多以后说为是。

隶书又称为“佐书”（有时也写作“左书”）、“史书”。《说文叙》曰：“时有六书……四曰佐书，即秦隶书。”《汉书·元帝纪》赞曰：“元帝多材艺，善史书。”汉代官府里从事文书工作的官吏是书佐和史，《论衡·效力》：“治书定簿，佐、史之力也。”启功认为

① 裘锡圭：《文字学概要》，67～69页。

② 《古代文字之辩证的发展》，《考古学报》1972年第3期。

③ 《中国大百科全书·语言文字》，257页。

④ 裘锡圭：《文字学概要》，79页；蒋善国：《汉字形体学》，292页。

“佐书”和“史书”就是因此而得名的[1]。其说是可信的。除此以外,“隶书”还有“隶字”、“隶体”这样的异称。《晋书・卫恒传》:“秦既用篆,奏事繁多,篆字难成,即令隶人佐书,曰隶字。”《魏书・江式传》:“世易风移,文字改变,篆形谬错,隶体失真。”

“隶书”一词在魏晋至隋唐时期还曾被用来指称后世的所谓“楷书”。唐玄宗《开元文字音义》自序说:“古文字唯《说文》、《字林》最有品式,因备所遗缺,首定隶书,次存篆字,凡三百二十部,合为三十卷。”宋代姚宽《西溪丛语》卷下:“东魏大觉寺碑阴,题银青光禄大夫臣韩毅隶书,盖今楷字也。”这里的隶书均指楷书。

【其他术语】

曾称 佐书;左书;史书;隶字;隶体

04.027 古 隶

【正名】古隶

【释文】又称“秦隶”。带有较多古汉字笔意的秦代隶书和汉代早期隶书字体。

【考释】对“古隶”一词历来有这样两种理解:

(1)称秦和西汉前期的早期隶书为古隶[2]。

(2)把秦隶和汉隶合称为“古隶”,以区别于“今隶”——后来的楷书。陆子渊《书辑》:“自程邈以降,谓之秦隶;贾鲂《三仓》、

---

① 《古代字体论稿》,32~33页。

② 裘锡圭:《文字学概要》,79页;黄德宽、陈秉新:《汉语文字学史》,292页。

蔡邕石经诸作，谓之汉隶；钟、王变体，谓之今隶；合秦汉谓之古隶。”

现代学者多以第一种理解为是。

“古隶”这个名称，古代学者已较为常用。如颜之推《颜氏家训》云：“开皇二年五月，长安民掘得秦时铁称权，旁有铜涂镌铭二所，其书兼为古隶。”徐锴《说文解字系传》：“程邈书，即今之隶书，而无点画俯仰之势，故曰古隶。”

“古隶”又称为“秦隶”[①]。由于“秦隶”也包括西汉前期的汉代隶书在内，所以，为了避免造成误解，将它称为“古隶”可能更为合适。

【其他术语】

又称　秦隶

04.028　汉　隶

【正名】汉隶

【释文】又称“八分”。汉代中期以后逐渐成熟定型，脱离了古汉字结体特点，比较规整成熟的隶书字体。

【考释】所谓“汉隶”，就是指汉代中期以后逐渐发展成熟起来的，结体扁方而规整，具有“挑法”、“波势”、“波磔”等一套书写成

① 王凤阳：《汉字学》；裘锡圭：《文字学概要》，79 页；蒋善国：《汉字形体学》，166 页；《中国语言学大辞典》，37 页。

规的隶书[1]。还有人将“汉隶”理解为“汉代通行的隶书”[2]。但是,由于汉代早期隶书与后期成熟隶书在书体特点上存在着差异,所以从文字学意义上来说,对“汉隶”这个概念作如此界定并不便于研究的开展。将西汉前期隶书与秦隶合在一起,作为秦系文字的一部分,并入古文字学的研究范围,已是汉字学界近年来逐渐通行的做法[3]。因此,在汉字研究中,将“汉代通行的隶书”称为“汉隶”是不够严密的。

“汉隶”又称为“八分”、“今隶”、“分书”、“分隶”、“八分书”、“楷隶”。

“八分”这个名称大概在汉末才出现。《古文苑》卷十七记载,魏闻人牟准《卫敬侯碑阴文》:“魏大飨群臣上尊号奏及受禅表觊;并金针八分书也。”当时一般人所用的隶书的面貌,与正规的汉隶已经有了显著的不同,所以有必要为正规的隶书另起一个名称以示区别[4]。一直到唐代,一般人还是把当时通行的字体(即楷书)称为隶书,把汉隶称为“八分”。关于“八分”得名的由来,古人的说法多有分歧。如有人认为是由于这种字体“字方八分”而得名;有人认为是由于这种字体字形较扁,笔画向两旁伸展,势“若八字分散”而得名;还有人假托蔡文姬之名,说这种字体“割程隶八分取二分,割李篆二分取八分”,因此称为“八分”。以上各说,究竟哪一种更符合或接近“八分”最初命名者的

---

① 裘锡圭:《文字学概要》,78～79页。

② 梁东汉:《汉字的结构及其流变》,182页;《中国语言学大辞典》,37页。

③ 李学勤:《古文字学初阶》,2页。

④ 启功:《古代字体论稿》,34页。

原意，现在已经难以知晓了。

有很多人在把“带有较多篆意的早期隶书”称作“古隶”的同时，又把“汉隶”称为“今隶”[①]。但由于“今隶”这个术语，在汉字学史上是有歧义的（又指魏晋至唐代的楷书），因此，我们建议不采用它作为正名。

“分书”、“分隶”、“八分书”[②]，都是由“八分”派生出来的异称，现均已不用。“楷隶”的得名，是由于王次仲作“楷法”，使这种字体的传授有章法可循，所以后世又称这种规整的汉隶为楷隶[③]。

【其他术语】

又称　八分

曾称　分书；分隶；今隶；八分书、楷隶

04.029　隶　变

【正名】隶变

【释文】汉字在由篆书向隶书演变过程中所出现的形体和结构方面的变化。

【考释】对“隶变”这个概念的理解主要有两种意见：

(1)认为从小篆到隶书的演变过程中，字体和结构所发生的

---

① 王凤阳：《汉字学》；蒋善国：《汉字形体学》，11～12页；林庆勋等：《文字学》。

② 叶长青：《文字学名词诠释》，9～12页。

③ 《中国大百科全书·语言文字》，10页。

变化，叫做隶变[①]。

(2)认为隶变不仅包括由篆而隶的变化，也包括由隶书到楷书而发生的楷变在内[②]。

赵平安认为："隶变和楷变虽然相承，却各有特点，不宜混为一谈。隶变是剧烈的，而楷变是平和的；隶变主要是破坏旧字体，形成新字体，而楷变主要是调整旧字体，建立新字体；隶变产生隶书，而楷变产生楷书。因此隶变和楷变应当分开研究。只有这样，研究才能细致和深入。"[③]因此，我们对"隶变"这个概念的理解宜采取以上第一种意见。

"隶变"的类型究竟有哪些？根据赵平安的研究，"隶变"可分为两大类型：与表音表义无关的隶变和有关表音表义的隶变。所谓"与表音表义无关的隶变"，是指隶变过程中，人们为了求快速、求顺手、求美观而导致的形变。这类隶变完全是由书写的原因造成的。它的基本手段可以概括为直、减、连、拆、添、移、曲、延、缩等九种，这些方法不同程度地对笔画形态、笔画数、笔顺和结构产生影响。所谓"有关表音表义的隶变"，是指关涉文字表音或表义的形变。包括了"省形"、"省声"、"换形"、"换声"、"增形"、"繁声"、"把象形表意部分改为声符"、"把象形部分改为表意偏旁"等八个方面的变化[④]。

---

① 黄大荣：《试论"隶变"及其对汉字发展的作用》，《贵州文史丛刊》1992年第4期；姜宝昌：《文字学教程》；林庆勋等：《文字学》；赵平安：《隶变研究》，7页。

② 陆锡兴：《唐代的文字规范和楷体正字的形成》，《语文建设》1992年第6期。

③ 《隶变研究》，12页。

④ 《隶变研究》，52～63页。

“隶变”一词，大概最早见于唐玄度的《九经字样》。此书前所载开成二年(837年)八月牒中，讲到其刊定字体的原则时说：“古今体异，隶变不同，如总据《说文》，即古体惊俗；若依近代文字，或传写乖讹。”此外，书中在具体说解文字时又多次出现了“隶变”一词。后来，郭忠恕著《佩觿》、徐铉校注《说文》时，都曾使用过“隶变”这个名称。徐铉还用了“变隶”一词来指称与“隶变”相同的概念。如“亏”下注曰：“今变隶作于。”

隶变是汉字发展史上的一次重大变革。在后世，“隶变“一词使用得更加普遍，时至今日，它早已成为汉字学中一个重要且常用的术语了。

【其他术语】

曾称　变隶

04.030　隶　定

【正名】隶定

【释文】用通行的隶书或楷书笔法把古汉字重新写定的方法。

【考释】“隶定”一词出于传为西汉孔安国所撰的《尚书序》。序中说：“科斗书废已久，时人无能知者，以所闻伏生之书，考论文义，定其可知者，为隶古定，更以竹简写之。”孔颖达《尚书正义》云：“言隶古者，正谓就古文体而从隶定之。存古为可慕，以隶为可识，故曰隶古。”

由此可知，由于汉代通行隶书，汉代人能识古文者已为数不多，所以像孔壁中藏的用古文写成的书，汉人必须用隶书的形式加以改写，才能让当时的人读懂，这种用隶书写定古文的方法称为"隶古定"、"隶古"、"隶定"。楷书通行以后,后人把用楷书的笔法来写定古文字也称为"隶定"[①]。

根据"隶定"这个概念的实际内容和特点,我们可以对它作出这样的解释:用通行的隶书或楷书笔法对古汉字重新加以写定的方法,是人们进行汉字字形转写和研究的重要手段。

【其他术语】

曾称 隶古定;隶古

04.031 新隶体

【正名】新隶体

【释文】东汉中晚期在成熟隶书的基础上,因草写影响而逐渐形成,具有后来楷书某些特点的隶书字体。

【考释】大约在东汉中期,从日常使用的隶书里演变出一种跟八分有明显区别的比较简便的俗体。这种俗体隶书在很大程度上抛弃了收笔时上挑的笔法,同时还接受了草书的某些影响,如较多地使用尖撇等,呈现出由八分向楷书过渡的面貌。在东汉中晚期的木简和镇墓陶瓶上都可以看到这种字体。为了区别于正规的隶书,裘锡圭将其称为"新隶体"[②]。

"新隶体"这个概念的提出,对于汉字发展史研究和汉字字体研究都具有很重要的价值。目前,"新隶体"这个名词已经得

---

① 裘锡圭:《文字学概要》,78页;《语言文字词典》,166页。

② 《文字学概要》,74页、89~90页。

到很多学者的肯定和认同[1]。

04.032　草　书

【正名】草书

【释文】汉字字体之一。在隶书基础上因快速草率书写导致笔画连写、省略而产生的一种适于日用的简便手写字体。约形成于西汉宣帝、元帝时代。

【考释】"草书"一词有广狭二义。广义的草书，不论时代，凡写得潦草的字都可以算。但狭义的，或说是当做一种特定字体的草书，则是在汉代才形成的[2]。

草书起于何时，历来说法不一。有人认为草书起于秦末。如梁武帝《草书状》引蔡邕云："昔秦之时，诸侯争长，简檄相传，望烽走驿，以篆隶之难，不能救速，遂作赴急之书。"赵壹《非草书》曰："夫草书之兴也……盖秦之末，刑峻网密，官书烦冗，战攻并作，军书交驰，羽檄纷飞，故为隶草，趣急速耳。"也有人认为草书起于汉初。许慎《说文叙》曰："汉兴有草书。"卫恒《四体书势》曰："汉兴而有草书，不知作者姓名。"还有人认为草书起于东汉。

近年来，学者根据出土的秦汉时期的文字资料研究发现，西汉早期简牍上的很多字，虽然写得比较草率，字形构造却仍然跟一般的古隶没有太大区别，这些简牍的字体只能看做草率的隶

① 张涌泉：《汉语俗字研究》，22 页；张玉金、夏中华：《汉字学概论》，82 页。

② 启功：《古代字体论稿》，38 页。

书，而不能看做狭义的草书。至西汉宣帝、元帝时期，汉简上的字体已呈现出浓厚的草书意味，成帝时期木简上的字体已经是相当纯粹的草书了。“由此推测，草书的形成至迟不会晚于元、成之际，很可能在宣、元时代就已经形成了。”①

关于草书的得名，历来有“草书之称起于草稿”之说②。因而，草书也叫“稿书”③。草书这种字体本在民间流行，后经文人加工，就有了规整的形体，成为“章草”，后再发展为“今草”和“狂草”。

【其他术语】

曾称 稿书

04.033 章 草

【正名】章草

【释文】保留了较多隶书笔势和笔意，一字之中笔画相连而上下字不连的草书字体。

【考释】章草是汉字草书中最先完善起来的一种形式。它是在古隶俗体的基础上发展而形成的。这种字体“存字之梗概，损隶之规矩，纵任奔逸，赴俗急就”④，三国时吴国皇象书写的《急就篇》临摹本，即后世所谓的松江本《急就章》，是我们目前所能看

① 裘锡圭：《文字学概要》，85～86 页。

② 段玉裁：《说文解字注》，758 页。

③ 蒋善国：《汉字形体学》，330 页。

④ 张怀瓘：《书断》上，参张彦远《法书要录》卷七。

到的内容最为丰富的、最有系统的一份章草资料。章草的特点是仍带波磔，尚有隶意，而字与字之间自成起讫，不相连属。

关于“章草”名称的由来，过去有几种说法。例如，有人将章草的命名与《急就章》联系起来；有人认为因为东汉章帝的提倡而得名；还有人认为因为这种字体可以施于章奏而得名，等等。实际上，这些说法都难以令人信服。由于“章”字有条理、法则等意义，所以，今人多以为章草是因为比今草更为规矩而得名的。如启功认为：“拿今草与章草相比较，章草是较为严格，今草是较为随便的。那么汉代旧草体之得章名，应是由于它的条理和法则的性质比较强烈。也可以说正由它具备了这种性质，才有合乎章程、用于章奏的资格。”①

04.034 今 草

【正名】今草

【释文】形成于汉末，由章草去其波磔之势，一字笔画之间和上下字之间多顾盼连缀的草书字体。

【考释】在魏晋时期，由于早期行书和楷书的影响，章草逐渐演变成为今草。今草的字形多因袭章草，但是改掉了跟隶书相近的笔法，有时还对笔画略有省并，书写起来更加方便快捷，不但连笔比章草多，字与字之间也多有顾盼联缀。张怀瓘《书断》上：“字之体势，一笔而成，偶有不连，而血脉不断。”

王羲之等人对于今草这种字体的正式形成，曾起过很大作

① 《古代字体论稿》，34 页。

用。南齐王僧虔《论书》说："亡曾祖领军洽与右军书云：'俱变古形，不尔，至今犹法钟、张。'"张怀瓘《书断》引欧阳询《与杨驸马书章草千文批后》也说："迨乎东晋，王逸少与从弟洽变章草为今草，韵媚宛转，大行于世，章草几将绝矣。"传世的王羲之的草书作品，几乎都是今草。

六朝时人为了跟当时的新体草书相区别，便称汉代的草书为章草，当时的新体草书相对而言称为今草。

04.035 狂　草

【正名】狂草

【释文】兴起于唐代，在今草基础上进一步增损笔画，用笔连绵环绕，书写风格狂放不羁，字形略具大意，奇诡难识的草书字体。

【考释】唐代以后，在今草的基础上进一步变化，而形成了一种新的草书字体——狂草。其特点是"任情损益，恣意钩连"，笔势放纵诡奇，连绵回绕，字形难以辨认。因此，这种字体只具有书法艺术价值，而失去了作为交际工具的实用意义。唐代的张旭、怀素等人以善狂草著称。

04.036 行　书

【正名】行书

【释文】汉字字体之一。东汉晚期在具有草书笔意的新隶体的基础上发展形成的手写字体，通常也指因楷书的快速书写而导致某些笔画相连，但结构和笔画基本不失楷书规范，字形较易辨认的字体。

【考释】行书是介于草书和楷书之间的一种风格流畅的汉字字体。这种字体既便于书写，又不像草书那样难以辨认，所以宜于通行。从汉代至今，行书随着汉字字体的发展演变，而在体势和笔意上有所变化，成为适应性最强、应用范围最广、延续时间最长的汉字字体。

从出土的有年号的汉简和一些刻字墓砖上看，在东汉中晚期就已经出现了行书这种字体。世传行书是东汉桓、灵时代的刘德升所创造。唐代张怀瓘《书断》说："案行书者，后汉颍川刘德升所作也，即正书之小讹，务从简易，相间流行，故谓之行书。"实际上，这种说法与"王次仲初变古形"、"杜度滥觞于草书"等说法一样，都是后世对于把已经流行的字体归纳出章法并且在传授方面有功的人的推崇，同时也反映出这几种字体形成的年代。汉魏之际，钟繇、胡昭等人以师法刘德升而著名。至西晋，行书大行于世，书法家也多以行书著称。王羲之善行书，其《兰亭叙》更是千古闻名的行书杰作。

行书的得名，有人认为是由于它笔势流畅，"相间流行"的缘故；也有人认为是由于这种字体的书写，如人行走的两脚连续不停，正所谓"真书如立，行书如行"。

行书又称为"行押书"。张怀瓘《书断》引王愔云："晋世以来，工书者多以行书著名，昔钟元常善行押书是也，尔后，王羲之、献之并造其极焉。""行押书"或写作"行狎书"。南朝羊欣《采古来能书人名》说："钟书有三体：一曰铭石之书，最妙者也；二曰章程书，传秘书，教小学者也；三曰行狎书，相闻者也。"蒋善国认为，所谓"押书"，就是署名的书。行书之所以又叫"行押书"，就是因为名书家钟繇用行书给人写信，自署名字的缘故[①]。

【其他术语】

曾称 行押书；行狎书

04.037 楷 书

【正名】楷书

【释文】汉字字体之一。形成于汉魏之际，在新隶体的基础上改变汉隶波挑笔势，吸收早期行书横画的某些用笔方法，增加捺笔和硬钩等笔画，字形方正规整，书写风格端庄大方。

【考释】楷书这种字体是在汉魏之际行书的基础上逐渐形成的。我们所知道的最早的楷书书法家是魏初的钟繇。钟繇的行书本来就比一般的早期行书更接近楷书。他在一些比较郑重的场合，把字写得比平时所用的行书更端庄一些，这样就形成了最初的楷书，钟繇书写的《宣示表》等帖大概是我们目前所能看到的最古的楷书作品。钟繇之后，东晋著名书法家王羲之、王献之父子在钟繇楷书的基础上，又有所发展，使楷书显得更为美观。

虽然楷书在汉魏之际就已形成，但在整个魏晋时代，楷书的使用却并不普遍。当时一般人所使用的仍然是新隶体和介于新隶体与早期行书之间的字体。进入南北朝之后，楷书才最终发展成为占统治地位的主要字体。

楷书这种字体，形体方正，笔画规范平直，便于书写和认读，所以直到现在仍是最为通行的汉字字体之一。

---

① 《汉字形体学》，362～363 页。

楷书之“楷”本当“楷模”讲，“对于写得风格规矩整齐的字都称之为楷，是泛用的形容词”[①]。因此，“楷书”本非某种字体的专名。从南北朝到唐代，楷书曾有“正书”、“真书”、“隶书”、“今隶”等名称。

“正书”、“真书”的命名大概是取自这种字体的书写规范、字体方正等特点的[②]，其名称始见于南北朝时期。如《魏书·释老志》：“上师李君手笔有数篇，其余皆正真书。”用“隶书”来指称我们所谓的“楷书”，是相对于“八分”而言的[③]。《唐六典》：“校书郎正字掌雠校典籍、刊正文字，其体有五……五曰隶书。”这里的隶书即指楷书。此外，还有人把楷书称作“今隶”。如陆子渊《书辑》云：“钟、王变体，谓之今隶。”

在另一方面，“楷书”这个名称也曾跟“楷法”一样，被用来指称“八分”。唐代张怀瓘《书断》“八分”条说：八分“本谓之楷书。楷者，法也，式也，模也”。

在唐代，“楷书”一词已经被用来指称我们现在所说的楷书了。如唐代颜元孙在《干禄字书》序中说：“贞观中，刊正经籍，因录字体数纸，以示雠校楷书，当代共传，号为‘颜氏字样’。”宋代

① 启功：《古代字体论稿》，31 页。

② 也有人认为，真书和正书之名来源于章程书（南朝羊欣《采古来能书人名》：“钟书有三体……二曰章程书，传秘书，教小学者也。”见《法书要录》卷一）。“章程”和“楷”同义，即可作法式、楷模之义。“章程”二字合音即为“真”或“正”。参《中国语言学大辞典》，38 页。

③ 汉魏之际使用的隶书已经与正规的隶书有了显著的不同。为了区别二者，便给正规的隶书另起一个名字——“八分”，而把当时通行的新体隶书仍称作“隶书”。一直到唐代，一般人还是把当时通行的字体——楷书，称为隶书。参裘锡圭《文字学概要》，79 页。

以后，“楷书”一词就成为我们现在所说的楷书的专称了。

【其他术语】

曾称 真书；正书；隶书；今隶

04.038 魏碑体

【正名】魏碑体

【释文】汉字字体之一。结体和笔法较为古拙，保留了新隶体某些特点的楷书字体，多见于北魏时期的碑刻和墓志。

【考释】南北朝时期，在钟、王早期楷书的影响下，新隶体逐渐演变成为一种新的楷书字体。这种楷书在结体和笔法上保留了新隶体的一些比较明显的痕迹，而且在使用于碑刻、墓志的时候，就跟东晋时代碑刻、墓志上的新隶体一样，往往有仿古的倾向，笔法略带八分的意味，因此其面貌比钟、王楷书要古拙一些。在北朝的碑志中，这种楷书较长时间地占据着统治地位。由于使用这种楷书的北魏碑志数量很多，后人称这种楷书字体为魏碑体①。

到了北朝后期，碑志上的这种魏碑体楷书出现了向钟、王体楷书靠拢的趋势。至唐以后，魏碑体基本上退出了历史舞台。到了清代，由于书法家的提倡，魏碑体这种楷书字体才重新受到人们的重视。

---

① 裘锡圭：《文字学概要》，94页。

04.039　秦书八体

【正名】秦书八体

【释文】秦始皇时所定的八种字体，包括大篆、小篆、刻符、虫书、摹印、署书、殳书和隶书。

【考释】秦书八体是秦始皇时所定的八种书体。《说文叙》云："秦书有八体：一曰大篆，二曰小篆，三曰刻符，四曰虫书，五曰摹印，六曰署书，七曰殳书，八曰隶书。"其中的"大篆"、"小篆"、"虫书"、"隶书"四者无须多作解释。其所谓"刻符"，就是刻于符节的一种字体。所谓"摹印"，就是用于摹刻玺印的字体。所谓"署书"，就是用以封检、门榜题字的字体。所谓"殳书"，就是刻在兵器上的一种字体。

也有人认为《说文叙》讲的"秦书八体"中只有大篆、小篆、虫书、隶书为真正的书体，而刻符、摹印、署书、殳书则是按用途不同所定的名称，均为篆书的变体。如王国维《桐乡徐氏印谱序》云："自许叔重叙《说文》，以刻符、摹印、署书、殳书与大小篆、虫书、隶书并为秦之八体，于是后世颇疑秦时刻符、摹印等各自为体，并大小篆、虫书、隶书而八，然大篆、小篆、虫书、隶书者，以言乎其体也；刻符、摹印、署书、殳书者，以言乎其用也。秦之署书不可考，而新郪、阳陵二虎符，字在大、小篆之间，相邦吕不韦戈与秦公私诸玺文字皆同小篆。知刻符、摹印、殳书皆以其用言，而不以其体言。"①

① 《观堂集林》卷六。

秦书八体有人或简称之为“八体”[1]。

【其他术语】

又称 八体

04.040 汉初六体

【正名】汉初六体

【释文】西汉初年所定的不同用途的六种字体，包括古文、奇字、篆书、隶书、缪印和虫书。

【考释】“汉初六体”就是西汉初年有着不同用途的六种字体。《汉书·艺文志》云：“六体者，古文、奇字、篆书、隶书、缪篆，皆所以通知古今文字，摹印章、书幡信也。”“古文、奇字、篆书、隶书、虫书”前文已有解释。所谓“缪篆”，《汉志》注云：“缪篆，其文屈曲缠绕，所以摹印章也。”“缪”是绸缪之意，因其笔画屈曲缠绕，故名缪篆。清代桂馥将汉、魏印文统称为“缪篆”，并类编其文而撰成《缪篆分韵》。

近年来出版的一些语言学工具书收入了“汉初六体”这一条目[2]。

---

① 《中国大百科全书·语言文字》，11页。

② 《中国语言学大辞典》，143页。

04.041 行 款

【正名】行款

【释文】成篇文字的书写顺序和排列形式，包括文字书写的左行、右行、下行和行列形式的自上而下、自左而右等。

【考释】所谓行款，就是文字书写或排印所采取的顺序和排列形式，包括字序和行序。字序是指一行之内文字书写或排印的顺序、方向；行序是指行的排列顺序。汉字的字序和行序，曾经历了一个发展过程：汉字过去直排，字序自上而下，行序自右而左；现在横排，字序自左而右，行序自上而下。

“行款”一词很早就见使用。明代王世贞《答李驹书》云：“梓法依《献吉集》行款大小，得二十四卷。”在现代学者的汉字学著作中，这一名称使用得更为普遍，且多有详细介绍[①]。

总之，“行款”自古以来就是表示汉字书写属性的一个重要概念，行款的演变对于汉字字形的“方化”、“立化”都产生了很大影响。因此，我们认为在汉字学基本术语中应当有其一席之地。

04.042 印刷体；04.043 手写体

【正名】印刷体；手写体

---

① 唐兰：《中国文字学》，126 页；张玉金、夏中华：《汉字学概论》，312 页；梁东汉：《汉字的结构及其流变》，70 页；王凤阳：《汉字学》，732 页。

【释文】印刷体：字形方正匀称，笔画整齐清晰，适用于印刷和电子显示的字体。汉字印刷体主要有宋体、仿宋体、楷体、黑体等。

手写体：字形笔画通常不够整齐划一，适用于手头书写的字体。如汉字的行书、草书等。与“印刷体”相对。

【考释】印刷体和手写体是汉字字体分类中相对称的两种字体。印刷体字形多方正匀称，笔画平直，整齐规范，适于报刊书籍的印刷使用。常见的印刷体有宋体、仿宋体、楷体、黑体等。唐兰曾有一段话指出了“印刷体”在文字学上的价值：“印刷体和书写体，有时是有歧异的，例如‘曾’字就有几个写法。可是无论如何，印刷体总还可以作标准用的。书写体是艺术的，但印刷体是实用的，所以‘印刷体’在文字学内的地位，是相当重要的。”①

手写体是文字的手写形式，因用于日常手写而得名。为便于快捷书写，笔形笔势多呈动态，且常有连笔。汉字的行书、草书可以看做是手写体一类的字体。手写体常因书写者不同而略有不同。手写体以前有人称为“书写体”（如上引唐兰的话），手写体是现在的通用名称。

【其他术语】

又称 手写体——书写体

04.044 新字形；04.045 旧字形

【正名】新字形；旧字形

【释文】新字形：以《印刷通用汉字字形表》(1965)和《现代汉语

① 《中国文字学》，122页。

通用字表》(1988)为字形标准的新式印刷体字形。

旧字形:与新字形相对。1965 年《印刷通用汉字字形表》发布后,人们对此前大陆使用的和港澳台现在仍在使用的印刷体字形的称谓。

【考释】新中国成立之初,印刷用的铅字字形存在着许多细微的差别。这是因为这些铅字的字形因袭明代刻本用的"宋体",许多字和手写楷体不一致。这首先给识字教学带来了很多困难。

卢芷芬《整理印刷字体的建议》指出:"就汉字演变的历史方面看,现在通用的是楷书。楷书系统下的印刷字体,同一个字,形体分歧的,在全套铜模——宋体、仿宋、楷体各 6800 多个字里约占 13%;在教育部公布的 2000 个常用字的三套铜模里各约占 20%。""同字异体,会使学习的人感到困难,因为它毫无必要地增加了文字的数量,而且又没有规律。"[①]为了消除这一类的字形混乱现象,从 1955 年起,有关部门开始着手汉字印刷字形的整理工作。1964 年 5 月,汉字字形整理组拟出了《印刷通用汉字字形表》,收印刷通用汉字 6196 字的字形(宋体),规定了每个字的标准字形,包括笔画数、笔画形状、结构方式和笔顺。经过这次整理,汉字印刷体字形有了一些变动,建立了新的字形规范。1965 年 1 月 30 日,文化部和文改会联合发布了《印刷通用汉字字形表》。该字表所规定的字形就是汉字印刷字体(宋体)的标准字形,即"新字形"的标准。到 1988 年,《字形表》作为一个通用字的字量标准被《现代汉语通用字表》所取代,而在字形上,《通用字表》仍沿用《字形表》所规定的标准。

通过以上的介绍,我们可以给"新字形"、"旧字形"下这样的

---

① 《中国语文》1952 年 11 月号。

定义:所谓“新字形”,就是以《印刷通用汉字字形表》(1965)和《现代汉语通用字表》(1988)为字形标准的新式印刷体字形。其主要特征是,与手写楷书体比较接近。“新字形”也称“人民体”。所谓“旧字形”,就是1965年《印刷通用汉字字形表》发布后,人们对此前大陆使用的和港澳台现在仍在使用的印刷体字形的称谓。其主要特征是,印刷体与手写体差别较大。

需要注意的是,新字形的标准没有以一个《新旧字形对照表》的形式出现,而是隐含在《印刷通用汉字字形表》中。为了方便读者,许多语文辞书都依据《印刷通用汉字字形表》概括总结出《新旧字形对照表》,作为附录。但是,各对照表收入的形体虽大致相同,却又各有出入。语言文字主管部门对新旧字形的范围也没有作过统一的、明确的说明。这就给处理具体的文字问题时留下了隐患。因此,新旧字形的问题已成为目前汉字规范工作中的重要课题之一。对新旧字形问题的研究主要集中在以下几个方面①:

(1)新旧字形与繁简、正异之间的界限如何划分?

(2)新旧字形存在的范围如何?是仅限于繁体字和传承字,还是把新旧字形也纳入到简化字中来?

(3)繁体字采用何种字形?

(4)现有字形规范内部存在的字形不一致问题如何解决?

这些问题都还有待于进一步研究。

【其他术语】

曾称 新字形——人民体

① 张书岩:《研制〈规范汉字表〉的设想》,《语言文字应用》2002年第2期。

04.046　饰　笔

【正名】饰笔

【释文】古汉字中为了美观或其他原因而在字形上增加的装饰性点画或符号。

【考释】所谓饰笔，就是古汉字中附加在字形上起美化装饰或其他作用，而对原有文字的表意没有影响的装饰性笔画和符号。

汉字所存在的"饰笔"现象古人已有注意，清代学者王筠曾说："古人造字，取其百官以治，万民以察而已，沿袭既久，取其悦目，或欲整齐，或欲茂美，变而离其宗矣，此其理在六书之外，吾无以名之，强名曰文饰焉尔。"[①]这里，王筠使用了"文饰"这个名称。姜亮夫也曾使用了类似的名称，他说："纹饰只是文中空隙处，加点笔划，或用些较不统一的符号，加在字中。"[②]

现代学者在指称"饰笔"这一概念时，所使用的名称目前仍不够统一。有称作"装饰符号"者，有称作"装饰笔画"者，有称作"羡画"、"赘笔"者[③]，但从目前的实际使用情况来看，"饰笔"一词仍然是学者较为普遍地接受的。其被认可的原因可能有两个：一是该术语比较简明，称呼起来比较方便。二是它较为准确地概括了此概念的内涵。因此，我们认为以它作为正名是比较

---

① 《说文释例》卷五。

② 《古文字学》，85 页。

③ 何琳仪：《战国文字通论》，229～230 页；汤余惠：《略论战国文字研究中的几个问题》，《古文字研究》第 15 辑。

合适的。

饰笔又包含了单笔的饰笔和复笔的饰笔两类。单笔的饰笔有圆点、横画、竖画、斜画、曲画等；复笔的饰笔包括诸如“••”、“＝”、“//”、“︽”、“ㄌ”、“八”这样的笔画。饰笔与文字的笔画容易产生混淆，辨识古汉字时切忌以饰笔为笔画，否则就会对文字结构产生误解。

【其他术语】

又称 装饰笔画

曾称 装饰符号；羡画；赘笔；文饰；纹饰

04.047 合文符号

【正名】合文符号

【释文】古汉字中加注在合文旁边的点画标记。

【考释】所谓“合文”，我们在前面已经介绍过，就是指古汉字中将两个以上的字合写在一起或借用一个合体字隐含另一个字，形式上仿佛是一个字，但实际上的功能却为两个以上汉字的书写省简方式。“合文符号”，则指的是标注在合文旁边（多为右下侧）的点画符号，一般写作“＝”。

甲骨文中已存在大量的合文，但还未见有附加在合文旁的合文符号[①]。古汉字中出现“合文符号”大概是从春秋晚期开始的。战国文字中异体众多，结构复杂，加注合文符号更便于辨认

① 姚孝遂：《甲骨文形体结构分析》，《古文字研究》第20辑。

合文的字形[1]。合文符号的存在为合文的辨识提供了方便，而另外一些未标注合文符号的合文有时则不易判断，这需要视其字距的紧凑程度或利用辞例进行辨别。

04.048　重文符号

【正名】重文符号

【释文】古汉字文献资料或其他文献资料中标于文字下侧，表示该字在篇章中须重复使用的标示性符号。一般加注在文字右下方，写作"＝"。

【考释】重文符号在古汉字中经常见到，它指的是加注在文字右下方，表示该字在语句中应该重复的标示性符号，一般写作"＝"形[2]。重文符号最早可见于甲骨文。甲骨文辞例中早期的"受虫又"，晚期作"受又$_{=}$"，当读为"受有祐"。这可能是最早出现的、也是目前所见到的甲骨文中唯一的一例重文符号[3]。在金文和战国文字中这样的重文符号经常出现，直到现在，有些人还习惯于在手写文稿时使用"＝"符号，以示某字在该处应当重复。

有的人在使用"合文符号"和"重文符号"这两个术语时，常常产生混淆，把我们所说的"合文符号"，也称作"重文符号"，这实际上是不正确的[4]。合文符号所标志的合文，表示前后相继

---

① 刘钊：《古文字中的合文、借笔、借字》，《古文字研究》第21辑。

② 何琳仪：《战国文字通论》，224页。

③ 姚孝遂：《甲骨文形体结构分析》，《古文字研究》第20辑。

④ 林沄：《古文字研究简论》，82页。

的不同文字的合并书写形式；而重文符号所具有的功能，只是标指同一个文字在此处应重复读。因此，二者之间是有明显区别的。

也有人把重文符号称为“叠用符”。如史有为曾说：“汉文中自古以来就存在着一种特殊的字符，它既有别于声符和义符，也有别于指别符（记号）。这种符号可称之为‘叠用符’。它就是金文中常用的‘＝’。”①“叠用符”一词用的人不多，通行的称谓仍是“重文符号”。

【其他术语】

曾称 叠用符

04.049 区别符号

【正名】区别符号

【释文】古汉字中为区别字形和分化新字而附加在某些字上，形体简单且一般没有实际含义的区别性符号。古汉字中常用的区别符号有“一”、“丶”、“丨”、“’”、“凵”等。

【考释】文字作为人类社会用以交流思想、记录语言的工具，是随着“人事日繁”而“孳乳浸多”的。为了掌握和分辨日益增多的文字符号，就必须对不同的文字符号，在形体上具有明确的、毫不含混的区别形式。区别形式中最主要、最经常采用的手段和方式，是在基本形体之上附加各种区别符号②。古汉字中常用

① 《叠用符刍议》，《语文建设》1993 年第 10 期。

② 姚孝遂：《甲骨文形体结构分析》，《古文字研究》第 20 辑。

的区别符号有“一”、“丨”、“’”、“丶”、“凵”等等。其形体都非常简单，没有实际而具体的含义，只是一种单纯的符号。

从目前学者对于“区别符号”这个概念的理解和使用情况来看，“区别符号”实际上包含了两种情况：

一种是只有纯粹的区别意义的区别符号。如“肉”和“月”，形体近似，战国文字往往把“肉”写成四笔作“”形，把“月”写成三笔作“”形，以示区别。然而仍然容易混淆。于是有意识在“肉”的右上方加“’”号，在“月”的左下方加“，”号，以示区别[①]。

另一种区别符号，不仅是文字符号之间的一种区别方式，同时也是文字分化的一种重要手段。如甲骨文“女”、“母”本同字。后来逐渐分化，在“女”字上加两点作“母”。《广韵》引《苍颉篇》，以为“母”字所从之两点“象人乳形”，至今仍有很多人相信，实际上这种解释恐不可信[②]。甲骨文“女”可用为“母”，但“母”不可用为“女”。所加之小点即是我们所说的这种区别符号。此外，从“人”和“千”的区别中，我们也可以清楚地体会到这种区别符号的作用。就概念的形成来说，最初应该是一个“人”代表一千，“人”和“千”最初应为同字。但甲骨文中“人”和“千”已分化，“人”上加区别符号“一”就成了“千”[③]。

① 何琳仪：《战国文字通论》，227 页。

② 参姚孝遂：《甲骨文形体结构分析》，《古文字研究》第 20 辑。

③ 姚孝遂：《古汉字的形体结构及其发展阶段》，《古文字研究》第 4 辑。

05. 汉字系统的内部关系

05.001 同形字[①]

【正名】同形字

【释文】分别为记录不同的词所造而字形偶然相同的一组汉字，也指由于形借、字形演变等原因所形成的字形相同而音义不同的一组汉字。

【考释】同形字这个名称是仿照同音词起的。不同的词如果语音相同，就是同音词。不同的字如果字形相同，就是同形字。同形字的性质跟异体字正好相反。异体字的外形不同，但实际上却只能起一个字的作用。同形字的外形虽同，实际上却是不同的字。

对于同形字的范围有广狭两种不同的理解。广义的同形字，包括所有表示不同的词但形体相同的文字。按照这样的理解，被借字和假借字，如表示本意的“花”和表示假借义“花费”的“花”，也应该算是同形字。甚至用来表示本义的和用来表示引

① 参裘锡圭：《文字学概要》，208～219 页。

申义的同一个字，如当道路讲的、读为 xíng 的“行”和当做行列讲的、读为 háng 的“行”，也可以看做同形字。事实上，对同形字概念的这种理解并不妥当。因为，假借和语义引申是很重要的文字现象，由此而造成的一个字形记录多个词义的现象，是人们都很熟悉的，是在汉字学中需要进行专门讨论的，因而完全没有必要再从同形字的角度对此加以说明。

狭义同形字的范围主要包括以下四个方面：

(1)分头为不同的词所造、字形偶然相同的字。例如，古代有一个“铊”字，音 shé 或 shī，当“矛”讲；近代人也造了一个“铊”字，音 tuó，是秤砣之“砣”的异体字；现代化学家又造了一个“铊”字，音 tā，指一种金属元素。

(2)由形借而产生的表示不同的词而字形相同的字。例如，表示“获”义的“隻”字，与形借用来表示“只”的“隻”字，就应该看做是同形字。

(3)由于字形演变，特别是隶变等原因，本来不同形而变得完全同形的字。如，“胄”字有两个来源：一是从肉由声，本义为有血统联系的后裔。二是从冃由声，本义为头盔。隶变时相混而成为同形字。

(4)由于汉字简化而形成的同形字。如，“廣”简化为“广”，跟它的形旁“广”(yǎn)同形；“勝”简化为“胜”，跟“腥”的古体“胜”同形。

对于同形字这个概念，现在学界一般都取狭义的理解①。

---

① 裘锡圭：《文字学概要》，209 页；张书岩：《简化与同形字》，《语言文字应用》1996 年第 3 期；张玉金、夏中华：《汉字学概论》，200 页；陈涛：《汉字学浅说》。

同形字多数并不是同时使用的。如姥姥的“姥”(lǎo)出现的时候，一般人已经不用当老妇讲的“姥”(mǔ)了。

古人虽然没有明确提出“同形字”这个术语，但同形字问题早已就有人注意到了。如南北朝时顾野王在《玉篇》自序中说：“微言既绝，大旨亦乖。故《五典》、《三坟》，竞开异义；六书八体，今古殊形。或字各而训同，或文均而释异。”这段话中，所谓“文均而释异”即指同形异字、同形字而言。宋代郑樵《六书略》按“六书说”给文字分类，在假借字之末别列“双音并义不为假借”，所收之字大部分是我们所说的同形字。明代焦竑撰《俗书刊误》十二卷，其中卷十专论“字同音义异”者。

同形字也有人称之为“异源同体字”[①]、“异音同形字”[②]，但“同形字”是现在最为通行的称名。

【其他术语】

曾称 异源同体字；异音同形字

05.002 形似字

【正名】形似字

【释文】分别记录不同的词，而字形只有细微差别的一组汉字。

【考释】形似字就是形体相似而音义不同或不完全相同的一组字。文字的比差度越大，可辨性越强，也就越能准确地传递语义信息。汉字形似字研究的目的，就在于寻找这方面的规律，以期

① 殷焕先：《汉字三论》，74 页。

② 班吉庆：《试论异音同形字》，《扬州师范学院学报》1989 年第 2 期。

对于汉字教学和其他方面的应用有所裨益[①]。

古人虽没有使用“形似字”这个术语，但很早就已注意对于形似字的系统辨析。明代叶秉敬撰有《字孪》4卷，该书区别相近字形，共释形似字138组。每组形似字均以四言韵语释之，句数多寡不一。如辨“纸”、“帋”二字：“纸字从糸，捣絮如纸，以氏为声，平滑如砥。帋字音低，乃丝之滓，今人误书，混作纸字。”《四库提要》评其书：“其说悉根柢《说文》，毫厘辨析，于偏旁点画，分别了然。又该以韵语，便于记诵，亦小学之津筏也。”清代《康熙字典·辨似篇》收入372组形似字，共计781字，占总字数47035字的1.66％强。

现代以来由于汉字简化，又增加了一些新的形似字[②]。如“廠”的简化字“厂”，与“廣”的简化字“广”就变成了两个形似字；“盧”简化为“卢”后，与“户”也成了形似字。

【其他术语】

又称　形近字

05.003　单音字

【正名】单音字

【释文】只有一个读音的汉字。

【考释】单音字是与多音字相对的一个概念，即指只有一个读音

① 陈五云：《现代汉字形似字初探》，《语文建设》1989年第4期。

② 苏培成：《有关简化汉字的几个有争论的问题》，《语文研究》1991年第1期。

的汉字[①]。

汉字中大多数的字属于单音字。据《汉字信息字典》编者的统计，在该字典所收的 7785 字中，共有单音字 7038 字，占 90.405%[②]。其他研究者依据不同文本所作出的统计结果，大体上也与此相近[③]。

有一点需要注意，一个字是单音字还是多音字，在分别时要区分现代汉语读音和古代汉语读音。例如“余”字，在《现代汉语词典》(第 5 版)中只有一个读音 yú，属于单音字。而在《汉语大字典》中，“余”除了 yú 这个常见的读音之外，还读为 tú(《集韵》同都切。梼余，山名)和 xú(《集韵》详余切。余吾，水名)，应属多音字。之所以会产生如此差异，是因为一些大型字典所收入的读音既包括现代汉语的读音，又包括古代汉语的读音，甚至于根本不为一般人所知的罕见读音也收罗在内，而一般的中小型的现代汉语字典则以现代为主，酌收古代读音。

05.004 多音字

【正名】 多音字

【释文】 具有两个或两个以上读音的汉字。

【考释】 多音字的特点是一个字有两个或两个以上的读音，所以多音字又包含了两个下位概念：异读字和多音多义字。

---

① 《中国语言学大辞典》，34 页。

② 《汉字信息字典》，1086 页。

③ 苏培成：《二十世纪的现代汉字研究》，428～430 页。

由于多音字字无定音，因此遇到一个多音字，单看这个字往往还不知道应该读什么音，而是要看这个字表示的是什么意义，然后才能决定该读什么音。这种状况使得对多音字的学习和使用，要比单音字困难。

现代汉字中多音字究竟有多少呢？一些学者对此曾进行过研究。据周有光统计："《新华字典》(1971 年版)中有 734 个多音字，占总字数的 10%。2000 扫盲常用字中有多音字 334 个，占扫盲常用字总数的 17%。6 个扫盲常用字中有一个读音无定的多音字。"①据傅永和统计："《辞海》收入的多音字 2641 个(被淘汰的异体字和计量用字未包括在内)。其中一字二音的有 2112 个，一字三音的有 422 个，一字四音的 81 个，一字五音的 18 个，一字六音的 7 个，一字八音的一个，即'那'字。"②《汉字信息字典》共收 7785 字，其中单音字有 7038 个，占 90.405%，多音字有 747 个，占 9.595%③。总之，由于统计所用文本的字数不同，每个字所收音项多少也不尽一致，其结论自然会有差异。但大体上说，现代汉字中的多音字约占总字数的 10%。

多音字的形成往往都有比较复杂的历史原因，主要有以下几种：①语义引申；②假借；③同义换读；④异字同形；⑤文白异读；⑥读音讹变④。

多音字还曾被称为"破音字"，如民国时期马瀛编著的《破音

---

① 《现代汉字中的多音字问题》，《中国语文》1979 年第 6 期。

② 《汉字结构及其构成成分的分析和统计》，《中国语文》1985 年第 4 期。

③ 《汉字信息字典》，1086 页。

④ 裘锡圭：《文字学概要》，255 页。

字举例》[1]，其所谓的破音字就是我们现在说的多音字。

【其他术语】

曾称 破音字

05.005 多音多义字

【正名】多音多义字

【释文】具有两个或两个以上读音，并以之分别记录不同词义的汉字。

【考释】多音多义字的特点是一个字有两个或两个以上的读音，且每个读音联系着不同的意义。例如“长”读 cháng，表示长度；又读 zhǎng，表示生长、增加、年龄大等。

一个字是不是多音多义字，一个多音多义字有几个读音，这要区分现代汉语的读音和古代汉语的读音。例如“敦”，在《辞源》(1979 年版)中有 8 个读音，而《新华字典》只有 dūn 和 duì 两个音。这是因为《辞源》的读音既包括现代汉语中的读音，又包括古代汉语中的读音，而《新华字典》是以现代为主，兼顾古代。

多音多义字的产生是由于语言的发展而造成的。语言中增加了新的语素，文字中可以造一个新字。但是字数太多又不便于学习和应用，因此要尽量控制。不造新字就只好让原有的字增加负担。一个字原有的读音和新增加的语素的读音如果不同，就会形成多音多义字[2]。虽然多音多义字的存在有其必然

① 商务印书馆，1923 年。

② 苏培成：《现代汉字学纲要》，114 页。

的一面，但它确实给汉字的认读增加了困难，所以应该设法精简。周有光、李如龙等都曾提出整理多音多义字的建议和方法[①]。

需要注意的是，有的人在指称"多音多义字"时，有时把它简称为"多音字"。我们认为，多音字和多音多义字这两个概念虽有部分重叠，但毕竟不是完全等同的概念，二者在使用时应该严格区分，用各有当，这样才能防止术语和概念使用的混乱。况且"多音多义字"这个术语已使用得相当普遍，近年来已有几部冠以"多音多义字"之名的字典问世，如李清华、武云霞编《多音多义字小字典》[②]和张寿康、王问渔主编《新编多音多义字字典》[③]。

【其他术语】

又称　多音字

05.006　异读字

【正名】异读字

【释文】具有不同读音，但只记录同一个词的汉字。

【考释】一个字有两个或两个以上的读音，而表示的意义相同，这样的字就是异读字[④]。汉字中自古以来就有这样的异读字，古

① 周有光：《现代汉字中的多音字问题》，《中国语文》1979年第6期；李如龙：《关于多音字的精简问题》，《文字改革》1984年第2期。

② 北京语言学院出版社，1987年。

③ 北京工业大学出版社，1993年。

④ 苏培成：《现代汉字学纲要》，108页。

人称之为“同意而异声者”。宋代司马光《类篇》序曰：“凡为《类篇》，以《说文》为本，而例有九……二曰同意而异声者，皆一见也。”

古代字书、韵书中收载了大量的异读字。如《广韵·阳韵》：镶，息良切，又女羊切。《广韵·皆韵》：稭，古谐切，又古八切。

异读字从使用的范围来说有两种：一种异读字在它出现的各种词语中都有异读。如“熟”读 shú，又读 shóu；另一种异读字只在某些词语中有异读。例如“亲家”的“亲”，读 qìng；“迫击炮”的“迫”读 pǎi。

异读字一般是由于习惯读法、方音混杂、古今音并存、误读等原因形成的。有的异读字原来可用不同读音区别不同词义，但由于语言的发展演变，而逐渐失去了其区别不同词义的作用。

有一点要注意，有人把我们前面所说的“多音字”，也称为“异读字”，这是不对的[①]。用“异读字”来专指具有两个或两个不同读音、但只记录同一个词的字，目前已是汉字学界较为一致的意见[②]。

05.007 同音字

【正名】同音字

【释文】读音完全相同而形义不同的汉字。

---

① 《中国语言学大辞典》，34 页；《实用中国语言学词典》，195 页。

② 苏培成：《现代汉字学纲要》，108 页；杨润陆：《现代汉字学通论》，156 页；王铁纯：《试论汉字多音异读现象的规范》，《抚顺师范专科学校学报》1988 年第 3 期。

【考释】同音字这个概念实际上有广义和狭义两种理解。

狭义的同音字指读音(包括声母、韵母、声调)完全相同,而形体、意义不同的一组字。如"言"、"炎"、"研"、"严"等都读yán,是一组同音字。广义的同音字则包括声母、韵母相同而声调不同的字在内,如"烟(yān)"、"言(yán)"、"演(yǎn)"、"验(yàn)"等都算是同音字[①]。在现代汉字研究中,现在一般都取狭义的理解[②]。

造成同音字读音相同的原因主要有以下几种[③]:

(1)偶合。如"盖"、"概"、"钙";"动"、"冻"、"洞"等。

(2)语音的简化演变,使本不同音的字变为同音字。例如,《广韵》"东"、"冬","支"、"脂"、"之","耕"、"庚"不同音,现在都同音了。

(3)同一声旁的形声孳乳。例如,"兼"字原指"一手持两个禾把",引申为兼并。"缣"指用双线织成的丝织品。"鹣"指比翼鸟。"鳒"指比目鱼。

现代汉字中同音字的数量究竟有多少呢?据《汉字信息字典》统计,该字典全部7785字分属414个不分音调的音节。其中无同音字的音节22个,有同音字的音节392个。有同音字的音节中拥字量最多的是yi音节,有131个同音字[④]。龚嘉镇著《现行汉字形音关系研究》[⑤],其中的"现行同音字分析"部分给

---

① 高家莺等:《现代汉字学》,81～82页。

② 苏培成:《现代汉字学纲要》,110页;杨润陆:《现代汉字学通论》,165页。

③ 苏培成:《现代汉字学纲要》,110页。

④ 《汉字信息字典》,科学出版社,1988年。

⑤ 湖北人民出版社,1995年。

出了同音字的数据。作者把《现代汉语通用字表》所收的7000字作为统计对象,其中有625个多音字。若一个多音字有几个音,就作为几个字来看待,统计对象就有7705字。这7705字属于405个音节,其中只有15个音节为一字专用,没有同音字。同音字在60个以上的音节有14个,共有同音字1148字,占现行汉字总数的14.9%。

同音字表示的是语言中的同音语素,同音现象是文字的自然现象。汉字自古至今都存在着同音字。古人对汉字中的同音现象也很早就进行了研究。《隋书·经籍志》著录《异字同音》一卷,今亡佚。宋代孙奕《履斋示儿编》卷二十专门讨论了“字异而音同”的字。元代曹本撰有《续复古编》四卷,书中总结了“音同字异”、“字同音异”等多种文字现象。清代刘维坊辑有《同音字辨》四卷,此书实为汉字学史上早期的同音字表。此外,清代张小浦辑有《同音集字便览》,毕沅撰《音同义异辨》,取“《说文解字》所有其音同义异者,据形著训,杂而不越,分观并举”[1]。

总之,汉字同音现象的研究,自古至今都是极富有理论价值和应用价值的重要课题。例如今天利用汉语拼音输入法在计算机等信息终端设备上输入汉字,就有可能采用同音字的有关研究成果,此外,汉字教学中有关同音字的辨析问题也是值得重视的。

---

① 该书前毕氏自识语。

05.008 单义字

【正名】单义字

【释文】只记录一个词义的汉字。

【考释】单义字是与多义字相对而言的概念，指仅有一个义项的汉字。《汉字信息字典》对所收的7785字的义项数作了统计，统计结果中有单义字4139字，占总字数的53.166%[①]。

现代汉字中单义字的类型，主要有以下几种[②]：

(1)日用品和食品用字。例如：

凳：没有靠背的供人坐的家具。

韭：韭菜，多年生草本植物。

(2)人和动物的器官用字。例如：

肾：人和高等动物的主要排泄器官。

肫：鸟类的胃。

(3)科学技术名词用字。例如：

锰：一种金属元素。

醛：有机化合物的一类。

(4)动植物名称用字。例如：

鼬：哺乳动物的一科。

桉：一种常绿乔木。

(5)姓名、史地用字。例如：

---

① 《汉字信息字典》。

② 苏培成：《现代汉字学纲要》，126页。

刘:姓氏。

瑾:人名。

岱:泰山的别称。

觐:朝见。

(6)方言、民族用字。例如:

甭:不用。

啥:什么。

傣:傣族。

05.009 多义字

【正名】多义字

【释文】具有两个或两个以上义项的汉字。

【考释】一个字在产生之初理应是单义的,应用既久,许多字就有了多个义项。在汉字里,由于语义引申、文字假借等原因,一字多职的现象,也就是一个字表示两种以上意义或音义的现象,是极其常见的①。我们把具有两个或两个以上义项的汉字,都称作多义字②。

在现代汉字层面上进行分析,从一个字的几项意义之间有无明显联系来看,多义字可以分为两类:

一类是各项意义之间有联系的。例如,粮:(1)可食用的谷

① 据《汉字信息字典》对所收的7785字的义项数所作的统计,多义字有3053字,占总字数的39.216%。

② 裘锡圭:《文字学概要》,223页。

类、豆类、薯类的总称。(2)作为农业税的粮食:公粮。其中(2)是(1)的引申义。

另一类是各项意义之间没有联系的。这一类又可分为两种情况:一种是本无联系而偶然同形的同形字。例如,红:(1)hóng,像鲜血或石榴花的颜色。(2)gōng,读为"功",指有关纺织针线一类的事:女红。第二种是本有联系,但后来失去了某些中间环节,而变得没有联系了。例如,管:(1)圆状的细长而中空的东西:钢管|水管。(2)统辖,负责料理:管辖|管理。"管"的(1)是本义,引申而表示管钥。《左传·僖公三十二年》:"郑人使我掌其北门之管。"由管钥引申而为统辖。管钥的意义在现代汉语中已经不用,(1)和(2)之间失去了联系[①]。

从历史上看,一字多职的现象不断在产生。另一方面,为了保证表达语言的明确性,分散多义字职务的工作也不断在进行。在现代汉语中,合成词中相关的语素,由上下文构成的语境,都可以使多义字单义化。

05.010　同义字

【正名】同义字

【释文】记录相同或相近词义的一组汉字。

【考释】同义字指意义相同或相近而读音和写法不同的一组字。同义字往往要区分古今同义、方言和共同语同义、共同语内部同义这样几类。现代汉语中所说的同义字主要指共同语内部的同

---

① 苏培成:《现代汉字学纲要》,127～128 页。

义现象而言[①]。

在一组同义字中，各字之间往往使用频度和构词能力都不相同，意义和色彩上也常有细微差别。例如，"看"、"视"、"见"、"瞧"、"瞅"等都是与看的动作有关的字，其中最常用的是"看"，它可以单说，组合能力也很强。在古汉语中和"看"相当的是"视"。"视"在现代虽不单用，组成的词语却不少。"瞧"和"瞅"的意思也是看，其中"瞧"有口语色彩，"瞅"有方言色彩。"见"的意思是看到，可以组成许多词语。

研究同义字，可以帮助我们正确使用汉字，对于汉语汉字的教学尤其重要。

05.011　同义换读

【正名】同义换读

【释文】又称"异音同用"。由于一个词与另一个词的意义相同或相近而借用另一个词所用的字形并相应变换读音的用字现象。如"圩"换读为"围"，量词"石"换读为"担"。

【考释】人们在使用汉字的时候，有时不考虑某个字原来的读音，而把这个字借用来表示意义跟它原来所代表的词相同或相近，但读音不同的另一个词(一般是已有文字表示的词)，在借用以后，这个字的读音也随之发生改变。这样的文字借用现象，汉字学者现在称之为同义换读[②]。

① 苏培成:《现代汉字学纲要》,129页。

② 裘锡圭:《文字学概要》,219页。

现代学者中注意到这种文字现象的有沈兼士、李荣、裘锡圭等先生。沈兼士称这种现象为“异音同用”或“义同换读”，见《汉魏注音中义同换读例发凡》；李荣称这种现象为“同义字互相替代”或“同义替代”[①]；裘锡圭“采用沈氏‘义同换读’的说法，只是为了通俗起见，把‘义同’改成了‘同义’”。并对同义换读现象进行了深入的探讨[②]。

下面所举的几个例子就属于汉字中的同义换读现象。例如，“俛”、“頫”换读为“俯”。很多字书和古书的注释认为，当低头讲的“俛”和“頫”是“俯”的异体。其实“俛”跟“俯”原来是读音截然不同的两个字。“俛”字从“人”，“免”声，读音本同“免”，只是由于“俛”跟“俯”同义，后来就被换读为“俯”音了。“頫”的情况与此类似。黄生《字诂》“頫”字条认为“頫”、“俛”、“俯”三字原本都同义不同音，“頫”当音“眺”（古书中当聘问、察视等义讲的“頫”都读“眺”），后来由于“頫”与“俯”意义相同，“頫”也就被换读为“俯”了。除此之外，“圩”换读为“围”、“石”换读为“担”，等等，都属于这样的情况。

【其他术语】

曾称　异音同用；义同换读；同义替代

① 李荣：《语言演变规律的例外》，《中国语文》1965 年第 2 期；《汉字演变的几个趋势》，《中国语文》1980 年第 1 期。

② 《文字学概要》，219～222 页。

05.012 正体字

【正名】正体字

【释文】又称“正字”、“正体”。指为社会普遍遵循、符合一定时期通行规范的汉字。与“异体字”、“俗体字”相对。在不同的时代,正体字的标准和范围可能作一定程度的调整和改变。例如,“头”、“灯”等字在过去被认为是俗体字,而现已被确立为正体字。

【考释】正体字亦称“正字”、“正体”,是指结构和笔画正确、符合规范的文字,它区别于异体字、俗体字、错别字等。

古人很早就提出了“正体字”的概念。如唐代颜元孙撰《干禄字书》,全书共收字 808 组,分俗、通、正三体,以四声为次,同声者以唐本《切韵》韵部为序。关于正体的解释,其序称:“所谓正者,并有凭据,可以施著述、对策、碑碣,将为允当。”也就是说,其正者指的是可以登大雅之堂、于古有据的文字形体。

汉代以前,汉字形体结构比较混乱。魏晋以后,汉字的偏旁结构逐渐趋于一致,但民间俗体也不断出现。因此,历代政府都要求书写汉字时应符合字书的写法规范。唐贞观年间,颜师古编《颜氏字样》,是为汉字楷体字书写之样本。以后又有颜元孙的《干禄字书》、张参的《五经文字》、唐玄度的《九经字样》等问世,都是规范楷书写法的字书。从此以后,汉字的书写逐渐走向规范化,凡符合字书规范的写法都称之为“正体字”。

但不同时代的人对正体字的看法是不一样的。旧时代最保守的文字学者，把合乎《说文》的书写形式看做正体[①]。对此，清代学者王筠在《说文释例·六书总论》中曾提出了尖锐的批评："今执《说文》某字，为某经某字之正字，诬也。"实际上，正体字是立足于现行规范，并处于不断的变化之中的，随着时间的不断推移，其规范的标准和范围都要作一定程度的调整和改变。如"头"、"灯"等字的写法过去被认为是俗体，但在简化字中现已被确立为正体字。

【其他术语】

曾称　正体；正字

05.013　俗体字

【正名】俗体字

【释文】又称"俗字"、"俗体"。指流行于民间而未取得正体地位的俗写汉字。与"正体字"相对。不同时代对俗体字的看法可能不一致。例如，在汉代"蚊"是"蟁"的俗体字，"躬"是"躳"的俗体字，而现在"蚊"、"躬"是正体字。

【考释】"俗体字"又叫"俗文字"、"俗体"、"俗字"、"俗书"、"别字"等，它相对于"正体字"而言，是一种流行于民间的、不符合一定历史时期通行规范的俗写汉字。

唐代颜元孙的《干禄字书》把汉字分成俗、通、正三体，他在该书序中说："所谓俗者，例皆浅近，唯籍帐、文案、券契、药方，非涉雅言，用亦无爽。倘能改革，善不可加。所谓通者，相承久远，

① 裘锡圭：《文字学概要》，259页。

可以施表奏、笺启、尺牍、判状，固免诋诃。”根据颜元孙的这一解释，我们可以知道俗体字是一种不合规范的、其造字方法未必合于“六书”标准的浅近字体，它适用于民间的通俗文书，适宜于平民百姓使用。颜元孙所谓的“通者”，其实也是俗字，只不过它的使用范围更大一些，流延的时间更长一些。换句话说，“通者”就是承用已久的俗字。

其实，早在颜元孙之前，隋初颜之推作《颜氏家训》时就已提到了“俗字”的概念。该书《书证篇》云：“‘虙’字从虍，‘宓’字从宀，下俱为必。末世传写，遂误以‘虙’为‘宓’。……孔子弟子虙子贱为单父宰，即虙羲之后，俗字亦为‘宓’。”这是“俗字”一词之早见者。如果进一步向前追溯，则汉代的学者便已提出了文字正、俗的观点。东汉许慎的《说文解字》中，有 15 个正篆下收载的重文是直接标明“俗从某”的俗体字[①]。如“蟁”下云俗从虫作“蚊”，“冰”下云俗从疑作“凝”，“躳”下云俗从弓、身作“躬”，“居”下云俗从足作“踞”，“觵”下云俗从光作“觥”，等等。近人马叙伦著《说文解字研究法》云：“许书兼取俗字。……此盖由其字不见于《史籀》、《仓颉》、《凡将》、《训纂》及壁中书而世俗用之，故不得削，别之曰俗字。”

比“俗字”提法更早一些，汉代人还有所谓“别字”的说法。《汉书·艺文志》载无名氏之《别字》十三篇，《后汉书·光武十王传》亦称东平献王刘苍有《别字》之撰。这些书早已亡佚，其内容如何，今已不可知，但据《颜氏家训·书证篇》的记载，可以推知，这些所谓的“别字”，不过是“俗字”的别一名称罢了。后来清人赵之谦作《六朝别字记》、罗振玉兄弟作《增订碑别字》，都是这一

① 张涌泉：《汉语俗字研究》，17 页。

意义的俗字汇编。

除了“俗字”、“别字”之外，前人还经常使用“俗体”、“俗书”、“伪字”、“别体”、“或体”、“俗体字”、“俗文字”、“破体字”这样的称名。这些名称究其实质，和前面所说的“俗字”、“别字”并无二致，前人在实际运用中，往往也把它们和“俗字”等而视之。

在以上这些名称当中，我们建议选定“俗体字”作为正名。这样选择的理由主要有如下两点：

(1)“俗体字”一词比其他的几个名称更为正式，且目前使用得也较为普遍；

(2)可与“异体字”、“正体字”等形成整齐而对应的术语序列，有利于规范和称说。

就正体字与俗体字之间的关系来说，二者是相辅相成的。俗体字相对于正体字而言，没有正体字，也就无所谓俗体字。在一定的文字系统中，正体字总是占据着主要的、主导的地位，俗体字则处于从属的、次要的地位。正体字是文字系统的骨干，而俗体字则“是正字系统的补充，是正字系统由于时代不同形成的历时变体，是正字系统在一定文化背景下的文化变体。俗体字属于变体，也就成了正字系统的巨大的后备仓库”[①]。

俗体字就其产生的途径来看，主要有以下几种[②]：

(1)改造正体字。例如，把正体字“燈”、“墳”、“顧”、“獻”，分别改造为“灯”、“坟”、“顾”、“献”。

(2)重造新字。例如，把“辯”、“聽”、“寬”，分别改造为“辔”、“听”、“衮”。

① 陈五云：《俗文字学刍议》，《上海师范大学学报》1990年第2期。

② 荆贵生：《俗文字概论》，《河南师范大学学报》1995年第4期。

(3)同音代替。例如,把“漆”、“棱”、“殺”,分别用同音的字“柒”、“楞”、“煞”来代替。

俗体字究竟如何定义呢?张涌泉曾对此进行了研究。他说:“对这个问题,表面上看似乎人们并没有太多的分歧,其实要给予准确完整的表述并非易事。下面且看几家较有代表性的观点。《辞海》(修订本)‘俗字’条下云:异体字的一种。旧称流行于民间的多数为简体的文字为俗字,别于正字而言。区分正和俗的标准,往往随时代而变迁。《汉语大词典》同条下云:即俗体字。旧时指通俗流行而字形不合规范的汉字,别于正体字而言。《中国大百科全书·语言文字》未见‘俗字’条,但该书‘俗体’条下云:俗体(vulgar form),指民间手写的跟字书不合的汉字字体。……综合以上各家所说,我们认为汉语俗字的定义可以这样来表述:汉字史上各个时期与正字相对而言的主要流行于民间的通俗字体称为俗字。”[①]我们基本赞同张先生的观点,并把俗体字的定义稍作改述:与“正体字”相对,指流行于民间而未取得正体地位的俗写汉字。

【其他术语】

又称 俗字;俗体;俗文字

曾称 别字;别体;伪字;俗书;或体;破体字

05.014 错别字

【正名】错别字

① 《试论汉语俗字研究的意义》,《中国社会科学》1996年第2期。

【释文】“错字”和“别字”的合称。“错字”指误写正字字形而形成的音义均不同的汉字或不成字的非字形体；“别字”指误写正字字形而形成的同音不同义的汉字，也指由于汉字修养的不足，书写时用来代替正字的同音字。

【考释】“错别字”是“错字”和“别字”两个概念的合称。写错字通常是指误写成别的音义均不同的汉字或写得不成字。写别字，又称“写白字”，是指把甲字写成乙字，甲字和乙字往往音同或音近。错字和别字都是写错了的，因此，有些人所说的“错字”有时也包括“别字”在内①。

对“错字”这个概念，大家的认识比较一致，一般都认为它是“误写正字字形的字”②、“结构上不合于标准的字，是不按社会上公认的写法去写，因而写得不成字的字”③。而对于“别字”这个概念，学者的看法则不尽相同。

在古人的心目中，“别字”一词至少有以下两种含义④：

(1)指异体字(包括俗体、古体、或体、讹体等)。《颜氏家训·书证篇》云：“夫行陈之义，取于陈列耳，此六书为假借也，《苍》、《雅》及近世字书，皆无别字；唯王羲之《小学章》独阜旁作车，纵复俗行，不宜追改《六韬》、《论语》、《左传》也。”其中的“别字”即指异体字而言。清代赵之谦作《六朝别字记》、罗振玉作《增订碑别字》都是属于这种含义的别字汇编。

(2)指误书、误读的字。清代凌霞《六朝别字记序》云：“世俗

---

① 《实用中国语言学词典》，195 页。

② 《中国语言学大辞典》，39 页。

③ 王凤阳：《汉字学》，880 页。

④ 张涌泉：《“别字”正名》，《语文建设》1989 年第 4 期。

以字之误书、误读者谓之别字，‘弄麞’、‘伏猎’，此类是也。”

在以上两种含义中，作为前一种意义的“别字”今人已经很少使用了。

在现代学者中，或以为“凡当写某字，而写为另外一个音同或音近的字，这个字就称为别字”①。或指“别字”为“在使用上不合乎社会上约定成俗的习惯的字，是把甲字当乙字用，从而破坏了字和词之间的规定关系的字”②。从多数学者对“别字”这个术语的理解和使用看，若以“别字”专指音误的字，则未免失之片面。因此，我们基本同意有学者给别字所下的这样的定义：“凡当写某字，而写为另外一个音同音近或形近的字，这个字就称为别字。”③

05.015 古今字

【正名】古今字

【释文】通行时代有先后之别，所表示的词义范围或有差异，用来记录同一个词的音同（或音近）而字形各异的一组字。一组古今字中先出的字为古字，后起的字为今字。例如，“暴－曝”、“竟－境”、“见－现”、“说－悦”、“振－赈”等，每组前者为古字，后者为今字。

【考释】“古今字”这个术语，最早是汉代郑玄提出来的。《礼

① 《中国大百科全书·语言文字》，22页。

② 王凤阳：《汉字学》，880页。

③ 张涌泉：《“别字”正名》，《语文建设》1989年第4期。

记·曲礼下》："予一人。"郑注："余、予，古今字。"《诗经·小雅·鹿鸣》："视民不恌。"郑笺："视，古'示'字也。"郑玄"囊括大典，网罗众家"，遍注群经，对后世的影响很大。郑玄以后的训诂家，如颜师古、高诱、韦昭、司马贞等人，对古今异字的训释，一般也都沿用郑玄创立的体例[①]。三国魏时的学者张揖，还曾编有专门辑录古今字的一部字书《古今字诂》，"方之许慎篇，古今体用"[②]，《隋书·经籍志》有著录，今已亡佚。

古今字现象被广泛地注意，还是在清代。清代学者对于古今异字的研究，除了段玉裁曾著有《〈曲礼〉君天下曰天子至余予古今字》[③]一文外，他们的见解多数散见于有关的论述中。如段玉裁的《说文解字注》、王筠的《说文释例》和《说文句读》、徐灏的《说文解字注笺》、毛际盛的《说文解字述谊》等等。其中有些学者还对古今字的产生、古字和今字的关系以及古今字的含义等问题，提出了自己的看法。

近二十年来，古今字问题一直是语言文字研究经常讨论的一个热点问题。当前学者在古今字问题上至少已经取得了以下几点共识[④]：

(1)古今字的表现形式为"古今人用字不同"[⑤]，即对语言中某一个词不同时代的人用了不同的字来表示。古今字是历时的语言文字现象。

---

① 洪成玉：《古今字概说》，《中国语文》1981年第2期。

② 《魏书·江式传》。

③ 见《经韵楼集》卷十一。

④ 张劲秋：《再说古今字》，《安徽教育学院学报》1999年第4期。

⑤ 段玉裁：《说文解字注》，233页。

(2)古今字的古今是相对的。由于新的今字的出现,前一个时代的今字变成古字的情况是很常见的。如《汉书·司马相如传》颜注把“绔”和“袴”看做古今字。“裤”字通行之后,“袴”也成了古字。此种现象正如段玉裁所云:“古今无定时,周为古则汉为今,汉为古则晋、宋为今。随时异用者,谓之古今字。”①而且有时所谓“古今”并不一定反映一个词不同书写形式开始使用的时间早晚。如果甲字开始使用的时间晚于乙字,但是后来甲字已经不再通行而乙字仍在通行的话,就可以把甲字看做乙字的古字。如,《汉书·武帝纪》“氐羌徕服”句颜注说:“徕,古往来之来也。”往来之“来”显然是先假借本为麦的“来”字,然后才造出后起本字的“徕”字来表示它的。但是在颜师古的时代,假借字“来”仍在通行,“徕”却已经不通行了。所以他把“徕”看做往来之“来”的古字。有时候还会出现古今字地位互易的情况。前一时代的今字到后一时代变成了古字,前一时代的古字到后一时代反而变成了今字。例如,“线”和“綫”的关系就是如此。段玉裁说:“许(引者按:指许慎)时古‘綫’今‘线’,晋(引者按:指晋灼)时则为古‘线’今‘綫’,盖文字古今转移无定如此。”②

(3)古今字的古字和今字在意义上有着某种联系,即今字所表示的意义在历史上曾经是由古字承担的。

(4)在今字产生的当时,古字和今字在读音上是相同或相近的。

(5)研究古今字,不能完全依赖传世古书。因为在古代著作流传的过程中,作者原来所用的字往往会被传抄刊刻的人改成

① 段玉裁:《说文解字注》,94 页。

② 段玉裁:《说文解字注》,656 页。

今字[1]。例如，商代甲骨文和西周春秋金文里，表示第一人称代词"我"时都写作"余"，而在传世的《尚书》、《诗经》两书所包含的那些西周时代的作品中，第一人称代词"余"却全都已经被后人改作"予"了。如果根据传世的《尚书》、《诗经》来反驳郑玄"余予古今字"的说法，那就错了。

应该承认，现代学者对古今字的认识虽然已经取得了一定的共识，但在古今字的范围应如何划定的问题上仍然存在分歧。主要有以下两种意见[2]：

(1)有些人主张把古今字跟通假字分开来，只把有"造字相承关系"的那些字(如"县"和"悬"、"说"和"悦"等)定为古今字。持这种意见者以洪成玉等先生为代表[3]。

(2)有些人认为古今字跟通假字是从不同角度对同词异字现象作出的"不同归类"，二者"不是平行关系"，古今字应该包括通行时间有古今之别的通假字；而且古今字不但"可以指形、义不同的两个字，也可以指形不同但义同的异体字"[4]。持这种意见者以陆锡兴、杨润陆、裘锡圭等为代表。

杨润陆曾对古今字的内涵作了很细致的辨析，他说："古今字本来是训诂的注释用语，表示古今人用字不同，以后发展为文字学的术语，用来说明历时的同词异字现象。在历史上它所确指的范围包括三种情况：(1)由于汉字孳乳分化而造成古今同词异字，这类古今字相当于本源字和分化字。(2)由于古今字义变通而造

---

① 裘锡圭：《文字学概要》，272 页。

② 裘锡圭：《40 年来文字学研究的回顾》，《语文建设》1989 年第 3 期。

③ 洪成玉：《古今字概述》，《北京师范学院学报》1992 年第 3 期。

④ 陆锡兴：《谈古今字》，《中国语文》1981 年第 5 期。

成同词异字，这类古今字在产生原因上与通假字有相同之处。(3)音义完全相同而古今异用，这类古今字是可以分辨出时代的异体字。”“由于古今字的外延很广而内涵模糊，在应用上很不方便，于是有人试图重新确定古今字的范围，把它限定为本源字和分化字。这样做，不仅不符合历史上使用古今字的实际情况，而且也背离了古今字的本质属性。”“文字作为一种相对稳定的动态系统，在记录语言的过程中，是通过文字职务的分化、合并和转移，来调整和发展自己的机制，适应人与社会对文字的要求的，而古今字所概括的历时的同词异字现象，正反映了文字系统的这种调整和发展。……尽管从应用上，例如在注释古籍和编纂辞书时，利用古今字的概念有诸多不便，但是我们没有必要也不应该去改换古今字的定义。我们所要做的，是站在现代的语言文字学的高度，对历史上的古今字现象作出科学的解释。”①

总之，我们认为以上的后一种意见，是符合历史上使用“古今字”的实际情况的。“古今字”本来是在解释古书中难字时所使用的一个术语，并不是用来说明文字产生先后的。我们似乎没有必要赋予这个旧术语以新的意义——把古今字限定在有造字相承关系的范围里。

05.016 初　文

【正名】初文

【释文】与“后起字”相对。在历时汉字系统中，对于记录相同词

① 杨润陆：《论古今字的内涵》，《沈阳师范学院学报》1998年第6期。

义的一组字来说，出现在最先的、且大多可追溯到古汉字阶段的初始汉字。

【考释】“初文”这个术语最早是由章太炎提出来的。他在《文始·叙例》中说：“刺取《说文》独体，命以‘初文’；其诸省变，及合体象形、指事，与声具而形残，若同体重复者，谓之‘准初文’，都五百十字，集为四百三十条。”

章氏试图以汉字“初文”为线索，以音求义，梳理语言文字的“变易”和“孳乳”规律，建立汉语的“词族”系统，这在中国语言学史上是有开创意义的。然而，今天看来，由于他仅以《说文》小篆中的独体字来确定“初文”，因而存在着明显的缺陷：一方面，《说文》小篆中的独体字不一定全是初文，有些所谓的独体字，例如“丨”、“亅”之类，只是基本的笔画，未必是字；另一方面，初文也不一定全是独体字。例如被章太炎视为初文的“为”字在甲骨文中就不是独体字[①]。

现代以来，随着古文字学的不断发展，人们对许多汉字形体的早期状况有了更加全面、清晰的认识。“初文”一词也就被赋予了新的含义，用来指称与“后起字”相对而言的、某字的最初写法，这种观点现已被学术界普遍接受[②]。例如，金文“它”作“”形，应是“蛇”的初文，甲骨文“亦”字作“”，应是“腋”的初文，甲骨文“卿”字作“”形，象二人对坐而食之形，应为“飨”字初文，等等。

① 杨润陆：《〈文始〉说略》，《北京师范大学学报》1989 年第 4 期。

② 《辞海·语言学分册》，70 页；《语言学百科词典》，268 页；《实用中国语言学词典》，183 页；《中国语言学大辞典》，33 页；李圃：《甲骨文文字学》，166 页；赵诚：《甲骨文字学纲要》，118 页。

"初文"有两个异称:"初字"和"初造字"。王国维曾把"初文"称作"初字"。他说:"《说文》训裹之勹,殊不知'勹'乃'旬'之初字,'军'字从车、从勹,亦会意兼形声也。"[①]蒋善国在《汉字形体学》中则把"初文"称作"初造字"[②]。不过,无论是"初字",还是"初造字",使用的情况都不多。

有人把"初文"又称为"本字"[③],我们认为,这样的称法无疑会徒然增加术语使用的混乱,是不可取的。

【其他术语】

曾称 初字;初造字

05.017 后起字

【正名】后起字

【释文】与"初文"相对。在历时汉字系统中,对于记录相同词义的一组字来说,出现相对较晚的后起汉字。

【考释】"后起字"是与"初文"相对的概念。它是指历史上用来记录相同词义的一组字中,于"初文"之后而相对晚出的后造字。

从形体来源看,后起字可分为两种类型:

一种是在原来初文的基础上加注形旁,使之成为一个形声字[④]。这种类型是后起字的主要形式。例如,"電"字是给初文

① 《观堂集林》卷六"释旬"。

② 《汉字形体学》,221页。

③ 《语言文字词典》,165页。

④ 姜亮夫:《古文字学》,107页;李圃:《甲骨文文字学》,166页。

“申”上加注“雨”旁而成的后起字;“採”字是给初文“采”字加注“手”旁而成的后起字;“溢”字是给初文“益”加注“水”旁而成的后起字;“趾”字是给初文“止”加注“足”旁而成的后起字;“蛇”字是给初文“它”加注“虫”旁而成的后起字,等等。

另一种类型是根据原来初文的音义,另造出新的形声字[①]。这种类型的后起字较为少见。例如,“蝎”字是根据象形初文“萬”的音义而另造出来的后起字;“膻”字是根据初文“羴”的音义另造出来的后起字。但与此情况颇为类似的“鲜”字,却不能看做是“鱻”的后起字。因为据《说文》,“鲜”本是一种鱼名,所以,新鲜的“鲜”与“鱻”之间是假借字与本字的关系,而非后起字与初文的关系。

目前,有些语言学辞书将“后起字”解释成“同一个字的后起写法”[②],实际上这样的解释并不完全准确。我们认为,严格来说,“后起字”应该是指与初文相对,在古今历时的汉字系统中,对于记录相同词义的一组字来说,出现相对较晚的后造字。

05.018 传承字

【正名】传承字

【释文】从汉字发展的上一历史阶段流传下来沿用到下一历史阶段的汉字。特指现代汉字中由古代流传沿用到现代的汉字,如“人”、“日”、“火”等。

---

① 蒋善国:《汉字的组成和性质》,204 页。

② 《辞海·语言学分册》,70 页;《实用中国语言学词典》,183 页。

【考释】“传承字”是研究现代汉字的学者首先提出来的一个概念。即用来指称现代汉字中“从历史上流传下来沿用至今，未经整理简化或不需要整理简化的字”。如：“人”、“刀”、“土”、“大”、“小”、“山”、“川”、“田”、“日”、“月”等①。

从近年来的使用情况来看，“传承字”这个概念的外延有扩大的趋势，即不仅用来指现代汉字，也用来指古汉字或其他历史阶段的汉字而言。例如有学者在研究秦简文字时，就称“在简文书写年代之前的古文字中已具有相同字素组构形式的秦简文字为传承字”②。

总之，鉴于目前学者对“传承字”这一术语的理解和使用的实际情况，我们同意将它的含义确定为：从汉字发展的上一历史阶段流传下来沿用到下一阶段的汉字。特指现代汉字中由古代流传沿用到现代的汉字，如“人”、“日”、“火”等。

05.019 新增字

【正名】新增字

【释文】相对于汉字发展的上一历史阶段，新产生出来的汉字。

【考释】“新增字”是与“传承字”相对而言的一个概念，是指历史上未出现过，在汉字发展的后来某一阶段才产生出来的字。

新增字大致上可分为三大类：

---

① 国家语委政策法规室：《语言文字工作百题》，64 页；《语言文字词典》，226 页；张静贤：《现代汉字教程》，20 页。

② 郝茂：《秦简新构字论析》，《语言研究》2002 年第 1 期。

第一类是为分化原来的一形多义职务而增加的新字。如"淫"分化出"霪","牟"分化出"眸",等等。

第二类是为记录新的语素而造出的新字。如最近100年来,新造的科技名词用字。

第三类是新的异体字。如"桮—盃—杯"、"蹏—蹄",等等,历代都有新的异体字产生。

前两类新增字增加新的字种,后一类新增字只是增加了新的字形,不增加新的字种。

王凤阳抽样考察了历代字数增加的情况,他用《说文》以后的十部字书作为资料,抽取"人"、"走"、"田"、"气"四个部首里的字作了统计,得出的结论是:新增字主要是出自从汉到唐的字书,即《玉篇》、《广韵》、《集韵》、《字汇》。"上述四本字书的增字量为全部增字量的70%左右。如果把《康熙字典》以来的增加字中属于唐宋以前的字加入增字量中,则90%以上的字都是属于这个时期出现的。由此可见,从汉代到唐宋这千余年是文字激增时代。元明以后增字趋势按比例说基本上是递减的"①。

"新增字"又称为"新造字",由于目前使用"新增字"这个名称的人较多,因此,我们建议选用"新增字"作为正名。

【其他术语】

又称　新造字

① 《汉字学》,541～542页。

05.020 异体字[①]

【正名】异体字

【释文】音义和使用功能相同而字形不同的汉字。例如,“峰—峯”、“凳—櫈”、“朵—朶”、“碁—棋”等。在特定的规范中,指与规定的正体字音义相同而字形不同的汉字。例如,在现行的汉字规范中“峯”是“峰”的异体字,“櫈”是“凳”的异体字。

【考释】我们今天所说的异体字,古人是用“或体”、“重文”或其他一些术语来指称的。有人曾统计,古籍上异体字的别称有“别字”、“别体”、“别体字”、“异文”、“字体之异”、“讹体”、“讹字”、“谬体”、“缪体”、“俗字”、“俗体”等11种[②]。

除了使用上述术语外,古人有时还通过某些特定的表述方式来说明两字之间的异体字关系:古注中一般使用“古作某”、“今作某”、“亦作某”、“通用某”、“或作某”、“同某”、“与某同”、“本作某”、“又作某”、“某书作某”、“俗作某”、“本又作某”、“本或作某”等表述方式;字书除了使用上述表述方式外,有时出于分析、说解字形的需要,也使用“或从某”、“篆作某”、“古文某”、“古文作某”、“古文从某”、“某或从某省”等表述方式。

---

① 本条考释参考了章琼:《汉字异体字论》和李国英:《异体字的定义与类型》,载《中国语言文字网》——WWW. CHINA-LANGUAGE. GOV. CN,2003年7月29日。

② 据曾荣汾《字样学研究》所引日本学者北山博邦《别字浅说》统计。实际上,这些别称所指的文字现象与“异体字”并不完全对等,而是存在着不同程度的交叉关系。

值得注意的是，这些表述方式并非专用于说解异体字，有时也用于说解通假字、同源字、古今字、俗字、异文等其他文字现象。甚至在同一本书里，使用上述同一表述方式时，有时是指异体字，而有时则是指其他文字现象。这一方面是因为古人注经、编字书时并没有统一的术语和表述方式，另一方面则是因为古人对汉字异体现象的认识并不十分清楚，不能从本质上分清它与其他文字现象之间的区别。

"异体"一词最早出自何处，目前尚无准确的材料可以说明。《汉书・艺文志》："史籀篇者，周时史官教学童书也，当孔氏壁中古文异体。"这里所说的"异体"是指籀文与古文书体不同，是与字形有关的"异体"一词较早的出处。但这与我们今天所说的异体字的"异体"还是有区别的。现在可以确定的是，清人曾明确地使用"异体"一词来概括汉字异体现象：《说文・肉部》："脃，小耎易断也。从肉，绝省声。""膬，耎易破也。从肉毳声。"段玉裁《说文解字注》："脃、膬盖本一字异体，《篇》、《韵》皆云'脃同膬'。"

正式使用"异体字"这一术语指称汉字异体现象，还是新中国建立以后汉字整理过程中的事。1952 年 7 月 16 日《大公报》所载丁劭子《异体通用字的统一问题》称"异体通用字"，1952 年 10 月号《中国语文》所载丁西林《对于整理汉字字形的几点意见》和同年 2 月号《新建设》所载曹伯韩《关于汉字整理和简化的各种意见》则称"异形字"、"骈枝字"，三家均未提及"异体字"；1953 年 12 月号《中国语文》所载丁鲁等人《对整理和简化汉字的意见》中，也未提到"异体字"。可见，"异体字"的提出是 1953 年以后的事，而被广泛推广则是 1954 年《拟废除的 400 个异体字表草案》和 1955 年《第一批异体字整理表》颁布以后的事。

1954年拟订出来的《汉字简化方案草案》中包含了《拟废除的400个异体字表草案》;1955年,《第一批异体字整理表》正式公布。从此,“异体字”遂成为人们普遍接受和使用的术语。

20世纪50年代以来的各类论文、专著、教材中,关于异体字定义的表述不下百种,其中很多大同小异,但也有不少反映的是认识上的差异。概括起来,这些定义主要可以分为以下几大类:

(1)异体字是指与正体字相对应的、与正体字音义相同而形体不同的字[①]。

(2)异体字是音义相同字形不同的字[②]。

(3)异体字是音义完全相同,在任何情况下都可以互相替换的字[③]。

(4)异体字记录语言中同一个词,是功能相同而形体不同的字[④]。

此外,还有些人认为异体字可以分为音义完全相同的和音义部分相同的两种,并称音义完全相同的异体字为“真正的异体字”(吕叔湘)、“狭义异体字”(裘锡圭)、“等同异体字”或“典型异

---

① 《语言文字词典》,226页;《中国大百科全书·语言文字》,448页;《现代汉语词典》(第5版),1615页。

② 周祖谟:《问学集》,13页;胡裕树主编:《现代汉语》,147页;刘又辛:《关于异体字的几个问题》,《汉语大字典论文集》;蒋善国:《汉字学》,83页;赵振铎:《谈异体字》,《辞书研究》1996年第6期;曾荣汾:《字样学研究》,121页。

③ 王力主编:《古代汉语》,171页;郭锡良等:《古代汉语》,81页。

④ 李荣:《文字问题》,21页;刘又辛:《大型汉语字典中的异体字、通假字问题》,《文字训诂学论集》,90页。

体字”(高更生),称音义部分相同的异体字为“部分异体字”。

下面我们分别对以上几种定义简单加以评述。

第一种定义的提法应该是源自《第一批异体字整理表》。该表从每组异体字中选出一个作为流通使用的字形,称规范字(也称选用字),其余的字则用括号括上,放在规范字之后,称被淘汰的异体字(也称停用字)。作为术语,“被淘汰的异体字”毕竟太长,为了称说方便,习惯上常省略“被淘汰的”的几个字,径称“异体字”。我们认为,为了便于区分或是为了称说方便,将一组异体字中的某一个称为主体字(如《汉语大字典·异体字表》)或正体字、选用字、规范字(如《第一批异体字整理表》),而将其余的字称为异体字,这并无不可;但根据这个来为异体字做界定,认为汉字异体字仅是指“停用字”、“被淘汰的异体字”,则失之片面。“从学术上说,异体字并不是与正体字相对的一个概念。也就是说,异体字并不是只指那些与正体字相对的应该被淘汰的不规范文字”[①]。异体字是个字组、字群概念,是双向的、互为异体关系:“停用字”、“被淘汰的异体字”是相应的“选用字”、“规范字”的异体字,而“选用字”、“规范字”也是相应的“停用字”、“被淘汰的异体字”的异体字。但按照这一定义,异体字仅是指停用的、被淘汰的那一部分异体字,而“选用字”、“规范字”则并非“停用字”、“被淘汰的异体字”的异体字,这样给异体字下定义显然不够全面和准确。

异体字的音、义应该相同,在这一点上各家的看法并无不同,只是有些人认为异体字的音义应该“完全相同”,有些人则认

① 张觉:《关于异体字淘汰与使用问题的学术思考》,《汉字“书同文”研究》(第一辑)。

为可以是完全相同,也可以是部分相同。第二种定义只说“音义相同字形不同”,对于各家看法的分歧所在——音、义是否应该完全相同——没有明确表态,未免过于含糊。

相对来说,第三种定义在表述上更严密一些,它不但要求音义完全相同,而且强调异体字应该“在任何情况下都可以互相替换”,试图通过严格定义将异体字与其他文字现象区分开来。但对于如何才能看做是音义完全相同、怎么确定它们是否可以互相替换,未作进一步的说明。另外,第三种定义所强调的“在任何情况下都可以互相替换”,也是不符合异体字事实的。因为有许多异体字之所以产生,正是由于时间、地域或使用者不同所致,一定时期或某些地区、特定文体、特定行业用字,往往是不能用它的某些异体字来替代的。比如说俗字,有许多本来就是正字的简省写法,当然与正字的音义完全一样,应该视为异体字,但它绝对不能用于朝廷的策试、制诰,不能在某些正式、严肃的文体中替换相应的正字。尽管第三种定义在表述上比第二种定义更为严密,但它的立足点和界定标准与第二种定义是一样的:它们都是从音义出发、立足于音义来定义的。实际上,音义相同只是汉字异体现象的表面特征而已,也就是说第二种定义、第三种定义都未能抓住汉字异体现象的本质。

第四种定义认为异体字的本质特征是它们都记录了语言中的同一个词,也就是功能相同,应该说,这抓住了异体字的本质特征,在观念上比第二种和第三种定义前进了一步。

我们认为,汉字异体现象的本质是一组形体不同的字记录了语言中相同的语词,而且除共同记录的语词外,它们原则上不再记录其他词,这也是它与其他文字现象的根本区别所在。

根据这一解释,当然不会再有什么音义部分相同的异体字——“部分异体字”。实际上,“部分异体字”说法的出现与《第一批异体字整理表》所存在的问题直接相关。20 世纪 50 年代所进行的汉字整理工作主要是立足于实用,理论准备很不充分。《第一批异体字整理表》名为“异体字整理表”,实际上却收入了很多非异体关系的字——当时差不多把需要整理的字都放进去了。高更生通过对表中的“部分异体字”进行分析,发现它们之间的音义关系有包孕(包孕异体字)、交叉(交叉异体字)、同音异义(同音异义字)和异音异义(异音异义字)四类①。很显然,“异音异义字”、“同音异义字”并不是异体字,这一点,即使是主张异体字定义从宽的人,也不会有什么异议。但由于该表名为《第一批异体字整理表》,又是建国以来异体字整理成果的主要体现者和国家标准,所以后来许多人还是根据这个字表来分析异体字、总结异体字的定义,于是就出现了两种异体字——音义完全相同的异体字和音义部分相同的异体字。今天,当我们重新审视异体字问题时,就不能因为《第一批异体字整理表》收录了一些音义部分相同的“异体字”,而认为异体字有音义完全相同的和部分相同的两种,更不能因此而影响我们对异体字的界定。

另外,考虑到异体字整理的既成事实以及一部分人对“异体字”一词的实际使用状况,我们也同意对异体字的含义稍作修正:异体字指音义和使用功能相同而字形不同的汉字,在特定的规范中,异体字也指与规定的正体字音义相同而字形不同的汉字。例如,在现行的汉字规范中“峯”是“峰”的异体字,“櫈”是“凳”的异体字。

---

① 《谈异体字整理》,《语文建设》1991 年第 10 期。

【其他术语】

又称 异体

曾称 或体；重文；异文；或体字；别字；别体

05.021 避讳字

【正名】避讳字

【释文】历史上为了避尊者名讳，将应回避字的笔画故意省缺一部分所形成的特殊异体字，也指用以代替某个应回避字的音同音近或义同义近的字。例如，唐代为了避太宗李世民讳，将“世”写成“廿”，将“民”写成“巳”。

【考释】所谓“避讳字”，是指中国古代为回避君父尊亲的名字而故意改写所形成的特殊异体字[①]。在历史上，为了维护宗法制度、维护君王的尊严，他们的名字用字就不许别人使用，遇到使用这些字时，就必须缺笔改写或用别的字来代替，这叫做国讳或公讳；从家族来说，祖先和尊长的名字用字，全家都不许再用，这叫做家讳或私讳。对已死皇帝名字的避讳叫做庙讳，有时甚至连帝王亲属的名字用字也在避讳之列。

据学者研究，避讳始自秦代，盛行于唐宋明清。避讳的方法通常有缺笔、易字、改读、空字等。缺笔就是将应回避的字减少一部分笔画，而形成了一种特殊的异体字，因此，有学者把这样的字称为“避讳缺笔字”[②]。如唐人为避太宗世民讳，将“世”字

① 《中国大百科全书·语言文字》，20页；《语言文字词典》，167页。

② 裘锡圭：《文字学概要》，208页。

写成“丗”，将“民”写成“巳”，清代为避康熙玄烨的讳就将“玄”写作“玄”，等等。易字就是将应回避的字改写成另一个音同音近或义同义近的字。如秦代避秦嬴政（一作正）名时，将“正月”改易为“端月”，汉代避高祖刘邦名时，将“邦”字改易为“国”字，等等。改读就是遇到应回避的字时改变该字的读音。空字则是遇到应回避的字时，用“某”字或用“□”来代替。

由于“改读”没有形成真正的书面形式的避讳文字，而“空字”则是用空缺的形式替代应回避的字，所以，确切地说，避讳字的种类主要包括前面两种。

避讳字的存在给阅读古书带来了很多困难和不便，所以在阅读古书时如遇到文字上有可疑之处，有时就要考虑是否因避讳而产生了问题。但从另一方面讲，避讳字都有一定的时代特征，这对史料的断代和鉴别能提供一定的线索，完全可以充分利用。清代杭世骏在《订讹类编·历朝避讳字宜改正》中，列举并分析了历代避讳字51例。现代学者陈垣著有《史讳举例》一书，书中列举80多例避讳现象，分析并说明了历代避讳的种类、所用的方法等，是一部研究避讳字的重要参考书。

05.022 方言字

【正名】方言字

【释文】专用于记录某些方言词或只流行于某一方言区的汉字。

【考释】专门用来记录某些特定方言词或只流行于某方言区的汉字称为方言字。方言字有人或称作“方言文字”、“方字”，如梁东汉说：“顾名思义，方言文字就是根据某一方言制定的文字，它具有地方性、局限性，只能为某一方言区的人服务。但是这不等于说，方言文字绝不能出现在全民使用的文学语言的书面形式里。'搞'是西南官话区的方言字，'泵'是粤语区的方言字，'什'、'叶'是吴语区的方言字，现在都吸收在全民的书面语里。"①不过，现在人们一般都称之为"方言字"②。

方言字所用的构字成分和结构类型都是与现行汉字体制相一致的。现在，有些方言字已被现代汉字所吸收。例如"垃"、"圾"、"旮"、"旯"、"僆"、"拎"、"哏"、"靓"等。

【其他术语】

又称 方字

① 《汉字的结构及其流变》，18 页。

② 《中国语言学大辞典》，480 页；《实用中国语言学词典》，195 页；苏培成：《二十世纪的现代汉字研究》，146 页。

06. 汉字的应用和研究

06.001 汉字改革

【正名】汉字改革

【释文】为方便汉字的社会应用，以简化和整理汉字字形、减少汉字数量，甚至对汉字进行体制变革为内容的理论研究和实践活动。

【考释】汉字改革运动始于清代末期。“在当时旧民主革命的潮流中，提出了普及教育和发展文化的新问题，于是长期稳定的汉字初次暴露出它的严重缺点：笔画繁，字数多，不是拼音制度，学习困难，应用不便，不能迅速有效地发挥文字的作用。长期以来有功于我们的文化发展的汉字，这时候被发现为对我们文化再进一步发展有阻滞作用”[①]。

就在这样的时代背景下，于 1892 年，一场自觉的汉字改革运动之幕正式拉开了。揭幕人是卢戆章(1854～1928)。他在这一年用他自己设计的字母出版了一本厦门方言的拼音课本——

① 周有光：《汉字改革概论》，5 页。

《一目了然初阶》。他把这种拼音设计称为“中国切音新字”，因此，人们把初期的汉字改革运动称为“切音字运动”。此后，又有许多知识分子提出新的汉字改革的主张，先后掀起了国语罗马字运动、拉丁化新文字运动等等。“汉字改革”这个名词就是在这样的运动中提出来，并逐渐流行开来，成为人们经常使用的重要术语的①。

新中国成立后，国家制订了积极而稳步地进行汉字改革的方针，确定了简化汉字、推广普通话和《汉语拼音方案》为当时“汉字改革的三项任务”。1986 年 1 月，全国语言文字工作会议指出，“在今后相当长的时期，汉字作为国家的法定文字还继续发挥作用。现行的《汉语拼音方案》不是替代汉字的拼音文字，它是帮助学习汉语、汉字和推广普通话的注音工具，并用于汉字不便使用或不能使用的方面。”“汉字的前途到底如何，我们能不能实现汉语拼音文字，什么时候实现，怎样实现，那是将来的事情，不属于当前文字改革的任务，现在有不同的意见，可以讨论，并且进行更多的科学研究。但是仍然不宜匆忙作出结论”②。

从具体内容看，汉字改革主要涉及这样几个方面：简化和整理汉字字形、减少汉字使用的数量、对汉字进行体制变革的理论探讨和实践尝试。

【其他术语】

曾称 文字改革

---

① 1922 年《国语月刊》1 卷 7 期发表了一组以“汉字改革”为题的论文，包括蔡元培的《汉字改革说》、周作人的《汉字改革的我见》、何仲英的《汉字改革的历史观》、周起鹏的《汉字改革问题之研究》等等。

② 《新时期的语言文字工作》，语文出版社，1987 年，24 页。

06.002　拉丁化新文字

【正名】拉丁化新文字

【释文】又称“北方话拉丁化新文字”（简称“北拉”）。20 世纪 30 年代由瞿秋白、吴玉章等在苏联远东地区创制的、用拉丁字母拼写汉语的一种拼音文字方案。

【考释】“拉丁化新文字”简称“新文字”，是汉字改革历史上重要的拼音文字方案之一。这个方案是由瞿秋白最早倡议设计的。20 世纪 20 年代，他在苏联期间受到拉丁化文字的影响，与当时在苏联的吴玉章、林伯渠等人以及苏联的一些汉学家共同研究汉语的拉丁化文字方案。1931 年 9 月，在苏联各民族新文字中央委员会的指导下，在海参崴召开了“中国新文字第一次代表大会”，大会在瞿秋白等人的《中国拉丁化的字母》基础上，经过详细讨论，通过了书面方案《中国汉字拉丁化的原则和规则》。

这种拉丁化新文字最初在苏联华侨工人间推行，传播最广的是“北方话拉丁化新文字”（简称“北拉”）。1933 年以后，国内各地相继成立团体组织，研究、推广拉丁化新文字，并拟定了不少方言拉丁化方案。

拉丁化新文字方案的特点是：不标音调，区分尖团音，简单易学，但正字法不够严密。拉丁化新文字是汉字改革运动中起过重要作用的拼音文字方案，它的一些特点被吸收在后来的《汉语拼音方案》当中[1]。

【其他术语】

又称 北方话拉丁化新文字;北拉

曾称 新文字

06.003 注音字母

【正名】注音字母

【释文】中国第一套法定汉语拼音字母,1913 年由读音统一会制定。1918 年北洋政府教育部公布,以汉字篆书笔画为基础,音节拼写采用三拼制,主要用以标注汉字读音。

【考释】注音字母又名"国音字母"、"注音符号"等,是中国第一套法定的汉字形式的拼音字母。1913 年"读音统一会"议定,1918 年北洋政府教育部公布。从 1918 年至 1958 年"汉语拼音方案"公布前,在中国大陆一直推行了 40 年,目前仍在我国台湾省使用。

注音字母的方案原有 39 个字母(声母 24 个、介母 3 个、韵母 12 个),1920 年审音委员会增加"ㄜ"字母,使注音字母的总数达到 40 个。字母以汉字篆书笔画为基础,采用单字母代替部分复韵母。行款可横行右书,也可直行下书。初以"读音统一会"所定字音为标准,1923 年以后,就一律以北京音为标准了。注音字母的特点可概括为:(1)字母选自古汉字;(2)音节拼写采

① 《中国大百科全书·语言文字》,245 页;周有光:《汉字改革概论》,44～48 页。

用三拼制;(3)用途是标注汉字读音[①]。

注音字母公布以后,曾经作为汉字正音、传播"国语"、帮助识字和代替汉字的工具,推行了 40 年。40 年中以上四个方面的推行,除了代替汉字以外,其他都很有成效,特别是在正音和推行国语这两个方面。《汉语拼音方案》公布以前的字典和词典中,几乎都用注音字母注音。推行国语方面最成功的是在光复后的台湾省。直到今天,台湾省的小学、中学、大学的语文课本和教材都用它来注音[②]。

由于注音字母拼注的是"国音",所以又叫做"国音字母"[③],也称"国语字母"[④]。1930 年 4 月,国民党政府曾改"注音字母"名称为"注音符号",认为这个方案的功用"仅适注音,不合造字,称为字母,徒滋歧误,所以应改称为'注音符号',以副名实"。目前,最为通行的名称仍是"注音字母",语言学辞书也均以"注音字母"作为正名[⑤]。

【其他术语】

又称 注音符号

曾称 国音字母;国语字母

---

① 周有光:《汉字改革概论》,34 页。

② 《中国大百科全书·语言文字》,541 页。

③ 如伧父:《论国音字母》,《东方杂志》13 卷 5 期,1916 年;黎锦熙:《国音字母书法体式》,《国语月刊》1 卷 1 期,1922 年。

④ 如钱玄同:《国语字母二种》,《国语月刊》1 卷 7 期,1922 年。

⑤ 《中国大百科全书·语言文字》,539 页;《中国语言学大辞典》,44 页;《辞海·语言学分册》,77 页;《实用中国语言学词典》,199 页。

06.004 国语罗马字

【正名】国语罗马字

【释文】用拉丁字母拼写汉语的一种拼音文字方案，20 世纪 20 年代由钱玄同、赵元任、刘复等倡导研制。

【考释】“五四”运动前后，在“文学革命”的影响下，许多知识分子发表文章讨论汉字改革，提出采用罗马字(拉丁字母)拼音的问题。1923 年，《国语月刊》出版了“汉字改革号”，汉字革命和采用罗马字母的呼声空前强烈。在这一期的“汉字改革号”上，发表了钱玄同的《汉字革命》、黎锦熙的《汉字革命军前进的一条大路》，以及赵元任的《国语罗马字的研究》等文章，这些都给拟订国语罗马字方案提供了基础。

1923 年国语统一筹备会通过决议，成立“国语罗马字拼音研究委员会”，指定钱玄同、黎锦熙等 11 人为委员。但由于时局变动，委员会无法工作。于是，改由刘复发起的研究音韵学的“数人会”进行讨论研究。“数人会”经过一年的商议，终于议定了《国语罗马字拼音法式》。1926 年 9 月，国语统一筹备会通过了这个方案，并提请政府予以公布。1928 年 9 月 26 日，国民党政府大学院(教育部前身)正式公布了《国语罗马字拼音法式》，作为“国音字母第二式”使用，用途以注音、译音为限。

国语罗马字方案有这样几个特点：(1)以北京语音为标准音，同时也适当兼顾其他“官话”区域的读音；(2)完全采用现成的拉丁字母，不增加新字母，也不附加符号；(3)充分考虑到现代汉语的语音特点，同时也尽可能地照顾到国际习惯；(4)用变化拼法的办法来表示声调，避免附加符号。但缺点是变化声调的规则较繁，给学习带来不便①。

国语罗马字方案是中国第一个集体拟订和接近成熟的拉丁字母式拼音文字方案，其历史贡献不可低估②。

06.005　汉语拼音方案

【正名】汉语拼音方案

【释文】中华人民共和国成立后制定的采用拉丁字母符号体制、用来为汉字注音和拼写普通话语音的拼音方案。此方案还可以用于为我国少数民族创制和改革文字、帮助外国人学习汉语、用来音译外语人名地名和科学术语、编制索引代号以及汉字输入计算机的编码等。一些国际组织也已采用此方案作为拼写中国人名地名及专门术语的国际标准。

【考释】汉语拼音方案是中华人民共和国的法定拼音方案。1955～1957 年中国文字改革委员会“汉语拼音方案委员会”研究制订，1958 年 2 月 11 日第一届全国人民代表大会第五次会议批准推行，1982 年国际标准化组织（ISO）承认它为拼写汉语的国际标准③。

汉语拼音方案采用世界通用的 26 个拉丁字母，分为五个部分。第一部分字母表，规定字母的顺序、读音和写法；第二、三部

---

① 《中国大百科全书·语言文字》，122 页。

② 周有光：《汉字改革概论》，40～43 页。

③ 《中国大百科全书·语言文字》，157 页。

分声母表、韵母表，规定了声母、韵母的拼写方法及规则；第四部分声调符号，规定了声调的符号和标记方法；第五部分为隔音符号。

方案推行以来，在汉字注音、统一读音、推广普通话和语文教学等方面都发挥了重要作用。此外，方案还可以用于为我国少数民族创制和改革文字、帮助外国人学习汉语、用来音译外语人名地名和科学术语、编制索引代号以及汉字输入计算机的编码等等。一些国际组织也已采用“汉语拼音方案”作为拼写中国人名地名及专门术语的国际标准。

06.006 现代汉字规范化

【正名】现代汉字规范化

【释文】促进和实现现代汉字字形、字音等各种属性规范化和标准化的工作。即通过为现代汉字制定规范和标准，以实现现代汉字的定形、定音、定量和定序，也就是字形有一定的规范，字音有确定的标准，字种有一定的数量，字的排列有固定的顺序。

【考释】现代汉字规范化就是根据文字发展的规律和社会交际的需要，为现代汉字的应用确定各方面的标准和规范，把那些符合文字发展规律的新成分、新用法固定下来，加以推广，促进和实现现代汉字字形、字音等各种属性的规范化和标准化；同时，对一些不符合文字发展规律和没有必要存在的歧异成分和用法，根据规范的要求，妥善地加以处理，使汉字更好地为社会交际和现代化建设服务。

现代汉字规范化通过为现代汉字制定规范和标准，以实现现代汉字的定量、定形、定音和定序,具体来说,就是字形有一定规范,字音有确定的标准,字种有一定数量,字的排列有固定的顺序。

【其他术语】

又称　现代汉字标准化

06.007　正字法

【正名】正字法

【释文】确定汉字字形标准及书写规范的依据和方法。

【考释】所谓正字法,就是确定文字的形体标准和使用规范的一系列依据和方法。“其社会功能是不考虑任何个人的发音或书写特点而使写法一致”[①]。汉字的正字法包括以下方面的内容:纠正错别字;淘汰异体字;规定简体字;限制繁体字;反对乱造滥用不规范字以及正确使用标点符号,等等[②]。在习惯上,正字法还包括汉语拼音的书写规范和书写格式的规则。这主要有字母拼写法和符号使用法两大部分[③]。前者包含分词连写法、外来词拼写法、同音词分化法等等;后者包含大写字母用法、标点用法和移行法等。

从20世纪60年代开始,就有人把汉语拼音的正字法叫做

① 《中国大百科全书·语言文字》,516页。

② 《辞海·语言学分册》,67页;《实用中国语言学词典》,195页;《中国语言学大词典》,39页。

③ 周有光:《汉字改革概论》,245～248页。

“正词法”。裘锡圭曾对此提出了批评。他说:“汉语拼音的分词连写等问题当然跟汉语里的词的划分有关。但是在拼写汉语时,把表示一个双音节或多音节词的字母连写在一起,只不过是反映而不是创造一个语言事实。如果不采取连写的办法,这个词并不会因此而丧失词的资格。方块汉字不用分词连写法,汉语里的双音节和多音节词照样存在。可见就拼写方法而言,我们要正的并不是语言中的词,而是词的书写形式,即文字。所以,‘正字法’这个旧名称恐怕还是应该恢复的。”①

此外,“正字法”还有人称之为“正写法”②、“拼写法”或“写法”等③。不过,这样的称法现在已经很少使用。由于以上的原因,我们选择“正字法”作为正名。

【其他术语】

曾称 正写法;正词法;拼写法;写法

06.008 汉字整理

【正名】汉字整理

【释文】现代汉字规范化的重要组成部分,包括整理汉字的字际关系、确定标准字形、制定人名地名用字标准、统一计量单位用字、限制随意造新字等。

【考释】新中国建立之初,就开始了对汉字整理的研究。“汉字

① 《40年来文字学研究的回顾》,《语文建设》1989年第3期。

② 《中国大百科全书·语言文字》,516页。

③ 周有光:《汉字改革概论》,243页。

整理”这个名词也就是从那时逐渐开始使用的。如曹伯韩曾著《关于汉字整理和简化的各种意见》[①]，余学文曾著《谈汉字整理》[②]。

汉字整理工作具体来说包含以下几个方面的内容：整理汉字的字际关系、确定标准字形、制定人名地名用字标准、统一计量单位用字、限制随意造新字等。

整理汉字的字际关系，主要是异体字的整理，就是从一组异体字中确定一个标准形体，淘汰其他写法。1955 年 12 月，文化部和文改会联合发布的《第一批异体字整理表》是异体字整理重要的阶段性成果，但异体字整理工作尚没有全部完成，目前还存在一批尚待整理的异体字没有得到整理。

确定标准字形主要包括印刷体字形的整理，就是为了消除印刷字形的混乱，而研究、制定和推广统一规范的印刷通用“新字形”的工作。1964 年 5 月编成的《印刷通用汉字字形表》，收印刷通用汉字 6196 字的字形（宋体），规定了每个字的标准字形，包括笔画数、笔画形状、笔顺等。经过这次整理，汉字字形有了一些变动，建立了新的字形规范。

生僻地名用字的整理改换，就是为了让地名用字容易认、容易读，把一些生僻罕用的地名用字逐渐改为容易认的常用字。从 1955 年 3 月到 1964 年 8 月，经国务院批准更改了 35 个地名中的生僻用字。

部分计量单位名称用字的统一规范，就是把一些不合理、不统一的计量单位名称用字改为统一规范的名称用字。1977 年 7

① 《新建设》1952 年第 2 期。

② 《语文知识》1955 年第 10 期。

月，文改会和国家标准计量局联合发出《关于部分计量单位名称统一用字的通知》。如淘汰“浬”，“海浬”统一称“海里”；淘汰“瓩”，统一称“千瓦”；淘汰“呎”，统一称“英尺”，等等。

06.009 规范汉字

【正名】规范汉字

【释文】经过科学整理并由国家正式公布，有明确的使用范围和使用标准的汉字。

【考释】随着社会用字管理工作的逐步开展，出现了“规范汉字”这个术语。如1987年3月公布的《关于地名用字的若干规定》中就说：“各类地名，包括自然地理实体名称，行政区划名称，居民地名称，各专业部分使用的具有地名意义的台、站、港、场等名称，均应按国家确定的规范汉字书写，不用自造字、已简化的繁体字和已淘汰的异体字。”目前，“规范汉字”一词已发展成为具有特定含义的专业术语，甚至被写进了《中华人民共和国国家通用语言文字法》。如这部法律的第二条是：“本法所称的国家通用语言文字是普通话和规范汉字。”第三条是：“国家推广普通话，推行规范汉字。”

什么是规范汉字呢？国家语委政策法规室编的《语言文字工作百题》作了这样具体的解释：“所谓规范汉字，是指经过整理简化并由国家以字表形式正式公布的正体字、简化字和未经整理简化的传承字。”[1]其中的正体字，以1955年发布的《第一批

① 语文出版社，1995年。

异体字整理表》中选用的字为准[①]，与正体字相对的异体字不再使用。其中的简化字，以1986年10月国务院批准重新发布的《简化字总表》中收录的简化字为准。《简化字总表》所收对照的繁体写法即为不规范字，一般在面向社会公众的场合中停止使用。其中的传承字，是指历史上流传下来沿用至今，未经整理简化或不需要整理简化的字。如"人"、"刀"、"土"、"大"、"小"、"山"、"川"、"王"、"田"、"日"、"月"等。规范汉字的字形以1988年国家语委和新闻出版署联合发布的《现代汉语通用字表》为准，与此相对的旧字形即为不规范的，不再使用。

除了上面提到的《第一批异体字整理表》、《简化字总表》、《现代汉语通用字表》之外，作为现行规范汉字依据的还有如下一些字表：《部分计量单位名称统一用字表》(1977)、《普通话异读词审音表》(1985)、《现代汉语常用字表》(1988)、《信息交换用汉字编码字符集·基本集》(1981)等。此外，从1955年3月到1964年8月，经国务院批准，先后分9次更改了35个县级以上地名中的生僻字，更改的生僻地名字总数为37个，单字34个("圁"、"雒"重见)。这也是现行规范汉字的一个依据。

06.010　汉字简化方案

【正名】汉字简化方案

【释文】1956年1月由中国国务院正式公布的关于汉字简化的

① 该表公布后又作了几次调整，一共恢复了28个被淘汰的异体字，所以，实际上被淘汰的异体字是1027个。

方案。该方案共分三个表:第一表为可正式应用的 230 个简化字;第二表为经过修正再正式推行的 285 个简化字;第三表为经过修正再正式推行的 54 个可类推的简化偏旁。

【考释】1950 年,中央人民政府教育部社会教育司编制《常用简体字登记表》。当时依据的原则是:整理已经通行的简体字,必要时根据已有简体字的简化规律加以适当补充,所选定补充的简体字,以楷体为主,间或采用行书和草书,但注意容易书写和便于印刷;简体字的选定和补充,以最常用的汉字为限,不是每一个繁难的汉字都简化。后来经过征求意见,决定根据"述而不作"的原则,于 1951 年拟出《第一批简体字表》,收字 555 个。

1952 年 2 月,中国文字改革委员会成立,在《第一批简体字表》的基础上,经过反复研究和多方听取意见,于 1954 年底拟出《汉字简化方案(草案)》。该草案分三个部分:(1)798 个简化汉字表;(2)拟废除的 400 个异体字表;(3)汉字偏旁手写简化表。

1955 年 2 月 2 日,中国文字改革委员会在中央一级的报刊上发表《汉字简化方案(草案)》。把其中的 261 个字分 3 批在全国各省、市、自治区的 50 多种报刊上试用。1955 年 7 月,国务院成立汉字简化方案审订委员会。同年 9 月,中国文字改革委员会根据征求意见提出修正草案。删除了原草案中的《拟废除的 400 个异体字表草案》和《汉字偏旁手写简化表草案》,并把 798 个简化字减为 512 个,增收简化偏旁 6 个。修正草案经 1955 年 10 月全国文字改革会议讨论,简化字由 512 个增加为 515 个,简化偏旁由 56 个减少为 54 个。

修改后的修正草案经国务院汉字简化方案审订委员会审订,1956 年 1 月 28 日,国务院全体会议第 23 次会议通过。1 月 31 日由《人民日报》正式公布。

《汉字简化方案》共分三个表。第一表为已经大部分报刊使用，即可正式应用的230个简化字。第二表为先试用两个月，经过修正再正式推行的285个简化字。第三表为先试用两个月，经过修正，再正式推行的54个可用于类推简化的简化偏旁[①]。

06.011　简化字

【正名】简化字

【释文】与"繁体字"相对。中华人民共和国成立后，在已经流行的简体字形基础上，经过主管部门组织专家系统整理和改进，再由国家正式公布的字形相对简化的汉字。

【考释】"简化字"是新中国成立以后的汉字简化工作中使用并逐渐流行开来的一个重要而常用的术语[②]。在此之前人们一般将"在群众中流行、形体较为简易的字"称为"简体字"[③]，又称为"破体字"、"小写"、"简易字"、"简字"、"手头字"、"俗体字"、"简

---

① 本条考释参考了《中国大百科全书·语言文字》，205～206页。

② 当时许多讨论汉字简化的文章，如《第二批试行简化字表》(《人民日报》1956年6月1日)、金华《改换偏旁的简化字是不是可以类推》(《光明日报》1956年12月19日)、邱常恕《我对调整部分简化字的意见》(《光明日报》1957年6月27日)等等，都纷纷使用了"简化字"这个术语。

③ 钱玄同:《搜采固有而较适用的简体字案》，《国语周刊》第123期，1934年2月3日。

笔字”等等[①]。第二次国内革命战争时期,中国共产党领导的苏区还广泛流行过一些简体字,或称为“解放字”。如“报”、“参”、“处”、“党”、“拥”等[②]。《简化字总表》(1964)收入的2236个简化字,大部分就是在这些流行的简体字基础上,经过进一步的整理改进而形成的[③]。

“根据长期以来群众简化汉字的方法和《总表》的实际情况,简化字可以概括为代替、形声、草书楷化、特征、轮廓、会意、符号、偏旁类推等8种简化方法”[④]。

从上面的叙述可以知道,“简化字”这个概念的含义是比较清晰的。但令人遗憾的是,目前许多语言学辞书给“简化字”所下的定义却含糊不清,没有真正揭示出这个专用术语的特有内涵。以下试举几例:

(1)指汉字楷书简化的字[⑤]。

(2)“繁体字”的对称。同一汉字,简体比繁体笔画为少。如“声”是“聲”的简化字,“灶”是“竈”的简化字[⑥]。

(3)也叫“简体字”,“简化汉字”。同“繁体字”相对。指笔画繁多的汉字简化后形成的字[⑦]。

---

① 苏培成:《二十世纪的现代汉字研究》,185～200页;《中国大百科全书·语言文字》,205页。

② 凌远征:《新语文建设史话》,167页。

③ 《中国大百科全书·语言文字》,226页。

④ 高更生:《现行汉字规范问题》,196页。

⑤ 《中国大百科全书·语言文字》,226页。

⑥ 《辞海·语言学分册》,71页。

⑦ 《中国语言学大辞典》,42页。

(4)笔画经过简化了的汉字[①]。

虽然这些工具书定义的解说和举的字例主要是针对建国后的简化汉字而言的，但作为科学的定义，这些显然都是不够恰当的。因为这些定义既没有揭示“简化字”产生的特定时代，也没有指明“简化字”作为政府正式颁布的法定文字的性质特点。

根据我们对简化字的解释，凡历代曾出现而没有被新中国政府有关简化字的文件所采用的简体汉字，均不能视为“简化字”。对于这部分简体汉字，我们建议统一称之为“简体”或“简体字”。详参“简体”和“简体字”条有关解释。

目前，一些台港澳学者和海外学者，在指称大陆使用的简化字时，往往习惯上仍沿用“简体字”一词，对于这一点我们应有所了解，如台湾学者张保泰著《大陆常用简体字》(1988)、黄广良著《最新实用简体字手册》(1989)，新加坡学者谢世涯著《新中日简体字研究》(1989)等都是这样使用的。

此外，还有一些人用“简化字”来指称古汉字中经过简化而形体较为简易的字[②]。为了防止术语使用的混乱，应避免类似这样的用法。

06.012　简化字总表

【正名】简化字总表

【释文】1964 年 5 月由中国文字改革委员会根据国务院批示精

---

① 《实用中国语言学词典》，195 页。

② 参姜亮夫：《古文字学》，87 页；滕壬生：《楚系简帛文字编》，24 页。

神和有关规定而编定、收录全部法定简化字和简化偏旁的总字表，是目前关于简化字的国家标准。《简化字总表》分为三个字表。第一表是 352 个不作简化偏旁用的简化字，第二表是 132 个可作简化偏旁用的简化字和 14 个简化偏旁，第三表是应用第二表所列简化字和简化偏旁类推简化得出来的 1754 个简化字，三个字表总计实际收字 2236 个。1986 年重新发布《简化字总表》时调整了个别字，总字数为 2235 个。

【考释】从 1956 年 2 月开始，中国文字改革委员会将《汉字简化方案》分四批逐步推行。《汉字简化方案》推行的过程中，也产生了一些问题：一是这段时间群众创造了许多新的简化字，结果许多人不清楚哪些是国家公布的简化字，哪些不是；二是方案中关于偏旁简化的使用，交代得不够清楚。为了对已推行的简化字进行一次总结，减少推行中产生的分歧，中国文字改革委员会于 1961 年 12 月向国务院提出报告："准备把从 1956 年到 1961 年公布推行和作了修改的简化字作成一张总表（其中包括已推行和作了修改的简化字 649 个，偏旁类推简化字 1170 个，共 1819 字），由我会和文化部、教育部联合发布，作为 1961 年底为止推行的简化字的一个总结。"1962 年 1 月国务院作出批示，同意中国文字改革委员会的报告。此后，在与各方面人士讨论和广泛征求意见的基础上，经过多次推敲、修订，1964 年 5 月中国文字改革委员会编印了《简化字总表》。

《简化字总表》将《汉字简化方案》中尚未推行的 28 个简化字作为规范字正式推行，同时也肯定了《汉字简化方案》第四批推行时所作的一些修改。《简化字总表》共分三个字表。第一表是 352 个不作简化偏旁用的简化字，第二表是 132 个可作简化偏旁用的简化字和 14 个简化偏旁，第三表是应用第二表所列简化字和简化偏旁类推简化得出来的 1754 个简化字，三个字表合计收简化字 2238 个，因为“须”、“签”二字各出现两次，所以实际收字 2236 个。

“文革”以后，中国社会进入了新的发展时期。为了加强社会用字的规范化，1986 年中央决定重新发表《简化字总表》。此次重新发表，对《简化字总表》中的少数字作了调整，涉及“叠”、“覆”、“像”、“啰”和“瞭”、“馀”、“雠”等 7 个字。调整之后，《简化字总表》实际收简化字 2235 字。“《总表》重新发表后，群众对改动的字有意见，尤其是‘像’‘象’分开不易掌握，应用效果不好”[①]。

06.013　繁体字

【正名】繁体字

【释文】与“简化字”相对。在中华人民共和国成立后的汉字简化工作中，被正式公布的简化字所代替的字形较为繁复的汉字。也泛指港澳台地区现行的未简化的汉字。

【考释】从 20 世纪 50 年代开始，“繁体字”这个名词就已经在有关的语言学文献中出现了。如 1956 年公布的《汉字简化方案》中说：“除翻印古籍和其他特殊原因的以外，原来的繁体字应该在印刷物上停止使用。”今天，“繁体字”仍是人们十分常用的一个术语。

① 陈章太：《胡乔木同志对语言文字工作的特殊贡献》，《语文建设》1997 年第 7 期。

究竟什么是“繁体字”？应该说，目前许多语言学辞书给“繁体字”所下的定义并不十分完备和准确。试举几例如下：

(1)原来笔画较多、汉字简化后已有简化字代替的字①。

(2)与简化字相对应笔画繁多的字，就是该字的繁体字②。

(3)同“简化字”相对。指未经简化笔画繁多的汉字③。

以上(1)(2)两个定义看上去似无太大问题，但由于这两部工具书给“简化字”所下的定义本来就不十分清楚，现在再用这样的“简化字”去解释“繁体字”，难免就会让人觉得不够明确。定义(3)把“未经简化笔画繁多的汉字”称作“繁体字”显然是不妥的，因为未经简化而笔画繁多的汉字还有很多，其中有一些肯定不是我们所说的“繁体字”，如“壤”、“繁”、“舞”、“藏”、“餐”等字，就是未经简化且笔画繁多，但它们显然都不能视为“繁体字”。除此以外，以上定义都没有考虑到人们常把未被简化的、港澳台依然通行的汉字称作繁体字的使用习惯。

06.014 简体字

【正名】简体字

【释文】又称“简字”、“手头字”。宋元以后流行于民间未经系统整理和改进的字形简便的汉字。

【考释】在汉字研究中，“简体字”一词是有特定含义的，一般是

① 《辞海·语言学分册》，71页。

② 《实用中国语言学词典》，195页。

③ 《中国语言学大辞典》，42页。

用来指称流行于民间,未经整理和改进的形体较为简易的汉字,旧时人们称这样的字为"破体"、"小写"、"简易字"、"简字"、"手头字"、"俗体字"、"俗字"等。它不具有法定性,写法可以是一种,也可以是多种①。

严格说来,"简体字"与"简体"(见02.003)并不是完全对等的两个概念。前面已经说过,"简体"一词意义较为宽泛和笼统,常与"繁体"相对而言,人们习惯上用它来表示汉字字形经过简化、省写所形成的相对简省的形体,并不严格针对什么时期、什么阶段的汉字而言。比如,我们既可以说甲骨文中某字是某字的简体,也可以说隶书、楷书中的某字是某字的简体。在这一点上,"简体字"所指的范围一般来说就有比较严格的限定,现在人们使用"简体字"一词,通常就是用来指保存在古籍和古代字书中、宋元以后逐渐在民间流行开来的简易字形。正如民国时期"国语统一筹备会"审定的《国音常用字汇》所说:"宋元以来,有一种通俗的简体字,旧称'破体'或'小写',其笔画较普通之体锐减,赴速急就,颇切实用。"②

另外,"简体字"与"简化字"这两个概念也不能混为一谈。二者的联系自不必说,都是用来指称对于繁复汉字形体加以简化后所形成的简便字形,就很多字例来说,既可以说它是简体字,也可以说它是简化字。例如,在宋元时期的通俗文学抄本和刻本中"燈"常写作"灯",我们说"灯"形体简单,宋元时即是"燈"的简体字。当然,从现在的角度来说,说"灯"是"燈"的简化字更毫无疑问是正确的。这两个概念的区别也很明显:简体字是流

① 《语言文字词典》,225页。

② 商务印书馆,1932年。

行于群众之中、未经整理和改进的形体较简易的俗字，它不具有法定性。而简化字则是在简体字基础上，经过专家的整理和改进，并由政府主管部门公布的法定简体字，其写法只能有一种①。

【其他术语】

又称 简字；手头字

曾称 破体；小写；简易字；俗字；俗体；俗体字

06.015 类推简化

【正名】类推简化

【释文】根据《简化字总表》第二表所列简化字和简化偏旁，采用类推的方法对汉字进行的字形简化。

【考释】从简化方法来看，汉字的简化可以分为个体简化和偏旁类推简化两大类。《简化字总表》第一、二表的简化字是个体简化字，第三表的简化字是用类推简化的方法简化出来的字。

类推简化的想法在新中国成立之前的简体字运动中就已提出。1934 年钱玄同在《搜采固有而较适用的简体字案》中说："要规定简体字的写法，先要搜采固有而较适用的简体字做材料。有了这种材料，便可就其中选取最适用之一体定为标准的简体字；有了标准体，便可用其偏旁而为新的配合。这一配合，简体字便多多的增加了。"这里实际上已经有了类推简化的设想。但 1935 年的《第一批简体字表》只有个体简化，而没有类推

---

① 张书岩等：《简化字溯源》，语文出版社，1997 年，5 页。

简化。

新中国的汉字简化从一开始就包含了类推简化的内容，因为只用个体简化得到的简化字数量很有限。1955 年发表的《汉字简化方案草案》里有《汉字偏旁手写简化表草案》，而且规定“本表所列简化写法原则上可以类推”。1956 年的《汉字简化方案》里面有 54 个简化偏旁，就是用来做类推简化的。1964 年《简化字总表》的说明中指出：“第三表所收的是应用第二表的简化字和简化偏旁作为偏旁得出来的简化字。汉字总数很多，这个表不必尽列。例如有‘车’旁的字，如果尽量地列，就可以列出一二百个，其中有许多是很生僻的字，不大用得到。现在为了适应一般的需要，第三表所列的简化字的范围，基本上以《新华字典》(1962 年第 3 版，只收汉字 8000 个左右)为标准。未收入第三表的字，凡用第二表的简化字或简化偏旁作为偏旁的，一般应该同样简化。”这段话表明类推简化的范围可以是开放性的，而不是限定性的。但是，当一系列大中型字典、辞书相继问世，大型计算机字库相继建立，简体版的古籍纷纷出版时，类推简化中的矛盾就逐渐显露出来了。例如：

(1)个体简化有时会使类推简化不能完全贯彻到底。

(2)无限类推简化会使辞书和字库中产生很多不曾存在且今天也不再使用的字形，实际上是一种很大的浪费。

(3)有些繁体字类推简化后，破坏了原字的结构，影响了字形的美观。

(4)类推简化产生了一批同形字。如当油菜讲的“蕓”类推简化作“芸”，与“芸芸众生”的“芸”同形。

鉴于上述情况，许多学者倾向于对类推简化规定范围。但是，如果限定类推简化的范围，也会造成一些问题。如在同一出版物中就可能出现同一偏旁有时简化、有时不简化的情况，读者看起来会很别扭。还有一种意见，认为类推简化范围一般群众不易掌握，不如无限类推。

类推简化是汉字简化的一个重要思想，不可轻易否定。目前有关方面正积极研究，以早日为类推简化确定一个比较合理的范围①。

06.016 汉字应用

【正名】汉字应用

【释文】汉字的人际界面和人机界面的交际交流。人际界面指人与人之间通过汉字进行的交际；人机界面指人与计算机之间通过汉字进行的交际，即人们利用计算机进行中文信息处理。

【考释】语言文字学的认识价值固然重要，但是和其他学科一样，都还有着另外一种更为重要的价值——为民族和全人类的今天及未来发展服务的价值，即应用价值②。近年来，随着语言文字学应用研究的开展和不断深入，"汉字应用"这个术语也应运而生。

根据学者的研究，"汉字应用"包括两个层面，即人际界面和人机界面③。人际界面指的是人与人之间的交际，它是汉字应

① 张书岩：《研制〈规范汉字表〉的设想》，《语言文字应用》2002 年第 2 期。

② 许嘉璐：《语言文字学及其应用研究》，214 页。

③ 苏培成：《二十世纪的现代汉字研究》，149 页。

用的重要组成部分，人际界面的汉字应用可以包括记录现代汉语、汉字教学、汉字书法、汉字印刷等方面的应用；人机界面指的是人和计算机之间的交际，它是人际界面的延伸。面向计算机需求的汉字应用研究，除了要解决汉字在计算机上的输入、存储、输出外，还要对汉字的各种属性进行深入的研究。因为计算机对中文信息进行处理，离不开利用汉字的种种属性。例如，为了便于检索，汉字排列就要有顺序，而汉字的顺序编排可以有多种原则和方法：音序、笔画、字频，等等；又如遇到特殊字体需要造字，就需要知道关于部件、笔画等等属性①。

06.017　常用字

【正名】常用字

【释文】使用频率高、分布广、构字和构词能力强的汉字。1988年公布的《现代汉语常用字表》收常用字2500个、次常用字1000个，覆盖现代汉语用字达99.48%。

【考释】常用字是使用频率比较高、分布比较广的字，也就是人们经常要使用的字。因此，常用字研究对于汉字教学、字书编纂、汉字信息处理等等，无疑都具有十分重要的意义。

“常用字”这个名词来源很早，晋代殷仲堪曾撰有《常用字训》一卷，今已亡佚。清代钟祖绶撰《文字通释略》四卷，其凡例称：“此篇为初学阶梯而著，取目前常用之字。”该书综合《说文》四大家说解，为便初学而作。民国时期蔡乐生在陈鹤琴等人研

① 许嘉璐：《语言文字学及其应用研究》，209页。

究的基础上编成《常用字选》[1]，收最常用的2000字。陈虞裳在《常用字选》的基础上加以校订，编成《民众常用字汇》[2]，收常用字2472个。

新中国成立后，1952年6月教育部公布了《常用字表》，共收字2000个。1988年1月，国家语委和国家教委联合发布了《现代汉语常用字表》，共收3500字，分为常用字2500字和次常用字1000字。经过测查，常用字的覆盖率是97.97%，次常用字的覆盖率是1.51%，合计为99.48%。有学者曾对一些常用字表的字量和几部有影响的现代白话文著作所用字种数进行了调查统计。根据调查的资料，"可以知道现代汉语的常用字大约有3000多字，其中最常用字有2000多字"[3]。这与《现代汉语常用字表》(1988)的收字情况基本上是一致的。

常用字究竟是根据什么标准选取的呢？《现代汉语常用字表》前言对此进行了说明："拟订常用字表的选字原则是：1.根据汉字的使用频率，选取使用频率高的字；2.在使用频率相同的情况下，选取学科分布广、使用度高的字；3.根据汉字的构字能力和构词能力，选取构字能力和构词能力强的字；4.根据汉字的实际使用(语义功能)情况斟酌取舍。有些字，在书面语中很少使用，进行用字统计时往往统计不到，但在社会日常生活中却很常用，像这类字，也应适当选取。以上4条原则是综合运用的，不单纯依据某一原则决定取舍。"

---

① 四川省立教育科学馆。1946年。

② 四川省立教育科学馆，1948年。

③ 苏培成：《现代汉字学纲要》，42～43页。

06.018　通用字

【正名】通用字

【释文】与“罕用字”相对。在社会一般交际领域普遍通行使用的汉字。1988 年公布的《现代汉语通用字表》收现代汉语通用字 7000 个，其中包括《现代汉语常用字表》的 3500 字。

【考释】在现代汉字层面，通用字就是书写现代汉语时一般要用到的字，具体涉及出版印刷、辞书编纂、信息处理等方面的用字。

现代汉语中的通用字大约有多少呢？近五十年来，研究者对这个问题进行了探索和研究。以下是一组数据：

1956 年 8 月中国文字改革委员会拟订的《通用汉字表草案（初稿）》，收通用汉字 5390 个。1965 年 1 月，文化部和中国文字改革委员会联合发布的《印刷通用汉字字形表》收字 6169 个。1974 年北京新华字模厂的《字目表》收 6805 字，其中一般书籍报刊用字 6310 字，添盘字 495 字。1980 年国家标准总局发布的 GB2312－80《信息交换用汉字编码字符集・基本集》收字 6763 个。

根据这些数据，我们可以知道现代汉语通用字大约接近 7000 字。1988 年 3 月，国家语言文字工作委员会和新闻出版署联合发布了《现代汉语通用字表》。这个字表收现代汉语通用字 7000 字，其中包括《现代汉语常用字表》的 3500 字。与 1965 年公布的《印刷通用汉字字形表》相比，共删去 50 字，增加了 854 字。

06.019 罕用字

【正名】罕用字

【释文】与“通用字”相对。指在社会一般交际领域使用频度较低的汉字。

【考释】罕用字就是使用频率和使用度很低的字，其中大部分是生僻的专用字。1938 年，庄泽宣、彭仁山编《基本字汇》，收字 5262 个，分为常用字、备用字、罕用字三级。1953 年，文字改革委员会汉字整理组开始着手整理通行使用的汉字，同年 11 月拟定出《7685 字分类表》，其中确定了罕用字 482 个。

一个字是否罕用字，通常根据字的频度、字的使用度、构词和构字能力、常识等几个方面综合考虑。频度低、使用度低、构词构字能力弱、生活中很少用到的字，即可确定为罕用字①。罕用字也有人称为“生僻字”②、“冷僻字”③，由于“罕用字”一词目前使用得较为普遍，因此我们建议以它作为正名。

【其他术语】

曾称 生僻字；冷僻字

---

① 苏培成：《现代汉字学纲要》，41 页。

② 费锦昌：《常用字的性质、特点及其选取标准》，《语文学习》1988 年第 9 期。

③ 贝贵琴、张学涛：《汉字频度统计》，电子工业出版社，1988 年。

06.020 废弃字

【正名】废弃字

【释文】历史上曾出现或使用过，在后来的流通领域内被废弃不用的汉字。

【考释】文字和语言一样，也在不断地发展变化、新陈代谢。有些字在历史发展中逐渐退出了流通领域，成为“死字”。研究汉字的字量，既要不断地登记新生的“新增字”，又要不断地清理被废弃的字，这样才能掌握实际使用的汉字的数量。这些在历史上曾经出现或使用过，但在后来的使用流通领域内被废弃不用的汉字，我们称之为废弃字。如《康熙字典》“马”部有 481 字，其中大多数现在都已成为废弃字，例如“駣”“駺”“犸”“駷”“駈”“駜”等等。

废弃字有人称为“死字”[①]，也有人称为“历史字”[②]，或称之为“古字”[③]、“废字”[④]。以上几个名词中，“废字”和“死字”较为口语化，不太符合术语的要求。“古字”一词早有别的用法（用来指称一组古今字中出现在先的字）。“历史字”一词从字面上看，含义不够明确。因此，我们选定“废弃字”作为正名。

---

① 梁东汉：《汉字的结构及其流变》，161 页。

② 王凤阳：《汉字学》，533 页。

③ 周有光：《限制和减少现代汉语用字》，《光明日报》1964 年 7 月 22 日。

④ 唐兰：《中国文字学》，148 页。

【其他术语】

曾称 历史字;废字;死字;古字

06.021 社会用字

【正名】社会用字

【释文】指社会交际领域流通使用的汉字,包括出版印刷用字、教育用字、影视屏幕用字、计算机用字和公共场所用字等。

【考释】1986年5月25日,国家语委在给国务院的《关于废止〈第二次汉字简化方案(草案)〉和纠正社会用字混乱现象的请示》中,着重说明了关于社会用字的规定:"翻印和整理出版古籍,可以使用繁体字;姓氏用字可以使用被淘汰的异体字。除上述情况及某些特殊需要者外,其他方面应当严格遵循文字的规范,不能随便使用被简化了的繁体字和被淘汰了的异体字,也不能使用不规范的简化字。"这是"社会用字"一词在有关语言学文献中较早出现的用例。此后,遵照国务院的有关批示,国家语委会同有关部门陆续发布了一系列关于社会用字的管理规定。为加强管理,从1989年开始,各地也先后出台了一大批关于社会用字的地方性法规。例如:《浙江省社会用字若干规定》(1989)、《青海省社会用字管理办法》(1992)、《天津市社会用字暂行规定》(1992)、《山东省社会用字管理办法》(1993)、《重庆市社会用字管理规定》(1995)等等。于是,"社会用字"逐渐成为人们熟悉和常用的名词术语。

社会用字是流通于社会、用于社会交际领域的汉字,它与个人用字相对而言,其范围包括出版印刷用字、教育用字、影视屏幕用字、计算机用字和公共场所用字等这样几个方面。1994 年 6 月国家语委发布的《关于社会用字管理工作的意见》是当前规范社会用字的指导性文件，《意见》指出："为了适应现代信息社会发展的需要，当前社会用字管理工作总的原则是采取切实有效的措施，继续贯彻国家现行的语言文字工作方针政策，坚持汉字简化的方向，促进社会用字的规范和稳定。"

06.022　字　量

【正名】字量

【释文】一种文字的数量，或某一特定范围使用到的文字的数量。特指汉字的数量。字量应区分历史上累积的总字量、某一历史时期实际使用的字量和特定范围使用的字量等不同情况。

【考释】字量本指一种文字的数量，或者用来指某特定范围内使用的文字的数量。在汉字研究中，常用来特指汉字的数量。

"字量"一词在新中国成立前的汉字学著作中即已出现，如艾伟在《汉字问题》一书中，曾专列一章探讨"字量问题"①。

字量是汉字的重要属性之一，研究汉字的字量问题，涉及两个概念："累积字量"和"应用字量"。"累积字量"是历史上积累下来的汉字数量。自古以来，汉字累积的总字数共有多少？这个问题很难回答。不过从历代有影响的字书的收字数，可以得到一个大略的数字：《说文解字》收 9 353 字，加上重文 1 163 字，共收 10 516 字；《玉篇》收 22 726 字；《类篇》收 31 319 字；《字汇》

① 中华书局，1949 年。

收 33 179 字;《康熙字典》收 47 035 字;《汉语大字典》收 54 678 字;1994 年由中华书局和中国友谊出版公司出版的《中华字海》共收 86 000 多字,是迄今为止收字最多的字书。当然,以上各种字书中所收的字数都包含了许多异体字、废弃字在内。总之,汉字累积的总字数是随着历史的发展而不断增加的。

汉字的累积字量为什么这样多?周有光曾对此作了解释[①]:原因一,异体纷呈。字书中有许多“同字异形”的异体字。原因二,古今并用。字书中古字今字、活字死字,兼收并蓄,死而不葬。原因三,因词造字。新词新语出现后,往往要造新字。原因四,专用字多。汉字中有大量“专用字”,只能用来代表一样东西或者一个概念,不能通用到其他地方。

汉字的应用字量是某一历史时期实际使用的汉字数量。字书收字数是历代积累起来的总字数,单就一个时代而言,实际使用的字数并没有这么多,因此,研究汉字的字量还必须研究一个时代实际使用的字数。裘锡圭曾对历代的实际用字数进行了考察,指出:“从商代到现代,一般使用的汉字的数量似乎并没有显著的变化,很可能一直在五六千左右。在这三千多年里,新字在不断产生,但是旧字也在不断退出历史舞台。二者相抵,字数的变化就不大了。一般说来,时代越晚,新词增加得越快。但是由于复合词在汉语里越来越占优势,音译外来词又大多数用假借字记录,所以需要为它们造新字的新词却并不是越来越多。这是一般使用的汉字数量有可能比较稳定的重要原因。”[②]

① 《中国语文的时代演进》,62 页。

② 《谈谈汉字整理工作中可以参考的某些历史经验》,《裘锡圭学术文化随笔》,中国青年出版社,1999 年。

06.023 字形数;06.024 字种

【正名】字形数;字种

【释文】字形数:根据汉字字形而不考虑其繁简、正异等字际关系进行统计所得出的汉字数量。

字种:一个汉字即使有多个繁简体、异体字,也只作为一个来计算的汉字统计单位。

【考释】统计汉字的数量常要区分字形数和字种数。只根据字形,也就是凡字形不同的就算不同的字,不考虑其字之间的繁简、正异等关系,这样统计出来的汉字数量就是字形数。统计汉字数量时,一个汉字即使有多个繁简体、异体字,也只作为一个来计算,这样的汉字统计单位就是字种,字种的数量称为字种数。以字种为单位统计汉字,不光看字形,还要看字音和字义。如果有些汉字虽然字形不同,但是字音字义相同,也就是说不同的字形之间是繁体与简体的关系,或是正体与异体的关系,那么它们就要合并计算。例如,在同一统计文本中,“汉”与“漢”、“蝶”与“蜨”、“豆”与“荳”这样的汉字每组都应合并计算,分别算作一个字种。

对于“字形数”和“字种”这两个概念,周有光曾举过这样的例子:“‘从群众中来到羣衆中去,是一条群众路线的原理’这个句子里有几个字?甲答:20字。乙答:16字。丙答:18字。为什么答案不同呢?因为,甲讲的是‘总字次’,有一个算一个。乙讲的是‘字种数’,同字异形合并算一个。丙讲的是‘字形数’,同字异形分别各算一个。‘字种’又有‘单字’、

‘字头’等说法。‘字种’的说法比较合理。‘单字’跟‘复字’相对。‘字头’跟‘字尾’相对,都有误会的可能。”[①]周先生的分析指明了区分两种概念的意义。

06.025 字 频

【正名】字频

【释文】某个汉字在一定语料中使用(出现)的次数与样本总字数(又叫样本容量)之比。用公式表示为:$f=n/N\times 100\%$。其中,f 表示字频,n 表示使用次数,N 表示样本总字数。

【考释】汉字的字频统计对汉字研究和汉字应用都具有重要的意义。冯志伟说:“传统文字学认为,汉字具有形、音、义三个要素,但是,汉字作为记录汉语的符号,它必须作为一种交际工具而存在,在交际过程中,有的汉字使用得多些,有的使用得少些,呈现出一定的统计规律性。因此,从使用的角度来看,汉字还应当具有第四个要素——字频。”[②]

汉字字频的统计工作自 20 世纪 20 年代就已经开始,目前已取得了许多重要成果[③]。现代学者中最早从事汉字字频统计研究的是教育家陈鹤琴。20 年代他和助手用了两年多时间进行字频统计,从 554 478 字的语料中分析得到字种数 4 261 个,

---

① 《中国语文纵横谈》,152 页。

② 《现代汉字和计算机》,109 页。

③ 苏培成:《二十世纪的现代汉字研究》,60 页。

最后编成了《语体文应用字汇》[1]，这是第一部现代汉字字频统计的专著。书中频率最高的前 20 个字是："的"、"不"、"一"、"了"、"是"、"我"、"上"、"他"、"有"、"人"、"全"、"这"、"来"、"小"、"在"、"们"、"说"、"子"、"可"、"道"。新中国建立后第一次大规模的字频统计工作，是由北京新华印刷厂在 1975 年组织中小学生历时两年完成的。这次查频所用的语料是从 3 亿多字的出版物中选出的 86 本书、104 本期刊和 7 075 篇文章，共有 21 629 372字，最后得到字种数是 6 374 个。1977 年以北京新华印刷厂的名义印出了《汉字频度表》一书。其中《综合频度表》中频率最高的 16 个字是："的"、"一"、"是"、"在"、"了"、"不"、"和"、"有"、"大"、"这"、"主"、"中"、"人、"、"上"、"为"、"们"。近年来，人们利用计算机帮助字频统计。其中较大规模的有国家语委与北京航空学院（现北京航天航空大学）1985 年联合进行的字频统计。语料选自 1919 年至 1976 年期间出版的各种文字材料 2 000 余万字。统计结果编出了《社会科学自然科学综合汉字频度表》，共收有 7 754 字。新华社技术研究所运用电子计算机对 1986 年度计4 000余万字的新闻语料进行了字频统计，编印出《1986 年度新闻信息汉字流通频度》，共收 6 094 字。国家语言资源监测与研究中心对 2005 年报纸、广播电视、网络媒体的汉字、词语等的使用情况进行了大规模调查统计，结果显示：全部语料中汉字出现的总次数为 732 143 010 字次，字种数 8 128 个。使用频率最高的 581 个汉字覆盖全部语料的 80%，934 个汉字覆盖全部语料的 90%，2 314 个汉字覆盖全部语料的 99%。使用频率最高的前 20 个字是："的"、"一"、"在"、"是"、

① 商务印书馆，1928 年。

“有”、“国”、“了”、“中”、“人”、“不”、“大”、“年”、“为”、“上”、“这”、“和”、“个”、“会”、“日”、“时”①。

“字频”也有人称为“汉字频度”②、“汉字频率”③，其中“字频”一词最为通行，应该以它作为正名。

【其他术语】

曾称 汉字频度；汉字频率

06.026 高频趋简律

【正名】高频趋简律

【释文】使用频率高的汉字平均笔画数较少，字形通常趋于简便的规律。

【考释】20世纪80年代以来，一些汉字学者开始注意到将汉字字频与汉字的笔画数结合起来进行研究。陈明远在《现代汉字笔画的统计分析》一文中④，对现代汉语书面语中常用字出现率与笔画数关系作了统计分析，结果如下：

---

① 《中国语言生活状况报告(2005)》下编，6～7页、33页。

② 贝贵琴、张学涛：《汉字频度统计》。

③ 王凤阳：《汉字频率与汉字简化》，《语文现代化丛刊》第4辑。

④ 《中国语言学报》第1期。

等级	现代汉字的常用程度	常用字数	占总字数的百分比	占出现率的百分比	平均笔画数
Ⅰ	0.6%以上	14	0.23%	21.8%	5.6
Ⅱ	0.2%～0.6%	77	1.28%	26.5%	7.5
Ⅲ	0.1%～0.2%	84	1.40%	12.0%	8.3
Ⅳ	0.06%～0.1%	104	1.73%	8.4%	8.5
Ⅴ	0.04%～0.06%	128	2.13%	5.9%	9.1
Ⅵ	0.02%～0.04%	334	5.54%	9.7%	9.6
Ⅶ	0.01%～0.02%	507	8.34%	7.6%	10.7
Ⅷ	0.005%～0.01%	2069	33.37%	7.9%	11.6
总计		3317	54.02%	99.8%	9.1

统计发现:“最常用的字,平均笔画较少;随着常用程度的降低,平均笔画数成比例地增多。”

王凤阳对“频率与汉字的简化”进行了研究。他统计了《论语》和《孟子》的用字和笔画构成,得出这样的结论:“字的应用频率越高,它们的平均笔画数越低;反之,字的应用频率越低,那么它们的平均笔画数就越高。”他把这样的规律称为“高频趋简”:“把这个结论换成一个带有规律性的说法可以这样表达:应用频率高的字一般地趋向简化。”①

这个意见是正确的。人们使用文字的时候,为了便于书写,总希望字的笔画简省一些。常用字的使用频率高,笔画的简省就更有必要。在汉字发展的早期,对象形意味浓厚的古汉字来

① 《汉字学》,612 页。

说，字形的简繁程度，并不完全取决于字的使用频率，而决定于它所描绘的客观对象是简单还是复杂。在发展演变的过程中，人们逐渐根据使用频率来调整字的笔画，那些笔画繁复的常用字于是就成为减少笔画的重点。

“高频趋简律”也有人称为“常用字笔画趋简律”[①]，但作为一个术语来说，前者可能更为简洁，更具有概括性。

【其他术语】

又称 常用字笔画趋简律

06.027 字 序

【正名】字序

【释文】汉字在辞书和各种索引中的排列顺序。汉字的字序主要有音序排列和形序排列。

【考释】字序就是汉字的排列顺序，就是给汉字规定的便于查找的排列次序。字典、辞书等工具书的编纂，各种资料、档案、索引、目录等的排列检索，汉字在计算机字库中的存储，都要求严密而又简明的字序[②]。

拼音文字的字序比较容易排定，因为字母表规定了字母的顺序，字母的顺序也就决定了文字的顺序。由于汉字自身的特点，决定了汉字字序的排列不像拼音文字那样简单明确，其排列

① 苏培成：《现代汉字学纲要》，35 页；杨润陆：《现代汉字学通论》，202 页。

② 杨润陆：《现代汉字学通论》，206 页。

的方法和原则不是单一的，而是多样的。比如有部首原则、数码原则、笔形原则、音序原则等等①。归纳起来，汉字字序主要有音序排列和形序排列。

音序是按每个汉字的读音进行排序。中国古代的韵书，如《广韵》、《集韵》、《中原音韵》等，是分韵统字的。《广韵》先按声调平、上、去、入分卷，每一声下再分韵部，全书共 206 韵，统率 26 194 字。20 世纪 60 年代以来，以每个汉字读音的汉语拼音字母为序的新的音序排列法，逐渐“成为汉字序列法的主流”②。形序是根据汉字字形特征进行排序，如按笔画数多少或按部首等排列。

06.028　汉字检字法

【正名】汉字检字法

【释文】使用辞书和各种索引时查找某个汉字所在页码的排检方法。主要有音序法、部首法、笔画笔形法和四角号码法。

【考释】使用字典辞书时查找字目所在页码的方法称为汉字检字法。“检字法”历来又称为“排字法”、“排检法”、“索引法”、“检

① 胡双宝：《字序标准化——文字工具现代化的一个重要方面》，《延边大学学报》1981 年第 4 期。

② 周有光：《汉语拼音方案基础知识》，81 页。

索法”等等[①]，20世纪60年代以来又称为“查字法”[②]。在以上这些名称当中，“检字法”一词自民国以来就是通行程度较高、使用面较广的一个术语[③]，“查字法”一词虽然从60年代以来也较为流行，但较为口语化。因此，比较起来，我们倾向于选取约定俗成程度更高的“检字法”作为正名。由于“检字法”的规则是排字者和检字者共同遵守的，因而不该因使用的不同而有不同的称谓，所以，“排字法”、“排检法”等名词可以废弃不用。

目前，我国字典辞书在继承和吸收古代字典和外国词典优点的基础上，较普遍地采用了以下四种检字法：音序法、部首法、笔画笔形法和四角号码法[④]。

音序法是根据汉字读音特征查检汉字的一种方法。历史上的韵书按照汉字的声韵地位排列汉字，属于最早的音序检字法。20世纪30年代创制注音字母后，根据注音字母顺序查检汉字，使汉字音序检字法走上了科学与实用并重的道路。20世纪50年代《汉语拼音方案》制定后，逐渐取代了注音字母。因此，现在说到音序检字法，一般就指按照《汉语拼音方案》中字母表顺序查检汉字的方法。

部首法是根据部首查检汉字的方法。部首排序创自《说文解字》。《说文》立540部首，据形系联，始一终亥。在长期的使

---

① 罗伟达：《汉字字序法研究》，《辞书研究》1995年第5期。

② “汉字查字法”一词最早见于语言学文献是1961年。《光明日报》1961年5月17日发表了程养之的文章《对于统一制定几种汉字查字法的意见》；《文字改革》1961年8～9期合刊编发了《汉字查字法问题特辑》，发表了16篇有关论文。

③ 刘志成：《中国文字学书目考录》，658～661页。

④ 涂建国：《近年来汉字排检法研究综述》，《辞书研究》1988年第5期。

用过程中，部首由《说文》的540部减并为《字汇》的214部。《字汇》首创的214部部首检字法，经过《康熙字典》等字书的使用，在社会上产生了很大的影响，成为传统的部首法。民国时期出版的《中华大字典》(1915)、《辞源》(1915)、《辞海》(1936)等都采用了214部的部首法。

新中国建立后，部首检字法方案历经了多次调整和修改，至今仍然不够统一。《新华字典》1953年版立部首126部，1957年版为187部，1962年版为191部，1966年以后均为189部[①]。1964年汉字查字法整理工作组推荐的《部首查字法》(草案)共立部首250个[②]，1979年新版《辞海》使用了这个新的部首检字法。1983年统一查字法工作组依据字形定部、贯彻“以大包小”、“口径一致”的原则，参照目前通行的《康熙字典》、《辞海》、《新华字典》三部字典辞书的部首制订了一个草案，共设部首201个，称为《汉字统一部首表》(征求意见稿)，发表于《文字改革》1989年第11期。《汉字统一部首表(草案)》公布后，很多人提出批评意见。有人认为，“由于没有制订具体的单字归部原则，《草案》只能是一纸空文”[③]，“此表没有对归部有分歧的字一一处理，也就没有从根本上解决统一的问题”[④]。《汉语大字典》和《汉语大词典》并没有采用《汉字统一表》201部首立部，而是以《康熙字典》214部为基础，酌情删并，调整为200部，单字的

① 曹乃木：《部首查字法的历史演进》，《语文建设》1993年第2期。

② 《中国大百科全书·语言文字》，202页。

③ 章琼：《谈汉字统一部首的立部与归部》，《语文建设》1997年第8期。

④ 李志江：《语言文字规范化的规定和规范化字词典的编写》，《辞书研究》1995年第6期。

归部也基本与《康熙字典》相同，有些地方依据字形的实际情况作了若干调整。

《汉语大字典》和《汉语大词典》的 200 部推出以后，有关统一部首的讨论并没有就此结束，学者间意见的分歧依然存在[①]。

笔画笔形法简称为笔画检字法，是根据汉字笔画数、笔顺和笔形来查检汉字的方法。具体来说，就是先根据笔画数给汉字分类，同笔画数的字再根据起笔笔形，按照横、竖、撇、点、折的顺序分出先后。对于同笔画数、同起笔笔顺的字，再根据第二笔的笔形，同样按照横、竖、撇、点、折的顺序分出先后，一直照这种方式一笔一笔地比较下去。1965 年公布的《印刷通用汉字字形表》就是采用这种方法排序的。

使用笔画笔形法有时会遇到这样的问题：如果几个字的笔画数相同，按照笔顺每一笔的笔形也都相同，如“夕”、“久”、“及”等，那么，它们之间的先后次序究竟如何确定呢？目前，已有不少学者提出了关于这一问题的解决方案和设想[②]。其中谢泽荣提出的“五级定序法”较为简单易行，值得重视。他提出：“汉字笔画排序，是按汉字的笔画数排序；笔画数相同的字，以类笔形的笔顺为序；类笔形的笔顺相同的字，以种笔形的笔顺为序；种笔形的笔顺相同的字，以笔形长、短为序；笔形长短相同的字，以点的位置上、

① 苏培成：《二十世纪的现代汉字研究》，482 页。

② 高更生：《笔画定序法的几个问题》，《语文建设》1990 年第 6 期；程养之：《笔画定序之我见》，《语文建设》1991 年第 9 期；傅永和：《汉字的笔画》，《语文建设》1992 年第 1 期；张粤闽：《笔画序的细化》，《语文建设》1995 年第 2 期；谢泽荣：《“三同字”排序方法的探讨》，《语文建设》1996 年第 4 期。

下为序。”①总之，这一问题还要作进一步研究，在实践中验证各种方法的适用程度，以使笔画笔形法早日得到完善。

四角号码法是根据汉字四个角的笔形特征规定数字代码，按代码顺序从小到大编排查检汉字的一种方法。这种方法最早是由王云五在 20 世纪 20 年代创制的，采用 0 到 9 十个数字分别代替“头”、“横”、“垂”、“点”、“叉”、“插”、“方”、“角”、“八”、“小”等十种笔形。取码由左上角顺时针取到左下角所得四码即为该字代码。“四角号码检字法的产生，冲破了传统的汉字部首检字法的藩篱，另开了汉字查检法的新生面”。“四角号码检字法只取汉字的四角，完全摆脱了字义的束缚，彻底贯彻以字形为查字的惟一依据的原则，使查字的原则单一化，这可作为四角号码法的根本长处”②。但由于重码字较多，加上汉字字形复杂，有些角形笔形合并，取码的人为规定性太强，此法不易于学习和准确使用。

【其他术语】

又称　汉字查字法

曾称　汉字排字法；汉字排检法；汉字索引法；汉字检索法

06.029　汉字信息处理

【正名】汉字信息处理

【释文】中文信息处理的重要组成部分。利用计算机对汉字信

① 谢泽荣：《“三同字”排序方法的探讨》，《语文建设》1996 年第 4 期。

② 徐祖友：《王云五与四角号码检字法》，《辞书研究》1990 年第 6 期。

息进行操作和加工处理的工作，如汉字的输入、存储、识别、生成和输出等。

【考释】20世纪70年代以来，在语言学、计算机科学、数学、心理学和自动化技术等学科的基础上形成了一门新的边缘学科——中文信息处理，研究电子计算机对中文书面语和口语信息进行各种加工的问题①。与此同时，“汉字信息处理”这个名词也开始见诸学者的笔端。

什么是汉字信息处理？它与中文信息处理的关系究竟如何？刘涌泉作了这样的介绍：“中文信息处理不等同于汉字信息处理。汉字信息处理系统是中文信息处理系统中非常关键的一部分，可以说是中文信息处理借以建立的工具。但是汉字信息处理系统的研制成功，一般只解决了汉字的编码、输入、存储、编辑和输出问题，至于加工或处理什么，如何加工，那是中文信息处理的内容。中文信息处理系统（纯口语的系统和拼音文字的系统除外）以汉字信息处理系统作为自己的必备部件，同时还带有为不同目的服务的各种应用软件。中文信息处理系统的另一个特点是以词而不是以单个汉字作为加工的基本单位。”②冯志伟也曾谈到了二者的关系，他说：“汉字信息处理与中文信息处理不完全一样，它只是中文信息处理的一个方面，因为中文不仅包括汉字，还包括汉语的词汇、语法和语义等，用计算机对包括汉字在内的汉语的词汇、语法和语义的处理，才叫做中文信息处理。”③

① 《中国大百科全书·语言文字》，531页。

② 《中国大百科全书·语言文字》，531～532页。

③ 《现代汉字和计算机》，8页。

根据学者的意见,汉字信息处理系统一般包括编码、输入、存储、编辑、输出和传输这样几个部分[①]。其中,汉字的编码是关键,不解决这个问题,汉字就不能进入计算机。而汉字的编码、输入等皆与汉字的定量、定形等整理工作有着密切的关系。

06.030　汉字交换码

【正名】汉字交换码

【释文】汉字信息处理系统之间或者信息处理系统与通信系统之间进行汉字信息交换的代码。

【考释】汉字交换码是用计算机进行汉字信息处理时,用于计算机中一个软件系统与另一个软件系统之间交换信息时所用的代码。为了使各种系统之间的信息交换有共同性,也为了使各种输入输出设备的设计有统一的依据,必须制定统一的汉字标准交换码[②]。

中国大陆最早制定的汉字交换码是 1981 年国家标准局公布的《信息交换用汉字编码字符集·基本集》,代号为 GB2312—80。这个标准是根据汉字使用频度制定的,共分两级:一级 3755 个字,二级 3008 个字,另收各种符号和字母 682 个。这个《基本集》只有 6763 个汉字,不能满足用字量大的用户的需要,因此需要研制《信息交换用汉字编码字符集辅助集》。1987 年 3 月,国家标准局发布了《GB7589－87 信息交换用汉字编码字符

① 《中国大百科全书·语言文字》,199 页。

② 《中国大百科全书·语言文字》,532 页。

集·第二辅助集》和《GB7590－87 信息交换用汉字编码字符集·第四辅助集》。《第二辅助集》收 7237 字,《第四辅助集》收 7039 字。后来为了进一步满足汉字信息处理的需要,又先后研制了繁体字集《GB/T12345－90 信息交换用汉字编码字符集·第一辅助集》、《GB13131－91 信息交换用汉字编码字符集·第三辅助集》、《GB13132－91 信息交换用汉字编码字符集·第五辅助集》和规模更大的字符集《GB13000.1－93 信息技术·通用多八位编码字符集》、《GB18030－2000 信息交换用汉字编码字符集·基本集的扩充》。

汉字交换码又称“信息交换用汉字标准字码”、“汉字标准交换码”、“汉字标准代码”①。

【其他术语】

曾称 信息交换用汉字标准字码;汉字标准代码

06.031 汉字编码

【正名】汉字编码

【释文】按照一定规则,把指定的汉字集内的元素编制成相应代码的设计方案。主要用于计算机输入终端,一般分为音码、形码、音形码等。

【考释】由于电子计算机现有的输入键盘与英文打字机键盘完全兼容,因而如何在计算机键盘上输入包括汉字在内的非拉丁字母的文字便成为多年来人们研究的重要课题。汉字信息处理

① 《中国语言学大辞典》,47 页。

技术中，为解决汉字输入计算机而给汉字编制的一套字母数字代码叫做汉字编码。汉字编码经键盘输入，在计算机内转换成二进制码，找到对应的数字化字模，然后输出整个汉字。

“汉字编码”一词的使用是从20世纪70年代后期开始的。1978年12月，张其濬和支秉彝等汉字编码的先行者在青岛召开了“汉字编码研究会”，成立了“中国汉字编码研究会”。会后，科学技术文献出版社出版了《汉字编码方案汇编》，这是第一本关于汉字编码方案的专著[①]。

据不完全统计，目前已经发表的汉字编码方案超过千种，上机运行的也有近百种，已经推入市场的输入方法有几十种，其中推行较为成功的有十几种[②]。归纳起来，这些汉字编码方案一般分为音码、形码、音形码和其他编码。

音码输入也叫拼音输入，是利用键盘直接把汉字的汉语拼音输入计算机，计算机软件根据输入的拼音字母去查找存放在计算机中的拼音字典，然后把符合条件的同音字在屏幕上按一定的次序(通常按使用频度)显示出来。

形码是指将汉字形体分解成笔画或部件，按一定顺序输入计算机。目前影响较大的字形码有王永民发明的五笔字型、陈爱文的表形码、李金铠的笔形码等。形码着眼于字形，提取字形特征信息进行编码，利用这种输入法产生的重码字比较少，而且其“平均码长”较短，输入汉字的效率比音码高。但是形码输入一般需要记忆的单位较多，学习的时间较长，适合于专业录入人员使用。

---

① 苏培成:《二十世纪的现代汉字研究》,541页。

② 苏培成:《现代汉字学纲要》,205页。

音形码就是将音码和形码结合起来的编码法。有的音形编码法以音为主、以形为辅，用形来区分同音字，形的部分有人采用汉字的部首，有人采用汉字的角码。有的音形编码法以形为主，以音为辅，如把字分解为部件或笔画，再利用部件或笔画的读音来帮助记忆。

06.032 字　典

【正名】字典

【释文】主要以单个的汉字为收录单位，逐一解说其形、音、义的语文工具书。

【考释】以字立目，按一定序次编排的语文工具书古称“字书”。

“字书”一词早期并非仅仅指文字学书[1]。《颜氏家训·书证篇》云：“《苍》、《雅》及近世字书，皆无别字。”《音辞篇》又云：“诸字书，‘焉’者鸟名，或云语词，皆音於愆反。”颜之推所说的“近世字书”、“诸字书”，或与《苍颉》、《尔雅》连属，或于《音辞篇》中出现，当泛指各种解释字词形音义的著作。直到清代康熙年间编《康熙字典》时，仍以“字书”兼指《说文》、《玉篇》、《广韵》、《集韵》等书[2]。到乾隆时编纂《四库全书总目》，则“唯以《尔雅》以下编为训诂，《说文》以下编为字书，《广韵》以下编为韵书，庶体例谨严，不失古义”。叶长青曾说：“历代史志，对于训诂韵学，统称小学，不立字书名目。清纪昀《四库书目》，始于小学中分训

① 黄德宽、陈秉新：《汉语文字学史》，50页。

② 见《康熙字典》御制序。

诂、字书、韵书三类。”[①]

周祖谟曾将这种意义的古代字书分为五类[②]：

(1)学童习诵的识字书。这类书如汉代流行的李斯等的《仓颉篇》、史游的《急就篇》。

(2)按形体偏旁分部编排的字书。自东汉许慎作《说文解字》按篆书形体立部首编排文字以后，仿照这样体例的字书很多，如梁代顾野王的《玉篇》、宋代司马光等的《类篇》、明代梅膺祚的《字汇》，等等。

(3)刊正字体的字书。唐代有颜元孙的《干禄字书》、张参的《五经文字》、唐玄度的《九经字样》，都是订正笔画讹误的书，下至宋代张有的《复古编》、元代李文仲的《字鉴》、明代焦竑的《俗书刊误》，都是这一类的书。

(4)集录篆、隶、古文字的字书。如宋代郭忠恕的《汗简》、夏竦的《古文四声韵》、娄机的《汉隶字源》，等等。

(5)用六书分析文字的书。如宋代郑樵的《六书略》、元代戴侗的《六书故》、杨桓的《六书统》之类。

清康熙五十五年(1716 年)《康熙字典》问世后，“字典”一词较“字书”更为流行，并逐渐取而代之[③]。

字典按照有无解释以及用途的不同，可分为详解字典(如《汉语大字典》、《新华字典》)和特种字典(如《异体字字典》、《正

---

① 《文字学名词诠释》，55 页。

② 《中国大百科全书·语言文字》，552 页。

③ 黄德宽、陈秉新：《汉语文字学史》，76 页；《中国语言学大辞典》，305 页；《语言学百科词典》，221 页；叶长青：《文字学名词诠释》，51 页。

字字典》)[①]。

【其他术语】

又称　字书

06.033　字样学

【正名】字样学

【释文】初唐以后为确定楷书的规范、矫正南北朝的别字讹体而形成的以确立正字法、制定汉字规范、整理和规范字形为主要内容的学问。

【考释】“字样”一词源于唐初颜师古所撰《字样》(已佚)。南北朝时,虽然楷书已经取代隶书成为通行字体,但因当时社会动乱,国家分裂,文字的使用异常混乱,俗文新字流行于世,即使是儒家经典,也在所难免。入唐以后,天下统一,整理文字的工作也就提到了议事日程。唐太宗贞观年间秘书监颜师古于秘书省刊正经籍,校定字体,辨别讹误,录成字样,“以示雠校楷书,当代共传,号为‘颜氏字样’”[②]。《颜氏字样》问世后,“时讹顿迁,岁久还变”,博士杜延业根据《说文》续修增补,著《群书新定字样》。“字样”的名称就是这样来的[③]。

在此之后,垂拱间(685～688年),颜元孙继承其伯祖颜师古旧业,撰《干禄字书》一卷,明确俗、通、正三体义界,规定了各

① 《中国语言学大辞典》,305页。

② 颜元孙《干禄字书》序。

③ 《中国大百科全书·语言文字》,552页。

自适用的范围，以为书写楷式。唐代宗大历十一年（776 年），张参作《五经文字》三卷，唐文宗开成二年（837 年），唐玄度又作《新加九经字样》一卷。一时间，辨正文字、刊正字体蔚成风气。后人便把这门初唐以后兴起的、以辨正文字为宗旨的专门学问称为"字样之学"或"字样学"。

如果从内容上对唐代的字样学加以划分，则大体上可分为两部分：一是对社会用字进行规范整理，二是对经书文字进行规范。前者主要有杜延业的《群书新定字样》和颜元孙的《干禄字书》，后者主要有张参的《五经文字》、《开成石经》以及唐玄度的《新加九经字样》。[①]

"字样学"一词是现代以来人们较为习惯的通行称名[②]。唐兰曾将"字样学"与"俗文字学"、"说文学"、"古文字学"、"六书学"同列为《说文》、《字林》之后文字学的五大派别[③]。1988 年，台湾学者曾荣汾出版了《字样学研究》。这是第一部对字样学进行系统研究的著作。作者在该书绪论中说："字样者，即为文字书写之法式，而研究此书写法式诸种问题之科学即可谓之为字样学也。"书中对"字样学之学术价值"、"字样学发展史"、"研治字样学之方法"等问题都进行了较为全面的探讨[④]。

---

① 李建国：《汉语规范史略》，118 页。

② 《语言文字词典》"字样学"条；曾荣汾：《字样学研究》；唐兰：《中国文字学》，25 页。

③ 《中国文字学》，25 页。

④ 曾荣汾：《字样学研究》。

06.034 偏旁分析法

【正名】偏旁分析法

【释文】考释古汉字的一种方法。将未识的古汉字分解为偏旁部件，然后通过已识字的偏旁部件来辨析、确定未识字的偏旁部件，最后将这些偏旁部件重新连缀起来，参照其他条件加以考察，以辨识古汉字。

【考释】偏旁分析法也叫“形体分析法”，考释古汉字的方法之一。其特点是先将古汉字分解为偏旁部件，然后通过已识字的偏旁部件来辨析、确定未识字的偏旁部件，最后重新连缀这些偏旁，参照其他条件，从而辨识该字①。

作为古汉字考释方法之一的偏旁分析法，是由清末学者孙诒让最早使用的。孙氏比前代及同时代学者更加注意古汉字考释方法的探讨。他曾把考释金文的方法概括为“通校金文，参互推案”和“以所从偏旁析而斠之”两大端，也就是我们现在所说的古汉字考释中经常使用的比较法和偏旁分析法②。如他在《古籀拾遗·继彝》中，借助字形的横向比较，利用偏旁分析法，纠正了阮元释“静”为“继”之误，方法缜密，令人信服。

最先把“偏旁分析法”加以系统化和理论化概括并正式提出这一术语的是唐兰。他归纳出四种考释古汉字的方法：(1)对照法——或比较法；(2)推勘法；(3)偏旁分析法；(4)历史考证法。

① 《中国语言学大辞典》，28页。

② 黄德宽、陈秉新：《汉语文字学史》，175页。

对于偏旁分析法，他说："孙诒让是最能用偏旁分析法的"，"他的方法，是把已认识的古文字，分析做若干单体——就是偏旁，再把每一个单体的各种不同的形式集合起来，看它们的变化，等到遇见大众所不认识的字，也只要把来分析做若干单体，假使各个单体都认识了，再合起来认识那一个字。这种方法虽未必便能认识难字(因为有些字的偏旁虽是可识，一凑合后却又不可识了)，但由此认识的字，大抵总是颠扑不破的(有些错误，是因偏旁分析不精所造成的)"。"这种方法最大的效验，是我们只要认识一个偏旁，就可以认识很多的字"[①]。唐氏举出他用偏旁分析法释出一批字的两个例子。如认识了""就是"冎"，即可认识从冎的"過"、"萺"、"猧"等字；寻出了"斤"字的各种写法，便可认出 20 多个从斤的字。

继唐兰之后，许多古汉字学者都曾在著作中使用或论及"偏旁分析法"。林沄说："初期的古文字研究者，在进行未识字和已识字的字形比较时，往往是把整个的字形做笼统而粗略的对照，大体上相像的两种字形就被认为是同一个字，因而造成了很多错误。后来的研究者，越来越重视对字形作仔细的分析比较。逐渐地，偏旁分析成了古文字研究者公认的一种方法。"[②]高明将"偏旁分析法"作为考释古汉字的方法之一进行了细致的介绍。他说："此种方法是通过字体中的偏旁分析来考释古文字，因而首先要对过去已经认识的各种偏旁形体有所了解，同时还要知道各种形旁之间的通用关系。"[③]

---

① 《古文字学导论》。

② 《古文字研究简论》，62 页。

③ 《中国古文字学通论》，171 页。

偏旁分析法也有学者称之为“形体分析法”[1]，但这个名称不如“偏旁分析法”常用。

【其他术语】

曾称 形体分析法

06.035 辞例推勘法

【正名】辞例推勘法

【释文】考释古汉字的一种方法。在偏旁分析和历史比较的基础上，将有关文字还原到一定的语言环境中，依靠上下文对文献辞例进行推勘核校，以辨识古汉字。

【考释】坚持以形为主是释读古汉字总的原则。然而也有少数古汉字的释读，并不都是首先立足于形体分析，而是首先被明确的辞例所限定下来的[2]。所以，在偏旁分析和历史比较的基础上，将有关文字还原到一定的语言环境中，依靠上下文以及同类的辞例进行推勘，就成为人们实现文字正确释读的重要方法。这个方法被称为“辞例推勘法”[3]。

以辞例推勘法作为古汉字考释的方法之一，是唐兰最早倡导的。他归纳四种认识古汉字的方法时，就介绍了此种“由寻绎文义而推勘出不识字当为某字”的方法，不过他称之为“推勘法”。他说：“虽然由这种方法认得的文字，不一定可信，但至少

① 李学勤：《古文字学初阶》，67 页。

② 何琳仪：《战国文字通论》，274 页。

③ 《中国语言学大辞典》，28 页。

这种方法可以帮助我们去找出认识的途径。”[①]之后，这种考释文字的方法不断得到学者的提倡和推行。只不过为了使指称更加明确，人们现在一般都在“推勘法”前面加上“辞例”二字，称为“辞例推勘法”[②]。

辞例推勘法的具体内容可分为两个方面：一是依据文献中的成语推勘；另一是依据文辞本身的内容推勘[③]。所谓依据文献成语推勘，是指利用文献中的辞例来核校未识字。如宋代学者将金文中常见的成语“寿无疆”，释作“眉寿无疆”；《虢季子白盘》铭文中有“折首五百，执五十”，“执”下一字过去不识，郭沫若在《两周金文辞大系》的考释中，根据《诗经·小雅·出车》“执讯获醜”等相近的辞例，推勘出此字当释为“讯”，从而把辞义读通。所谓依据文辞内容推勘，是指仅从未识字的文辞内容出发，经过分析句义，从而实现文字的正确释读。例如，宋代学者读金文“”为伯仲叔季之“叔”字，而不从《字说》读为“弔”字，就是根据金文中常谓“某叔”等一些专谓行辈的辞义中推勘出来的。读“十”为甲乙丙丁之“甲”，不读“十”，也是从铜器铭文所用干支辞例中推勘出来的。甲骨文中“三”字，过去误读为三，卜辞中常有“三至五日”或“三至七日”等辞例，于省吾根据卜辞辞义及上下计日干支推勘，释此字为“气”字，原辞当读为“迄至五日”和“迄至七日”，颇令学者信服。

总之，辞例推勘法是古汉字考释的重要方法之一。尤其是

---

① 《古文字学导论》。

② 高明：《中国古文字学通论》，169 页；《中国语言学大辞典》，28 页；何琳仪：《战国文字通论》，274 页；许进雄：《简明中国文字学》，223 页。

③ 高明：《中国古文字学通论》，169 页。

一些形体较为特殊的字,更需依靠此种方法。但是,根据辞例推勘,务求准确无误,应避免牵强附会。

【其他术语】

曾称 推勘法

附录一　基本术语汉英对照

半记号字　semi-sign graph
碑别字　vulgar form of stele inscription
本字　orthograph
笔画　stroke
避讳字　taboo character
比较文字学　comparative graphology; comparative grammatology
笔顺　stroke order
笔形　stroke form
变体表音字　form-altered phonogram
变体字　form-altered graph
表意文字　semantic script; ideography
表意字　semantogram
表音文字　phonetic script
表音字　phonogram
部件　component part
部首　radical
草书　cursive script
草书楷化　regularization of cursive form into standard script
常用字　everyday character
重文符号　repeating mark
传承字　transmissive character

传抄古文 transcribed ancient script
传统汉字学 classical Chinese graphology
初文 protoform
辞例推勘法 contextual inference
错别字 wrong and inappropriate character
单义字 monosemic character
单音字 monophonic character
独体字 single-element character
多义字 polysemic character
多音多义字 heteronymic character
多音字 polyphonic character
讹变 corruption
繁化 complexity
繁体 complex form
繁体字 traditional Chinese character
方言字 dialect character
废弃字 obsolete character;dead character
分化 differentiation
分化字 differentiated graph
封泥文字 sealing-clay inscription
高频趋简律 simplication tendency of high frequency character
古汉字 ancient Chinese script
古今字 ancient and modern graphs
古隶 ancient clerical script
古文 guwen script
古文字 ancient script;ancient writing

古文字学　palaeographology; palaeography
规范汉字　normative character
国语罗马字　National Romanization; G. R. Alphabetic System
汉初六体　six script-styles in early Han
汉隶　Han clerical script
罕用字　rarely used character
汉语拼音方案　Scheme for the Chinese Phonetic Alphabet
汉字　Chinese character; Chinese script; sinogram
汉字编码　Chinese character coding
汉字交换码　Chinese character code for information interchange
汉字改革　Chinese character reform
汉字简化方案　Scheme for Simplifying Chinese Characters
汉字检字法　Chinese character referencing method
汉字结构　structure of Chinese character
汉字文化学　study of Chinese script culture
汉字信息处理　Chinese character data processing
汉字学　Chinese graphology; Study of Chinese script
汉字应用　Chinese character application
汉字整理　Chinese character systematization
汉字字源学　graphic etymology of Chinese script
行款　script arrangement; script format
合体字　composite character; compound-element character
合文　compound graph
合文符号　compound graph mark
合音字　phonetic fusion graph
后起本字　younger orthograph

后起字　younger graph;later graph
会意　syssemantographic method;associative method
会意兼形声字　syssemantographic and picto-phonetic character
会意字　syssemantograph;associative character
货币文字　coin inscription
记号　sign
记号字　sign graph
甲骨文　oracle bone inscription;shell and bone script
甲骨文字学　graphology of bone inscription
甲骨学　study of bone insription
假借　borrowing method
假借字　loangraph;borrowed character
简帛文字　bambooslip and silk script
简化　simplification
简化字　simplified Chinese character
简化字总表　General Table of Simplified Chinese Character
简体　simplified form
简体字　convenient character
借笔　stroke loan
结构类型　structure category
今草　modern cursive script
金石学　epigraphy
金文　bronze inscription
近代汉字　modern Chinese character
旧字形　old printed form
楷书　standard script

刻划符号 scratch-mark symbol
狂草 deranged cursive script
拉丁化新文字 Latinizational New Writing System
类化 analogization;assimilation
类推简化 analogical simplification
累增字 cumulative graph
隶变 clerical change
隶定 clerical transcription
隶定古文 clerically transcribed ancient script
隶书 clerical script
两声字 diphonetics graph
六国文字 Six States script
六书 Six Scripts;six categories of character construction
六书三耦说 theory of classifying Six Scripts into three pairs
六书说 theory of Six Scripts
墓志文字 grave-tablet inscription
鸟虫书 bird and insect Script
偏旁 graphic component;side component
偏旁分析法 component analysis
普通文字学 general graphology
奇字 odd script
秦书八体 eight script-styles in Qin
秦系文字 Qin System script
区别符号 distinctive mark
三书说 theory of Three Scripts
三体石经 Tri-script Stone Classics

社会用字 character popular among people

声化 phoneticization

声旁 phonetic component

省声 phonetic symbol abbreviaion

省形 signific symbol abbreviation

饰笔 decorative mark

石刻文字 stone inscription

手写体 handwritten form

说文学 study of Shuowen

四体二用说 theory of classifying Six Script into four principles and two uses

俗体字 vulgarism;vulgar form

他源文字 other-initiated script

陶符 pottery symbol

陶文 pottery inscription

通假 phonological borrowing

通假字 borrowed graph

同形字 homograph

通用字 current character

同义换读 synonymic interchange

同义字 synonymic character

同音代替 homophonic substitution

同音字 homophonous character

同源字 cognate graph;paronymy graph

瓦当文字 eaves tile inscription

魏碑体 Wei stele style

文字　script;writing

文字改革　script reform;writing reform

文字画　graphic picture

文字学　graphology;grammatology

玺印文字　seal inscription

现代汉字　contemporary Chinese character

现代汉字规范化　standardization of contemporary Chinese character

现代汉字学　study of contemporary Chinese character

象形　pictographic method

象形文字　pictographic script

象形字　pictograph

小篆　seal character

新隶体　neo-clerical script

新增字　neo-emerging character

新字形　new printed form

形似字　near homograph

形借　borrowing of graphic form

形旁　semantic component;signific component

形声　picto-phonetic method

形声字　picto-phonetic character

行书　semi-cursive script;running script

形体　script figure

异读字　heterophonic character

义符　semantographic symbol

意符　semantic symbol

义近形旁通用　interchange for near-meaning components
亦声　semanto-phonetic inclusion
异体字　allograph; variant character
意音文字　semanto-phonetic script
音符　phonetic symbol
音节文字　syllabic script
印刷体　printed form
音素文字　phonemic script
右文说　theory of the right-side graphic element; youwen theory
语素文字　morphemic script
源字　matrigraph
战国文字　Warring States script
章草　Zhangcao Script
正体字　standard form; proper character
正字法　orthography
指事　deictic method; indicative method
指事符号　deictic symbol
指事字　deictograph; indicative character
中国古文字学　study of ancient Chinese script
籀文　Zhouwen script
注音字母　Mandarin Phonetic Alphabet
转注　notative method
转注字　notative character
字典　character dictionary
字符　graphic symbol
字量　script quantity

字频 frequency of Chinese character

字体 script style

字形 graphic form

字形数 number of character form

字序 script order;character order

字样学 study of character model

字义 semantic meaning of a script

字音 pronunciation of a script

字原 basic character

自源文字 self-initiated script

字种 character type

族名金文 bronze clan inscription

附录二　下篇论及的术语索引

(1)索引收入本书下篇论及的文字学术语，术语右边的数字为该术语对应的正名在“简释”中的顺序编号。

(2)术语按汉语拼音音序排列。

C

D

E

F

G

H

J

K

Q

R

S

T

W

X

Y

Z

主要参考文献

何仲英:《新著中国文字学大纲》 商务印书馆 1922 年
叶长青:《文字学名词诠释》 上海群众图书公司 1927 年
蒋善国:《中国文字之原始及其构造》 商务印书馆 1930 年
胡朴安:《中国文字学史》 商务印书馆 1937 年
马宗霍:《文字学发凡》 商务印书馆 1937 年
张世禄:《中国文字学概要》 文通书局 1941 年
陈梦家:《殷墟卜辞综述》 科学出版社 1956 年
蒋善国:《汉字形体学》 文字改革出版社 1959 年
梁东汉:《汉字的结构及其流变》 上海教育出版社 1959 年
蒋善国:《汉字的组成和性质》 文字改革出版社 1960 年
周有光:《汉字改革概论》 文字改革出版社 1961 年
[汉]许慎:《说文解字》 中华书局 1963 年
启　功:《古代字体论稿》 文物出版社 1964 年
顾　实:《中国文字学》 文海出版社 1970 年
潘重规:《中国文字学》 东大图书有限公司 1977 年
唐　兰:《中国文字学》 上海古籍出版社 1979 年
卫聚贤:《文字学》 黎明文化事业公司 1979 年
黄　侃:《黄侃论学杂著》 上海古籍出版社 1980 年
王初庆:《中国文字结构析论》 文史哲出版社 1980 年
王　力:《龙虫并雕斋文集》 中华书局 1980 年
王　力:《汉语史稿》 中华书局 1980 年

高　亨:《文字形义学概论》 齐鲁书社 1981 年
陆宗达:《说文解字通论》 北京出版社 1981 年
唐　兰:《古文字学导论》(增订本) 齐鲁书社 1981 年
殷焕先:《汉字三论》 齐鲁书社 1981 年
黄　侃:《文字声韵训诂笔记》 上海古籍出版社 1983 年
[清]王筠:《说文释例》 武汉古籍书店 1983 年
林　尹:《文字学概说》 正中书局 1984 年
谢云飞:《中国文字学通论》 学生书局 1984 年
[唐]张彦远:《法书要录》 人民美术出版社 1984 年
李学勤:《古文字学初阶》 中华书局 1985 年
吕思勉:《文字学四种》 上海教育出版社 1985 年
林　沄:《古文字研究简论》 吉林大学出版社 1986 年
沈兼士:《沈兼士学术论文集》 中华书局 1986 年
杨五铭:《文字学》 湖南人民出版社 1986 年
陈炜湛:《甲骨文简论》 上海古籍出版社 1987 年
姜宝昌:《文字学教程》 山东教育出版社 1987 年
蒋善国:《汉字学》 上海教育出版社 1987 年
吕叔湘:《语文近著》 上海教育出版社 1987 年
陈世辉、汤余惠:《古文字学概要》 吉林大学出版社 1988 年
陈炜湛、唐钰明:《古文字学纲要》 中山大学出版社 1988 年
[清]段玉裁:《说文解字注》 上海古籍出版社 1988 年
李公宜、刘如水主编:《汉字信息字典》 科学出版社 1988 年
裘锡圭:《文字学概要》 商务印书馆 1988 年
孙钧锡:《汉字通论》 河北教育出版社 1988 年
杨树达:《中国文字学概要》 上海古籍出版社 1988 年
钟业枢:《文字学基础》 广东高等教育出版社 1988 年

冯志伟:《现代汉字和计算机》 北京大学出版社 1989 年

何琳仪:《战国文字通论》 中华书局 1989 年

王凤阳:《汉字学》 吉林文史出版社 1989 年

邓志瑗:《中国文字学简说》 江西人民出版社 1990 年

黄德宽、陈秉新:《汉语文字学史》 安徽教育出版社 1990 年

詹鄞鑫:《汉字说略》 辽宁教育出版社 1991 年

顾 正:《文字学》 甘肃教育出版社 1992 年

陈 原主编:《现代汉语用字信息分析》 上海教育出版社 1993 年

高家莺、范可育、费锦昌:《现代汉字学》 高等教育出版社 1993 年

李大遂:《简明实用汉字学》 北京大学出版社 1993 年

许长安:《汉语文字学》 厦门大学出版社 1993 年

赵 诚:《甲骨文字学纲要》 商务印书馆 1993 年

赵平安:《隶变研究》 河北大学出版社 1993 年

苏培成:《现代汉字学纲要》 北京大学出版社 1994 年

尹斌庸、John·S·Rohsenow:《现代汉字》(英文版) 华语教学出版社 1994 年

黄德宽:《古汉字形声结构论》 黄山书社 1995 年

黄德宽、常森:《汉字阐释与文化传统》 中国科学技术大学出版社 1995 年

李 圃:《甲骨文文字学》 学林出版社 1995 年

凌远征:《新语文建设史话》 河南大学出版社 1995 年

王 宁:《汉字构形学讲座》《中国教育报》1995 年

姚孝遂主编:《中国文字学史》 吉林教育出版社 1995 年

高 明:《中国古文字学通论》 北京大学出版社 1996 年

孟世凯:《中国文字发展史》 文津出版社 1996 年
石玉成:《汉字学初探》 云南民族出版社 1996 年
王元鹿:《普通文字学概论》 贵州人民出版社 1996 年
陈 涛:《文字学浅淡》 大象出版社 1997 年
崔永华主编:《词汇文字研究与对外汉语教学》 北京语言文化大学出版社 1997 年
冯志伟:《现代术语学引论》 语文出版社 1997 年
刘志成:《中国文字学书目考录》 巴蜀书社 1997 年
郑廷植:《汉字学通论》 福建人民出版社 1997 年
陈 燕:《汉字学概说》 天津人民出版社 1998 年
刘 坚主编:《二十世纪的中国语言学》 北京大学出版社 1998 年
聂鸿音:《中国文字概略》 语文出版社 1998 年
王元鹿:《比较文字学》 贵州人民出版社 1998 年
张其昀:《"说文学"源流考略》 贵州人民出版社 1998 年
周有光:《比较文字学初探》 语文出版社 1998 年
姜亮夫:《古文字学》 云南人民出版社 1999 年
裘锡圭:《裘锡圭学术文化随笔》 中国青年出版社 1999 年
王 辉:《汉字的起源及其演变》 陕西人民出版社 1999 年
许嘉璐:《语言文字学及其应用研究》 广东教育出版社 1999 年
许锬辉:《文字学简编·基础篇》 万卷楼图书公司 1999 年
何九盈:《汉字文化学》 辽宁教育出版社 2000 年
何九盈:《中国现代语言学史》 广东教育出版社 2000 年
李建国:《汉语规范史略》 语文出版社 2000 年
刘又辛、方有国:《文字发展史纲要》 中国大百科全书出版

社 2000 年

吕冀平主编:《当前我国语言文字的规范化问题》 上海教育出版社 2000 年

许进雄:《简明中国文字学》 学海出版社 2000 年

杨润陆:《现代汉字学通论》 长城出版社 2000 年

张玉金:《当代中国文字学》 广东教育出版社 2000 年

陆锡兴:《急就集》 中国社会科学出版社 2001 年

苏培成:《二十世纪的现代汉字研究》 书海出版社 2001 年

王国维:《观堂集林》 河北教育出版社 2001 年

王　宁:《汉字学概要》 北京师范大学出版社 2001 年

张玉金、夏中华:《汉字学概论》 广西教育出版社 2001 年

高更生:《现行汉字规范问题》 商务印书馆 2002 年

许威汉:《汉语文字学》 上海大学出版社 2002 年

张桂光:《汉字学简论》 广东高等教育出版社 2004 年

The Origin and Early Development of the Chinese Writing System, by William G. Boltz, American Oriental Society, New Haven, Connecticut, 1994.

Chinese Writing, by Qiu Xigui, Translated by Gilbert L. Mattos and Jerry Norman, the Society For the Study of Early China and the Institute of East Asian Studies, University of California, Berkeley, 2000.

[英]哈特曼、斯托克编 黄长著等译:《语言与语言学词典》 上海辞书出版社 1981 年

《辞海·语言学分册》 上海辞书出版社 1987 年

《中国大百科全书·语言文字》 中国大百科全书出版社 1988 年

《中国语言学大辞典》 江西教育出版社 1991年
《实用中国语言学词典》 青岛出版社 1992年
《语言学百科词典》 上海辞书出版社 1993年
《语言文字词典》 学苑出版社 1999年
［英］戴维·克里斯特尔编 沈家煊译:《现代语言学词典》 商务印书馆 2002年

后　记

我对文字学术语规范问题的研究，始于2001年师从黄德宽教授攻读博士学位期间，博士论文也以此为题。毕业后留校工作，对这方面的研究也一直在进行。本书就是在我博士论文的基础上结合近年来的研究而修订完成的，写作和修订得到了众多师友的关心和帮助。在此，我谨向他们致以衷心的感谢。

首先，我要感谢我的授业恩师黄德宽教授。在跟随黄先生学习的六年时间里，我受益良多。先生授我知识，督促我学业，还常给我人生的教诲和启迪。2001年6月，国家社科基金"十五"规划重点项目"语言学名词审定"正式启动，先生作为"文字学"子项目负责人，指导我参加本课题的研究，并鼓励我结合本项工作的开展，以此作为选题，通过更深入的思考和更全面的研究撰写博士论文。在论文写作和修改过程中，先生还亲自为我联系了多位著名专家学者，使我有机会得到他们的许多指导和帮助。可以说，本书从选题到构思，从框架的搭建，到具体材料的处理，都凝聚了先生的大量心血。在此，我谨向先生致以深深的谢意。

本课题的研究得到了中国社会科学院语言研究所董琨先生和李志江先生的大力支持和帮助。作为"语言学名词审定"项目的总负责人，董先生对我们的研究工作给予了极大的关心和支持，提供了许多宝贵的建设性指导意见，使研究得以顺利进行。在和李志江先生的多次交谈和邮件来往中，李先生一丝不苟、认真负责、热忱待人的态度和精神给我留下了深刻印象。在此，谨向他们表示诚挚的感谢。

许多专家学者为本书的最终形成提供过帮助。作为我博士论文的评审老师，苏培成、陈世辉、张玉金、吴振武、臧克和、刘钊、王蕴智、董莲池等先生给了我热情的鼓励，并提出许多中肯的意见和建议。研究过程中关于术语的定名、释义和英译部分，曾提请裘锡圭、曹先擢、费锦昌、詹鄞鑫、陈燕、陈双新等先生审阅过，他们的许多宝贵意见对研究工作有着重要参考价值。尤其需要特别声明的是，本书下篇的多条“释文”曾参考了以上许多先生的意见，融合了他们的智慧。2007 年 1 月在北京参加语言学名词审定工作会议期间，曾当面得到了王宁、王铁琨、潘文国、王惠等先生的指点和帮助。四川师范大学刘志成教授在来信中，为我提供了文字学著作的有关信息，并给我热情的勉励，让我十分感动。在此，向以上提供宝贵意见和建议的先生致以真诚的感谢。

我要感谢安徽大学中文系的各位师友。在学习和生活中，我得到了白兆麟先生、已故的何琳仪先生、杨应芹先生、徐在国先生、刘信芳先生等多位老师的指导和关心。各位先生的丰厚学养、广博视野和踏实勤勉，常使我感佩不已，从中我也获益良多。中文系 2001 级汉语言文字学专业的部分博士和硕士研究生胡长春、徐道彬、程燕、沈小仙、吴红松、房振山、王慧、李梅、张通海、吴先文、刘慧梅、程水龙、蔡先锋、石开玉、姬梦昭、张迎春等，为本课题前期的资料搜集工作提供了许多有益的帮助。在此，一并向诸位师友致以诚挚的谢意。

无论是在读书求学还是工作期间，我的爱人李云女士一直给我最大的理解和支持，免除我的后顾之忧，使我能够安心地完成学业和从事自己的研究工作。借此机会,向她表示我真诚的感谢。

本书的出版,得到安徽省教育厅人文社科项目"汉语文字学术语规范应用研究"、安徽大学出版社、安徽大学汉语言文字学国家重点学科的支持,董琨先生在百忙中欣然为本书赐序,谨此一并致谢。

文字学是一门历史悠久而又在不断发展的学问,前贤时哲做了大量研究,积累了丰富的研究成果,本书就是在综合借鉴前人成果的基础上完成的。由于本人水平和能力不足,书中的疏漏、缺点甚至错误之处在所难免,望学者方家给予批评指正。此外,书中采用前贤时哲的论断之处,已尽量一一作注,如有不慎疏漏,祈请见谅。最后,郑重声明一点,书中的缺点和错误概由本人负责,与以上提到的各位先生和师友无关。

沙宗元

2008年10月于安徽大学